도쿄
최후의
날

히로세 다카시
최용우 옮김

도쿄
최후의
날

핵 의 수 호 자 들, 전 쟁 과 대 재 앙 의 숨 은 조 종 자

The Last Day of Tokyo:
The Future of Fukushima and Japan

글항아리

냉정한 마음으로 예측해야 할 일이 있다

후쿠시마福島 원전 폭발 사고로부터 1년 9개월이 지난 2012년 12월 14일, 후쿠시마현을 찾은 국제연합UN의 국제원자력기구IAEA에 의해 '원자력 안전 관련 후쿠시마 각료 회의'가 개최되었다. 이런 사태에 경악하며 위기감을 느낀 후쿠시마현 주민들은 내게 "후쿠시마에서 말도 안 되는 '안전 캠페인'이 벌어지는데 도대체 IAEA와 국제방사선방호위원회ICRP의 정체가 무엇인지 알고 싶다"고 물었다. 이에 답하고자 후쿠시마현 고리야마郡山시에서 강연회를 열어 이 책에서 언급할 내용을 이야기한 바 있다.

궁지에 몰린 후쿠시마 주민들에게 들이닥칠 위험은 언론 보도에서도 철저히 배제되는 등 그야말로 절박한 상황에 처해 있다. 이 책의 집필을 결심한 건, 지금이야말로 후쿠시마현 주민뿐 아니라 피폭의 소용돌이 속에 있는 도쿄를 포함한 모든 지역의 일본인이, 뒤에서 언급할 '비참한 모습을 한 피폭자들의 고발'에 귀를 기울여야 할 시기라고 생각했기 때문이다. 세계 곳곳의 '독자가 알지 못하는 사람들'이 "우리는 그들에게 속아서 고통받고 있다. 당신들은 결코 우리처럼 당해서는 안 된다!"며 비통한 목소리로 일본에 사는 모든 이에게 그 위험성을 생생히 전하고 있다. 이 책에서는 수많은 실제 피해 사례와 현재 도쿄를 비롯한 동일본 지역의 사례를 비교함으로써 앞으로 일본에서 벌어질 상황을 예측해보고자 한다.

콕 집어 말하자면, 신체에 나타나는 수많은 이상 현상과 백혈병을 비롯한 '암의 대량 발병'을 살펴볼 것이다.

지금이야 이런 유의 병은 어린아이나 청소년처럼 나이가 어릴수록 증상이 더 빨리 나타난다는 사실을 모르는 사람이 없을 것이다.

후쿠시마현 제1원전 3호기는 암을 일으키는 엄청난 양의 맹독성 플루토늄을 함유한 목스MOX 연료로 운행되었다. 그런데 폭발 사고로 인해 여기서 사용된 연료가 하늘 높이 치솟았고, 이때 발생한 플루토늄은 미국의 로키산맥에까지 도달하게 된다. 『화학편람 기초편 개정5판』(일본화학회 엮음, 마루젠, 2004)에 따르면 플루토늄이 가스로 변하는 온도(끓는점)는 섭씨 3232도인데 이바라키현 쓰쿠바시의 기상청 기상연구소에 의하면 끓는점이 이보다 훨씬 더 높은 섭씨 4877도인 테크네튬이 검출됐기 때문에, 분명 플루토늄도 가스로 변했을 것이다.

사실 후쿠시마 원전 사고가 있은 뒤 2주 정도가 지난 2011년 3월 30일, 유럽의회에서 설립한 조사 기관 유럽방사선위험위원회ECRR는 공식 발표를 토대로 확보한 데이터에 의거해, 후쿠시마 원전 사고로 향후 동일본 지역에서 발생할 암 환자 증가 수치를 공표했다. 이들의 예측은 다음과 같았다.

후쿠시마 제1원전 반경 100킬로미터 이내에서 향후 50년에 걸쳐 19만

1986명이 암에 걸리고, 이 가운데 절반 이상인 10만3329명은 10년 내에 발병할 것이다.

좀더 떨어진 반경 100~200킬로미터 이내에서는 향후 50년에 걸쳐 22만 4623명이 암에 걸리고, 이 가운데 절반 이상인 12만894명은 10년 내에 발병할 것이다.

이런 예측을 믿지 않는 사람들도 있을 테니, ECRR에 관해 언급하고 넘어가겠다. ECRR은 1997년 유럽의회에서 개최한 브뤼셀 회의의 의결에 따라 설립된 조직으로 단순한 시민 단체가 아니다. ECRR의 초대 의장을 지낸 영국 옥스퍼드대 의사 앨리스 스튜어트 박사는 암이나 백혈병에 걸린 10세 미만의 아이들을 대상으로 아이들의 엄마가 엑스레이 촬영을 받은 횟수를 추적했다. 그 결과 세계 최초로 '임신 중인 여성이 엑스레이 촬영을 하면 태아가 암에 걸릴 확률이 높아진다'는 충격적인 통계 결과를 밝혀냈다. 그녀는 '임산부 엑스레이 촬영 금지'라는 **현대 의학계의 상식**을 확립한 사람이었다. 1970년대부터 의학계에 종사했던 내게 '방사선과 방사능'의 위험성을 처음으로 알려준 이 역시 앨리스 스튜어트 박사였다. 유럽 내 방사능 피해, 그중에서도 특히 내부 피폭被曝에 대해 잘 아는 과학자 그룹인 ECRR은 원자력 학계에 파다한 '탁상공론만을 일삼는 학자'와는 달리 '과거의 실질적 피해(질병) 조사'를 근거로 방사능 피해를 추정하려는 의학적 자세를 취한다. 이런 측면에서 나는 어느 곳보다 ECRR을 더 신뢰한다.

ECRR의 발표에 따르면, 일본의 인구밀도가 높다는 점을 감안했을 때 반경 200킬로미터 내에서 향후 50년간 약 40만 명 이상이 **후쿠시**

마 원전 사고로 누출된 방사능에 의해 암에 걸리게 된다. 또한 200킬로미터 이상 떨어진 구역도 그레이존gray zone이기 때문에 세심한 주의가 필요하다는 충격적인 내용의 경고를 하고 있다.

따라서 후쿠시마 제1원전으로부터 반경 300킬로미터 구역 내 주거지역(후쿠시마현, 미야기현宮城縣, 야마가타현山形縣, 군마현群馬縣, 도치기현栃木縣, 이바라키현茨城縣, 사이타마현埼玉縣, 지바현千葉縣, 도쿄도東京都, 가나가와현神奈川縣) 전역, 그리고 이와테현巖手縣, 아오모리현青森縣, 아키타현秋田縣, 시즈오카현静岡縣, 야마나시현山梨縣, 나가노현長野縣, 니가타현新潟縣의 일부 구역에서 참혹한 **방사능 대재해**가, 개인차는 있을지언정 인간의 체내에서 진행 중인 게 틀림없다. 이를 증명이라도 하듯 지금 후쿠시마현 내 18세 이하 주민들의 갑상선암 발병률은―뒤에서 언급하겠지만―이미 평상치의 70배를 넘어선 높은 수치를 기록 중이다.

결론부터 말하자면, 후쿠시마현뿐 아니라 도쿄를 비롯한 동일본 전역에서 한시라도 빨리 적절한 대책을 강구하지 않으면 엄청난 비극이 벌어질 것이다. 이것만큼은 확신할 수 있다. 물론 지금 막 첫 장을 넘기기 시작한 독자는 이 말에 고개를 갸우뚱할지도 모른다.

왜냐하면 UN의 IAEA가 이러한 사실을 전면 부정했으며, ICRP에서 제시한 안전 기준치 역시 피해 발생 가능성을 거듭 부정했기 때문이다. '후쿠시마와 일본 모두 안전하다'고 말이다.

그리고 텔레비전이나 신문 등 대중매체는 너 나 할 것 없이 안전하다고 주장하는 국제기구의 말을 '공식 견해'로서 그대로 받아들여 인용함으로써, 일본 정부와 이구동성으로 후쿠시마 피해지의 안전성을 널리 선전해왔다. 하지만 IAEA와 ICRP의 말은 의학적·과학적으로 전혀 근거가 없다.

이들이 주민들로 하여금 위험하기 짝이 없는 후쿠시마 오염 지대로 복귀할 것을 촉구하는 데는 다 이유가 있다. 일본 정부 및 도쿄전력과 손을 잡고 피해자에게 지불해야 할 원자력산업계의 막대한 배상금을 가능한 한 제로에 가깝게 만들기 위해, 즉 '금전적 이익'을 얻기 위해서다. IAEA와 ICRP는 과거에 엄청난 방사능 대재해를 일으킨 조직이기도 하다. 따라서 IAEA와 ICRP가 방사능이 초래할 대재해 자체를 부정하면 부정할수록, 가까운 미래에 의학적으로 뒷받침될 실질적 피해들이 결국 모든 일본인의 신체로 드러날 것은 불 보듯 뻔한 일이다. 잔혹하기 그지없는 '5년 후, 20년 후의 현실'이 여러분 자신과 가족들에게도 일어날 수 있음을 분명히 인식해야 한다.

그러기 위해서는 우선 방사능의 위험성이 적나라하게 드러난 역사적 사실을 제대로 알 필요가 있다.

그런데 독자들은 과연, 일본 정부와 연계되어 활동 중인 IAEA와 ICRP가 애당초 어떤 기관인지 알고 있을까?

사실 이 이야기의 핵심에는 과거 위험물을 가리켜 안전하다고 주장했을 뿐 아니라, 지금까지도 안전하다고 외쳐대는 세력이 존재한다…….

많은 사람이 이 문제를 의학적인 측면에서만 논의하려 하는데, 그래서는 제대로 된 해결 방법을 찾을 수 없다.

결론부터 지적하자면, IAEA와 ICRP는 군부와 군수산업에서 파생된 원자력산업의 하위 조직이며, 그들이 정한 '안전' 기준치는 의학적 측면을 전혀 고려하지 않은 것이다.

바로 '전쟁과 원자·수소폭탄'이 이런 상황을 초래한 가장 큰 원인이며, 그들이 제시한 '위험한 안전 기준치'는 실로 수십 년에 걸쳐 결정된 것이었다.

모든 역사적 사실을 알면 당신은 어떤 생각을 할까? 엄청난 방사능 피폭자가 발생하는데도 계속해서 실질적 피해의 비극적 양상을 어둠 속에 감추려 한다면, 어떤 결과가 초래될지를 예측하기란 어렵지 않다. 사태를 이대로 계속 방치하면 '도쿄가 멸망하는 날'이 머지않아 눈앞에 닥칠 것이다. 그렇기 때문에 더 이 책을 끝까지 읽을 필요가 있다.

1장에서 언급할 **대규모 암 발병 사건**과 거의 동일한 비극이 얼핏 평화로워 보이는 도쿄를 비롯한 동일본 전역에서 진행 중이다. 앞서 언급한 암 발병 사건이 있었던 피해 지대란, 최근 수많은 피해 자료가 보고되는 '체르노빌 원전 사고'가 발생한 우크라이나 및 벨라루스 등의 방사능 오염 지대를 가리키는 게 아니다! 바로 후쿠시마 원전 사고의 피해지역인 **동일본과 거의 동일한 양의 방사능에 피폭된 '미국 서부의 오염 지대 세 개 주'**에서 일어난 사건이다. 게다가 이들 오염 지대의 면적은 정확히 일본 전 국토의 면적과 거의 동일하다. 미국에서는 피폭 약 5년 후부터 암의 대량 발병이 가시화되기 시작했다! 그러나 앞선 4년 동안에도 내장기관이나 신경조직 등 인체 구석구석에서 이상 증세가 나타나고 있었다. 이것이 미국 전역을 뒤흔드는 엄청난 문제로 부상한 것은 그로부터 20년이 지난 뒤의 일이다. 따라서 후쿠시마 사고로부터 4년이 지난 지금, 일본은 체내에 시한폭탄을 품고 있는 '암 잠복기'에 있는 셈이다.

일본 전 국토의 면적과 방사능에 의해 막대한 피해를 입은 미국 서

미국 서부 세 개 주와 일본 열도 면적 비교

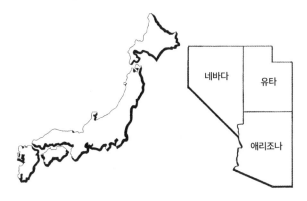

부 세 개 주의 면적을 동일한 축척으로 표시하면 위 지도와 같다.

우리는 먼저 사실을 직시해야 한다. 너무 놀라지 않기를 바란다. 이
제부터 현재 동일본 전역과 거의 동일한 조건하에 놓인 미국의 서부
세 개 주에서 있었던 역사적 사실들에 관해 이야기하겠다.

계보, 도표 및 사진 목록

1장

×

일본인의 체내에서
끔찍한 일이 벌어지고 있다!

세인트조지에서 일어난 공포의 사건

미국 유타주의 세인트조지라는 도시에서 장의사로 일하던 엘마 피킷은 이상한 낌새를 느꼈다. 지금으로부터 60년 전인 1956년의 일이다. 이전까지만 해도 암으로 죽는 사람이 거의 없었는데, 1956년부터 갑자기 암에 의해 사망하는 사람들이 늘기 시작했다. 엘마는 자신이 직접 매장하는 사람들 대다수의 사인이 암이라는 놀라운 사실을 알아챘다. 도무지 믿기지 않는 상황이었다.

루비 매티슨은 남편 조지프의 죽음에 대해 이렇게 말한다.

"암으로 죽어가는 사람을 본 적이 없다면 절대 이해하지 못할 겁니다. 그이는 정말이지 처참한 모습으로 죽어갔습니다. 마지막에는 너무나 괴로워하며 손등을 물어뜯는 바람에 살갗이 전부 떨어져나갔습니다. 피투성이가 되어 죽어간 거죠."

이듬해인 1957년에도 암에 의한 사망자 수의 증가세는 잦아들 줄 몰랐다.

'세인트조지에 무슨 일이 벌어지고 있는 게 아닐까.'

1958년, 1959년 1960년…… 끔찍한 사태가 계속됐다. 세인트조지의 암으로 인한 사망률은 같은 유타주 내 다른 지역과 비교해도 훨씬 더 높았다.

세인트조지의 불행은 장의사 엘마 피킷 자신의 불행으로 이어졌다. 그의 아내를 비롯해 여동생, 조카, 할머니, 큰아버지 등 네 명 그리고 장모, 처제, 숙모가 잇따라 목숨을 잃었다. 이들을 덮친 불행은 모두 암에 의한 것이었다. 지금까지 그가 잃은 가족과 친족만도 열한 명에 이른다.

엘마 피킷 역시 갑상선에 이상이 생겨 외과 수술을 받았다.

세인트조지에 사는 아머 토머스는 바로 길 건너에 사는 칼과 엘니를 암으로 잃었으며, 칼의 아내에게서도 암이 발견됐다.

또 바로 옆집에서는 아직 어린 나이의 아이가 백혈병으로 목숨을 잃

아머 토머스의 노트

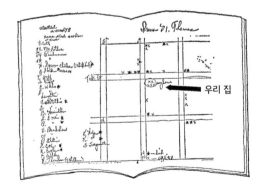

었다.

이들과 나란히 아머 토머스의 여동생이 살았는데, 그녀 역시 유방암으로 죽고 여동생의 남편도 암에 걸렸다.

또 다른 주민 윌퍼드 역시 암에 걸렸고, 그의 부인 헬렌도 위암으로 사망했다.

아머 토머스의 집을 중심으로 고작 한 구역 정도 떨어진 곳에서만 서른 명이 암에 걸렸으며 이 가운데 열 명이 목숨을 잃었다.

아머 토머스가 자신의 노트에 적어 내려간 세인트조지의 암 환자 명단은 1980년에 200명에 달했다. 이들은 모두 아머 토머스의 지인이었다. 그녀의 '불행한 기록'에 적힌 이름 중 절반에 빨간 마크가 보였다. 바로 장의사 엘마 피킷이 직접 장례를 치러 땅에 묻은 사람들을 의미했다. 사망 연령을 살펴보면 하나같이 너무 이른 나이에 목숨을 잃은 이들이었다.

제프리 브래드쇼는 스물다섯 살의 젊은 나이에 골반에서 암이 발견되어 비장을 떼어내는 외과 수술을 받았으며, 뇌종양으로 인해 시력을 거의 잃었다.

데이브 티머시는 열여덟 살에 악성 갑상선종양으로 일곱 번 넘게 수술을 받고 겨우 목숨을 부지했으나, 조카 두 명과 큰아버지 세 명을 암으로 잃고 만다. 데이브의 치료를 담당하던 의사 두 명도 암으로 세상을 떠났다.

아머 토머스도 여동생과 시누이를 암으로 잃었다. 1964년의 일이다.

그녀의 남편은 15년 이상 암 치료를 받았으며, 네 딸 중 두 명이 자궁암으로 자궁 적출 수술을 받고, 다른 한 명은 세 차례 유산을 했으며 나머지 한 명은 중증 근육질환으로 고통받고 있다. 게다가 아머 토머스의 과거 학급 친구들 중 무려 70명이 유타대병원에서 갑상선 수술을 받았다고 한다.

기억을 더듬어보자. 2001년 9월 11일 항공기가 뉴욕 세계무역센터를 들이받으면서 건물이 차례로 붕괴한 사건(9·11 사건)으로 인해 미국 전역이 충격에 휩싸였다. 그리고 바로 이듬해인 2002년, 엄계 태세하에 동계 올림픽이 개최된 도시가 유타주의 주도인 솔트레이크시티다. 솔트레이크시티 소재의 유타대병원에서는 조지프, 라이언 박사 등이 중심이 되어 조사를 하고 있었다.

조사는 유타주의 소아암에 관한 논문으로 보스턴에서 발행되는 의학 잡지(『뉴잉글랜드저널오브메디신*The New England Journal of Medicine*』, 1979년 2월 22일)에 게재됐다.

라이언을 비롯한 박사들이 유독 많은 피해자가 발생한 유타주 서남부 중심의 17개 군과 그 외의 유타주 내 다른 군을 대상으로 하여, 32년이라는 긴 시간 동안 15세 이하 주민에게 발생한 소아암 발병 상태를 조사한 결과였다.

논문은 32년의 조사 기간을 A, B, C로 구분했다.

A는 1944~1950년, 7년간.

B는 1951~1958년, 8년간.

C는 1959~1975년, 17년간.

이렇게 분류한 이유는 가운데 B 기간이야말로 조사에 참여한 박사들이 예측한 '불행의 원인'이 숨어 있는 시기라고 생각했기 때문이다.

조사 대상 연령을 15세 이하로 정한 것도 이 '불행의 원인'이 아이들에게서 더 빠른 속도로 나타날 것이라고 보았기 때문이다. 성인은 암 발병 후 죽음에 이르기까지 십몇 년의 긴 시간이 걸리기도 하는데, 어린아이들은 병세가 급격하게 진행되기 때문에 단기간에 집중적으로 인과관계를 입증할 수 있다고 판단한 것이다.

이렇듯 장기간 수많은 아이를 대상으로 한 조사 결과는 유타주에 거주하는 모든 부모를 경악하게 만들었다. 논문은 B 기간의 비정상적인 현상을 정확한 수치로 기록해 증명해낸 최초의 보고서이기도 했다.

조사 데이터의 일부를 이해하기 쉽게 정리하면 다음과 같은 결과를 얻을 수 있다.

백혈병을 비롯한 소아암 발병률을 1년간 평균치로 환산해서 A, B, C로 구분하여 비교한 결과, 유타주 서남부(세인트조지를 포함한 지역)의 경우 A와 C를 100퍼센트로 간주했을 때, B기간 동안 정확히 300퍼센트의 높은 발병률을 보였다.

그야말로 냉혹한 결과였다. 32년이라는 장기간에 걸친 연구에서 300퍼센트라는 명백한 수치가 도출된 것이다.

이제 이것을 통계적 표현이 아닌 소아암으로 사망한 아이들의 부모 입장에서 생각해보자. 이는 하나의 작은 예에 불과하겠지만, 세인트조지와 가까운 시다시티에 살던 시빌 존슨이라는 여자아이의 아버지 브렌 존슨은 딸에게 백혈병 진단을 내린 의사에게 물었다.

"우리 집에서 겨우 100미터 반경에 사는 사람들 중 일곱 명이나 되는 이가 백혈병에 걸린 건 단순한 우연이라기보다 무언가 다른 원인이 있는 건 아닐까요?"

하지만 의사는 어디까지나 우연일 뿐이라고 일축하며 존슨의 의구심을 한 귀로 흘렸다.

존슨의 아내는 닥치는 대로 자신의 거주지 일대를 조사하기 시작했다. 그 결과 100명에 달하는 암 환자 명단이 완성됐다. 여기서 중요한 사실은 이 명단이 통계적인 조사 결과에 따른 것이 아니라 존슨 부인이 어쩌다 알게 된 사람들의 명단이라는 점이다. 그 명단은 빙산의 일각에 불과한 것이다. 1965년 그녀의 딸 시빌 존슨은 백혈병으로 세상을 떠났다.

세인트조지에 사는 셸던 존슨은 사랑하는 아들 레인과 함께 행복한 가정을 꾸리고 있었다.

그러던 어느 날 문득 셸던 존슨은 한 가지 의문이 들었다.

'어째서 레인 이외에도 한 반에 지적장애인이 이렇게 많은 거지?'

지적장애인이 한 명도 없던 시기를 떠올리며 생각을 거듭하던 존슨 부부는 마침내 한 가지 사실을 깨닫는다.

'이 아이들 모두 1952~1957년에 태어났어.'

장의사 엘마 피킷도 이런 사실에 공감했다.

그는 "이 도시 사람들은 그날이 오기 전까지만 해도 모두 건강해서 암 환자는 두 눈을 씻고 찾아봐도 없을 정도였다"고 했다.

위에서 언급한 조지프, 라이언 박사의 논문에서 언급된 B 기간은 1951~1958년이다. 많은 장애인이 태어난 시기는 정확히 B 기간과 겹

친다. 이 시기와 소아암 발병률 증가 사이에 분명한 상관관계를 찾아볼 수 있다.

이것으로 수수께끼를 풀 네 가지 중대한 단서가 드러났다.

첫째, 피해자는 어린아이부터 성인에 이르는 어마어마하게 많은 사람.

둘째, 기간은 1950년대.

셋째, 장소는 유타주의 세인트조지 인근.

넷째, 피해 내용은 소아암, 소아 백혈병, 성인의 발암 및 암에 의한 사망의 급증.

누가, 언제, 어디서, 무엇을 순으로 생각했을 때, 이제 남은 것은 다섯째 '어떻게'라는 퍼즐 조각이다. 이것을 밝혀내야 한다.

다섯 번째 퍼즐을 밝혀낸 폴 쿠퍼

자신도 백혈병으로 고통받았고, 마침내 수수께끼의 마지막 퍼즐 조각을 밝혀낸 이가 있다. 바로 미 육군 중사였던 폴 쿠퍼다.

1976년 솔트레이크시티에 위치한 퇴역 군인 병원에서는 폴 쿠퍼 전 중사가 백혈병에 걸렸다는 사실에 한 가지 의문을 품는다.

장의사 엘마 피킷이 '세인트조지 주민'이라는 집단에 의구심을 가졌던 것처럼, 이미 유타주 사람들 사이에 소문이 자자했던 사실을 근거로 군 병원의 역학자 그린 코드웰은 '퇴역 군인'이라는 집단을 의문스레 관찰한다.

여기서 중요한 건, 무고한 세인트조지 주민은 의도치 않게 상황에 휘말려 피해를 입었던 반면에, 군 병원에 있던 퇴역 군인들은 이 문제와 직접적으로 관련된 당사자였다는 점이다.

즉 이들은 문제를 일으킨 가해자였다. 그 가운데 폴 쿠퍼라는 피해자가 발생했고, 이를 계기로 군인들은 그제야 과거를 제대로 밝혀낼 필요성을 느낀 것이다.

반골스러웠던 폴 쿠퍼 전 중사가 유타주 솔트레이크시티 소재의 병원에서 진찰을 받은 점도 수수께끼를 풀 실마리를 찾는 데 큰 역할을 했다. 이로써 마침내 유타주 세인트조지에서 발생한 피해와 쿠퍼를 비롯한 군인들이 입은 피해가 관련돼 있음이 밝혀졌기 때문이다. 사실 쿠퍼와 같은 군인 피해자가 발생하기 훨씬 전부터 여기저기서 이 둘의 연관성을 추측하는 말들이 있었기 때문에 세인트조지의 피해자들은 이미 어느 정도 확신을 갖고 있었다.

독불장군 같던 폴 제이컵스라는 기자는 B 기간 중에 자신이 직접 유타주의 남부를 돌아다니며 주민과 함께 생활하면서 어린아이들이 걸린 백혈병을 비롯해 마을에서 나타난 다양한 피해 양상을 조사했다. 이를 『리포터*The Reporter*』라는 잡지(1957년 5월 16일 호)에 상세히 게재했는데, 나중에 폴 제이컵스 역시 암에 걸려 59세의 나이로 세상을 떠난다. 1957년이라는 이른 시기에 제이컵스가 밝혀낸 사실들은 엘마 피킷과 아머 토머스가 이후에 구체적으로 알게 된 일들을 모두 예견하고 있었다.

그러나 이 모든 사실은 공식적인 절차를 밟는 과정에서 번번이 '소문에 불과하다'는 한마디 말로 일축되어버리고 말았다.

폴 제이컵스의 경고에도 불구하고 폴 쿠퍼는 네바다 핵실험에 참여했다.
사진은 1957년 5월 28일 시행된 원자폭탄 실험. 쿠퍼는 이와 연관된 일련의 핵실험에 참가했다.

폴 쿠퍼는 이에 들고 일어나 대중매체를 향해 선언했다.

"나는 1957년 네바다 핵실험에 참가했다가 백혈병에 걸렸다. 이는 틀림없는 사실이다."

핵실험에 참가한 지 20년이 지난 1977년 4월의 일이었다.

수수께끼는 조금씩 풀려나가기 시작했다.

당시 이미 솔트레이크시티 소재의 군인 병원에서는 전국 방방곡곡의 수천 명에 달하는 퇴역 군인의 건강 상태를 조사하여 엄청나게 늘어난 백혈병 환자의 실상을 밝혀내고 있었다. 그리고 폴 쿠퍼에 이어 몸에 이상이 나타나는 사람들이 미국 전역에서 줄줄이 나타나기 시작하면서 답답했던 상황이 순식간에 해결되었다.

폴 쿠퍼는 베트남 전쟁 당시 미 육군 특수부대인 '그린베레Green Beret'에서 활약한 낙하산부대 소속 우수 중사였다. 그린베레 소속 대원이 '정의의 나라 미국'을 적으로 돌리는 싸움에 나서기 위해서는 여론의 도움이 필요했다.

쿠퍼가 취한 행동은 비틀즈의 존 레넌, 배우 제인 폰다, 포크 가수 존 바에즈 등을 위시해 대중 반전운동이 전개되었던 시대적 흐름의 연결선상에 있었다. 전쟁터에서 귀환한 미국 병사들은 베트남에서 자행된 전쟁범죄의 실상을 고발했고, 닉슨 대통령을 사임에 이르게 한 워터게이트 사건으로 인해 백악관의 위신은 땅에 떨어졌으며, 결국 베트남의 사이공(현 호찌민)이 함락되던 시대적 상황이었다.

쿠퍼는 이렇듯 실제로 미합중국을 뒤흔든 반전·반군부의 기치를 높이 사던 사회적 분위기 속에서 무언의 지지를 받으며 한때 자신이 충성을 다하던 군부에 반기를 든 것이었다. 역설적이게도 워터게이트 사건에서 '다른 사람의 비밀을 엿들었다'는 이유로 미국을 떠들썩하게 만들었던 닉슨 대통령은, 취임 이듬해(1970년)에 당시 최고 기관의 '일급비밀'로 다루어졌던 원자·수소폭탄과 관련된 국가 자료의 상당 부분을 열람할 수 있게 해놓은 터였다.

정부 측의 기밀 공개는 쿠퍼를 비롯한 사람들이 조사를 하는 데 있어 엄청난 도움이 되었다.

그러나 현재 일본에서는 2013년 12월 6일 전 국민이 원하는 정보공개의 시대에 역행하듯 '특정비밀보호법'이라는 악법이 국회를 통과하면서, 1년 후인 2014년 말까지 20만 건에 가까운 문서 및 화상을 비밀로 지정할 수 있게 되었다. 이로 인해 **원자력 및 군** 관련 방대한 양의 사실 자료가 국민의 눈앞에서 사라지는 그야말로 비정상적인 사태가 초래됐다. 게다가 2015년 통상산업성(현재 경제산업성) 관료를 지낸 고가 시게아키古賀茂明가 TV아사히 방송 프로그램인 「보도 스테이션」에서 '반反 아베 신조의 의지'를 분명히 밝히기가 무섭게 정부는 시게아키와 TV아사히 방송국에 압력을 가했으며, 4월 17일에는 자민당이 TV아사히 방송국 간부를 호출하여 사정 청취를 하는 등 전대미문의 방송 탄압을 시작했다. 전시 최고 통수부 휘하 군부가 보도계에 침묵을 강요하던 파시즘 시대를 방불케 하는 위기 상황이 아닐 수 없다.

이렇게 일본 정부는 후쿠시마 원전 사고로 인한 대규모 피해 사실을 계속해서 은폐하면서 망국으로 치닫고 있다. 이에 반해 폴 쿠퍼와 세인트조지 주민들은 도대체 어떻게 네바다 핵실험에 의한 피해를 미국 국민에게 전할 수 있었던 것일까.

사실 B 기간에 들어서기 직전인 1949년 소련의 원자폭탄 실험이 성공하고, 이듬해인 1950년에 한국전쟁이 발발하여 미국과 소련의 동서 대립이 현저해진 이후 미국 국방부(펜타곤)의 아토믹솔저라 불린 그들은, 눈앞에 닥친 소련과의 원자폭탄 세계대전에 대비하기 위해 서부 네바다주의 핵실험장에 소집되었다.

사막에 참호를 파고 그 안에 몸을 숨긴 채 대기한다. 곧이어 비행기가 나타나 **무언가를** 떨어뜨리고 간다. 눈부신 섬광이 번쩍인다. 폭풍으로 인해 참호로 내동댕이쳐졌으나, 다시 총을 둘러메고 밖으로 뛰쳐나가니 공중에 솟아 있는 버섯구름이 보인다. 여전히 격렬하게 휘몰아치는 폭풍을 정면으로 맞아가며 폭음에 귀를 틀어막는다.

돌격하라는 명령에 따라 폭심 지점을 향해 질주한다. 그곳에는 상처 입은 소비에트 병사가 생존해 있을 것이다. 섬멸해야 한다.

총을 난사하며 계속해서 돌진한다.

이것이 원자폭탄 전쟁에 대비한 훈련이었다. 이러한 핵실험에 참가했던 병사가 25만 명에 달했다.

이후 병사들은 자신의 몸에 이상이 생긴 이유가 핵실험 때문이라는 점을 자각하고, 국가에 배신당했다는 사실을 깨달았다. 이들의 분노는 곧바로 펜타곤을 향했다. 그리고 '아토믹솔저'로서 세상에 나와 중요한 발언을 하게 된다.

그러나 아토믹솔저는 '저승길로 향한 병사'였다. 쿠퍼가 훈련에 참가했던 1957년, 원자폭탄 실험이 있은 지 11년이 지나자 그의 몸에도 백혈병 증상이 나타났다. 그는 이후 8년이란 시간의 대부분을 병마와 싸워야 했다. 솔트레이크시티의 병원에서 이에 주목하기 시작한 1976년에는 이미 몸이 완전히 병마에 잠식당해 말기 단계로 접어든 상태였다. 한번은 백혈구 수치가 제로로 떨어져 위독한 상황에 이르렀으며, 2주 동안 혼수 상태였다가 체온이 41도를 넘기기도 했다. 체중은 50킬로그램을 밑돌았다. 머리카락은 한 올도 남아 있지 않았다. 목소리조차 낼 수 없는 극심한 고통 속에서 쿠퍼 전 중사는 강인한 생명력으로 이 모든 상황에 맞섰으나, 1977년 미디어를 통해 문제의 전모를 밝힌 이듬해 2월, 44세의 젊은 나이로 세상을 떠났다. 90킬로그램에 달하는 거구였던 그는 사망할 당시 그 절반에도 못 미치는 40킬로그램 가까이까지 몸무게가 줄었을 정도로 야위어 있었다.

하지만 2년 남짓한 기간에 세 차례나 위독한 상태에 빠졌다가 극복하기를 반복하며 낸시 부인과 쿠퍼 전 중사가 해낸 일들은 이루 말할 수 없을 정도로 엄청난 것이었다. 쿠퍼는 군부가 저질러온 모든 행위를 낱낱이 털어놓았다.

모두가 궁금해하던 수수께끼를 풀 마지막 열쇠였던 '어떻게'라는 다섯째 퍼즐 조각이 쿠퍼의 입을 통해 만천하에 공개되었다. 하지만 쿠퍼는 그 퍼즐 조각을 증명해 보이기 위해 자신의 '백혈병 사망 증명서'를 첨부해야 했던 것이다.

장례식 당일 트럼펫 소리가 울려 퍼졌다. 군은 성조기를 하기해 4분의 1 크기로 접은 후 미망인이 된 낸시 부인에게 건네려 했다. 하지만 그녀는 이를 거부했다.

1981년까지 시행된 조사에 따르면, 쿠퍼가 참가했던 핵실험('스모키 Smoky'라 불린 원자폭탄 실험)에 동원된 병사들의 백혈병 발병률은 통상 대비 338퍼센트를 넘어섰다고 한다. 게다가 50퍼센트의 높은 비율로 '아토믹솔저 2세'에게서도 핵실험으로 인한 신체적 문제가 발견되었다.

직접 불덩이와 마주하는 원자폭탄 실험에 동원된 병사와 후쿠시마 원전 사고로 인한 피폭자의 상황은 전혀 다르다고 생각할 수도 있다. 그러나 세인트조지 주민을 덮친 원자폭탄 실험에 의한 죽음의 재나 후쿠시마 원전 사고로 방출된 방사성 가스 모두 200종 이상의 '동일한 방사성 물질'로 이루어져 있다.

(이 책에서는 원자·수소폭탄이나 엑스레이 등 인체 외부로부터 방사선을 쬐는 '외부 피폭被曝 및 외부 피폭被曝' 그리고 체내로 들어온 방사성 물질에 의한 '내부 피폭被曝'을 모두 지칭할 경우 별도의 한자 병기 없이 '피폭'으로 적

었다.)

　미국과 일본의 상황을 대비하여 보여주는 과정에서, 미국 네바다 핵실험에 의한 대규모 피해 정도는 후쿠시마 원전 사고의 배후에 존재하는 무시무시한 정체를 수치로 증명하고 있다. 쿠퍼가 죽은 이후에도 수수께끼를 풀기 위한 노력은 계속됐으며, 이로써 밝혀진 사실들은 다음과 같다.

네바다에서 시행된 대기권 내 핵실험(공표된 자료)

1951년	11회
1952년	8회
1953년	11회
1954년	0회
1955년	16회
1956년	1회
1957년	26회
1958년	24회
합　계	97회

　이로써 앞서 언급한 유타대 의학부의 조지프, 라이언 박사가 설정한 B 기간이 바로 네바다에서 총 97회의 대기권 내 핵실험이 시행됐던 1951~1958년의 8년간임이 확실해졌다.

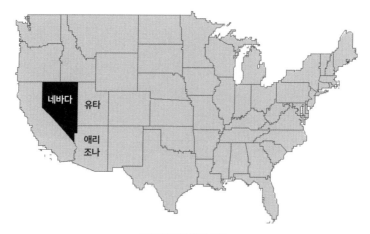

미국 내 네바다주의 위치

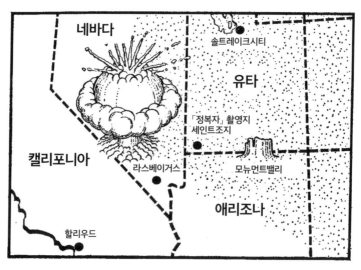

네바다 핵실험으로 인한 풍하의 낙진 지대가 된 서부 세 개 주
(하나무라 히로시 그림,『누가 존 웨인을 죽였는가』에서 재수록)

원자폭탄의 섬광이 유일한 원인은 아니었다

우선, 엄청난 피해를 입은 유타주의 세인트조지가 네바다주 핵실험장에서 220킬로미터 떨어진 지점에 위치했다는 점을 알아둘 필요가 있다. 유타주가 네바다주와 인접해 있기는 하나 그 거리는 결코 가깝지 않다. 일본으로 치면 도쿄역에서 나고야역 구간인 250킬로미터에 맞먹는 거리다.

네바다의 핵실험장과 세인트조지는 오히려 매우 멀리 떨어져 있다고 볼 수 있다.

세인트조지 주민들은 원자폭탄 실험에 동원된 아토믹솔저처럼 섬광에 노출된 게 아니라, 원자폭탄이 작렬하면서 방출된 '죽음의 재'라 불리는 방사성 물질이 220킬로미터를 날아가 그에 뒤덮인 것이다. 이것이 체내로 흡수되면서 수많은 암 환자가 발생했다고 볼 수 있다. 이는 후쿠시마 원전 사고로 방출된 방사성 물질이 체내로 흡수된 도쿄를 비롯한 동일본 주민의 사정과 다를 바 없다.

후쿠시마 제1원전에서 도쿄역까지의 거리는 정확히 220킬로미터다.

후쿠시마 제1원전에서 이와테巖手현 가마이시釜石까지의 거리도 정확히 220킬로미터다.

이는 유럽의 과학자 그룹인 유럽방사선위험위원회ECRR에서 암 환자가 대량 발생할 것으로 예측했던 범위와 거의 동일하다.

또 한 가지 중요한 사실은 네바다에서 시행된 '대기권 내' 핵실험에서 원자폭탄이 사용됐으며(수소폭탄이 아님) 그 폭발력은 15킬로톤 히로시마 원자폭탄 및 22킬로톤 나가사키 원자폭탄과 비교했을 때 엄청난 규모는 아니었다는 점이다.

여기서 킬로톤이라는 단위에 대해 설명하면 다음과 같다. 우라늄 235 '1킬로그램'이 핵분열하면서 방출하는 에너지는 TNT화약(트라이나이트로톨루엔trinitrotoluene) 1킬로그램이 방출하는 폭발열 에너지의 약 2000만 배에 해당된다. 즉, TNT화약 2000만 킬로그램인 약 20킬로톤 분량이다. 이처럼 원자·수소폭탄의 위력은 TNT화약으로 환산하여 킬로톤(1000톤) 단위로 나타낸다. 히로시마와 나가사키에 떨어진 원자폭탄에서 실제 핵분열이 이루어진 우라늄 및 플루토늄의 폭발력에 관해서는 몇 가지 상이한 추정치가 존재한다. 그러나 실제로 핵분열량을 보면 히로시마 원자폭탄은 우라늄 750~800그램(약 1킬로그램), 나가사키 원자폭탄은 플루토늄 약 1킬로그램으로 추정된다. 이 책에서는 이 수치를 환산해 미국 정부가 발표한 히로시마 15킬로톤, 나가사키 22킬로톤으로 표기했다.

이에 비해, 일본 내 표준치인 100만 킬로와트 출력의 원자력발전소에서는 하루 만에 우라늄 3킬로그램이 핵분열한다. 이는 세 발 이상의 히로시마 원폭급 원자폭탄이 원자로 안에서 폭발하는 것과 동일한 위력이다. 즉, 1년 365일 가동되는 원자로에서는 대략 원자폭탄 1000발에 해당되는 '죽음의 재'가 생산된다. 바로 이 엄청난 양의 재가 후쿠시마 원전에서 우르르 방출된 것이다.

네바다 원자폭탄 실험 내용을 일본인이 이해하기 쉽게 설명하면 '히로시마와 나가사키에 떨어진 원자폭탄'을 합한 총 37킬로톤의 분량이

8년에 걸친 B 기간 동안 약 27회 방출된 셈이다. 지상으로 떨어져 내린 방사능 양을 네바다 대기권 내 핵실험의 그것과 비교하자면, 일본 후쿠시마 원전이 오히려 20퍼센트 정도 더 많다! 이에 대한 계산법은 다음 장에서 좀 더 자세히 설명하겠다.

모든 원자폭탄에는 각각 애칭이 있었다.

히로시마에 떨어진 원자폭탄은 '리틀보이'(작은 소년), 나가사키에 떨어진 원자폭탄은 '팻맨'(뚱뚱한 남자)이다. 여기에 네바다와 남태평양 등지에서 시험한 원자·수소폭탄들의 애칭을 일부 소개하자면 '이지' '슈거' '양키' 혹은 과학자들의 이름을 딴 '뉴턴' '프랭클린' '케플런' 그리고 음악적 감각이 반영된 '찰스턴' '딕시'를 비롯해 '브라보' '앙코르' '클라이맥스'라는 이름까지 등장한다.

이렇듯 핵실험이 연달아 시행되기 바로 전해(1950년)에 미국 전역에서 모인 수준 높은 학자들은, '이지'라는 애칭이 그러하듯 '이지easy'한 감각으로 이 일이 생각만큼 대단한 일은 아니라는 결론을 내린 바 있다.

당시 원자폭탄 개발자인 엔리코 페르미, 에드워드 텔러 등 세계 최고의 두뇌들이 집결하여 인근 주민 및 병사 들이 쬐게 될 방사능 양을 과학적으로 계산하기 위한 논의도 있었다.

'안전할까?'

'위험할까?'

열띤 논의가 진행되었다.

"위험할 가능성은 있다. 그러나 이는 인간이 죽음에 이를 정도의 위험성은 아니다. 의학적으로 '절대 안전'하다고 보는 양을 살짝 상회하는 방사선에 노출될 뿐이다."

이것이 그들이 내린 결론이었다.

이는 후쿠시마 원자력발전소 사고로 피폭被曝된 일본인이 익히 들어온 말과 완벽하게 일치한다.

이렇게 해서, 1951년 1월 27일 첫 원자폭탄이 터지고, 네바다 사막에 버섯구름이 피어오른다. 이어서 두 번째, 세 번째, 네 번째…… 그리고 나가사키급 규모의 다섯 번째 등 원자폭탄 실험은 계속된다. 주변 곳곳에서도 정확히 방사능을 측정하면서 작업자들의 피폭량을 기록해 나갔다. 기록에 따르면 피폭량이 가장 많았던 작업자일지라도 그 양은 3뢴트겐 정도에 불과했다고 한다.

당시에는 피폭량을 뢴트겐이라는 단위로 표시했다. 그러나 현재는 피폭량을 표시할 때 시버트 또는 1시버트의 '1000분의 1'인 밀리시버트나 '100만 분의 1'인 마이크로시버트라는 단위를 사용하며, 국제방사선방호위원회ICRP가 정한 기준에 의하면 일반 시민의 연간 피폭 한계치는 1밀리시버트다.

다음에 정리된 '방사능·방사선 단위 환산표'를 보면 알 수 있듯이 뢴트겐과 시버트는 전혀 다른 차원의 방사능 단위이기 때문에, 간단히 환산할 수 있는 게 아니다. 전신의 피폭 치사량을 8그레이 및 6~7시버트라고 했을 때 이를 환산하면, 작업자에게 노출된 3뢴트겐은 대략 19~23밀리시버트에 해당된다. 1950년대에 원자폭탄 실험에 관여한 작업자들의 피폭량은 '전문가라는 분들의 말에 의하면 **최대 20밀리시버트 정도**였다는 셈이다.

방사능·방사선 단위 환산표

- **방사능**(방사성 물질에 포함된 방사능)
  1퀴리$_{Ci}$ = 370억 베크렐$_{Bq}$
  = 3.7×10^{10}베크렐$_{Bq}$

- **조사선량**(공기 단위로 환산)
  1뢴트겐$_R$ = 8.7밀리그레이$_{mGy}$
  = 0.0087그레이$_{Gy}$

- **선량당량; 공간선량; 피폭선량**(흡수선량을 전신에서 합계 낸 피폭량)
  100렘$_{rem}$ = 1시버트$_{Sv}$
  = 1000밀리시버트$_{mSv}$
  = 1000000마이크로시버트$_{\mu Sv}$
  $1\mu Sv/h \times 8.76$ = 1mSv/y (1년은 8760시간이므로)

- **흡수선량**(방사선이 생물의 각 부위에 흡수된 에너지)
  1그레이$_{Gy}$ = 100래드$_{rad}$

크고 작은 규모의 원자폭탄을 시험하면서 병사들은 핵전쟁에 대비하기 위해 사막에서 실습 훈련을 받았다. 물론 병사들의 피폭량도 전부 기록됐는데, 이는 현재 사용되는 단위로 환산했을 때 8.0~9.5밀리시버트 정도의 적은 양이었다고 한다. 당국은 병사들의 피폭량이 위험 수준에 달하는 상황을 우려해 연이어 서로 다른 부대를 실습 훈련에 참가시켰다.

이에 반해 현재 후쿠시마현은 위험하다고 여겨지는 피난지역으로 귀환 가능한 방사선량 기준치를 연간 20밀리시버트 이하로 정해놓았다.

네바다의 핵실험에 동원된 병사들 가운데 **대량의 암 환자를 발생**

시킨 피폭량 8.0~9.5밀리시버트와 비교하면, 후쿠시마현 내 귀환 가능 지역의 피폭량은 두 배 이상 높다. 그런데도 다들 이대로 괜찮다고 생각하는 걸까?

네바다의 사막에 엄청난 폭음이 울려 퍼지고 20초쯤 지나자, 220킬로미터 떨어진 세인트조지의 주민들도 진동을 느꼈다. 이곳 주민들의 과장 없는 표현에 따르면 당시 핵실험에 의한 공포는, 앞서 언급했던 '네바다에서는 모두 97발의 원자폭탄 실험이 이루어졌다'는 단순한 표현으로는 절대 가늠할 수 없는 것이었다.

숫자를 합산할 필요는 없다. 한 발 한 발의 원자폭탄이 각각 엄청난 에너지를 방출했다.

한 발씩 터지는 원자폭탄은 인근 주민의 관심을 불러일으켰고, 핵폭발 실험은 계속해서 진행되었다.

그러나 어느덧 네바다, 유타, 애리조나 등 서부 세 개 주에서는 원자폭탄 자체를 보고 들었다는 호기심 차원을 넘어서, 매우 꺼림칙한 일들에 관한 풍문이 나돌기 시작했다.

"오염된 구름이 지나간 후로 머리카락이 몽땅 빠졌어."

"피부에 이상한 그을음 자국이 생겼는데."

"가축 500마리가 죽었어."

"휴, 우린 양 1500마리가 죽었다고."

"갓 태어난 양이 모두 이상하게 다리가 짧아."

"아이들이 잇따라 백혈병에 걸리고 있어."

"세인트조지에서 눈이 없는 아이가 태어났어."

"네바다에서도 눈이 없는 아이가 태어났어."

"우물물이 오염돼서 먼지를 뒤집어쓴 것처럼 보여."

"아내가 또 유산을 했어."

"갑상선에 이상이 있는 아이들이 늘고 있어."

"장의사 피킷이 암으로 죽어나간 사람들 때문에 번창하네."

"세인트조지 부근에서 영화를 찍은 촬영팀은 괜찮은 걸까?"

불행히도 이 모든 일은 단지 소문이 아닌, 실제로 일어난 일이었다.

핵폭발 실험은 1957년에 접어들면서 폴 쿠퍼 중사가 참가한 '스모키' 실험을 포함해 26회에 달하는 등, 그야말로 미증유의 엄청난 규모로 확산되었다.

쿠퍼 전 중사가 폭로한 '스모키' 실험이 빚어낸 참극의 실상을 통해 모든 사건 사고가 발생한 맥락을 짚어낼 수 있게 된 것이다.

1958년을 끝으로 네바다에서 시행된 일련의 대기권 내 원자폭탄 실험(B 기간)은 일단락되었고, 그로부터 3년 후인 1961년부터는 지하 핵실험이라는 새로운 시대에 접어들었다.

이제 위에서 언급한 대기권 내 핵실험과 후쿠시마 원자력발전소 사고로 방출된 방사능 양을 비교해보도록 하자.

후쿠시마 제1원전 사고로 인해
방출된 방사선량은 어느 정도일까

후쿠시마 원자력발전소 사고로 방출된 방사능 양에 관해서는 여러 설이 있기 때문에 이를 엄밀히 판단하기는 어렵다. 그러나 과학 잡지 『네이처*Nature*』(2011년 10월 25일 호)를 통해 공신력 있는 미국·유럽의 연구자들이 공개한 대기 중 방사성 세슘 양은 97만 퀴리(3.58×10^{16}베크렐)로 추정된다고 한다. 명확한 근거를 바탕으로 도출되었으므로 여기서는 이 수치를 사용하도록 하겠다.(이보다 한 자리 더 많은 추정치도 있다.) 35쪽 환산표에서 보듯, 현재 사용되는 방사능 단위를 살펴보면 많은 양을 측정할 때는 퀴리를, 식료품 등에 포함된 적은 양을 측정할 때는 베크렐을 사용한다. 1퀴리는 370억 베크렐로 환산 가능하다.

1950년대 네바다주의 '대기권 내' 핵실험에서 터뜨린 원자폭탄 약 100발에서 방출돼 세인트조지 등 풍하 지대로 떨어져 축적된 방사성 물질(죽음의 재)의 '총량'을 킬로톤으로 환산하면 히로시마에 떨어진 원자폭탄 66발의 방사성 물질 방출량에 해당된다. 히로시마에 떨어진 원자폭탄에서 방출된 세슘 양 추정치는, UN과학위원회UNSCEAR 보고서를 기반으로 한 일본 내 환산법을 적용하면 2400퀴리다. 그러니까 이 공식 수치에 따르면 네바다주 대기권 내 핵실험으로 방출된 세슘 총량은 히로시마에 투하된 원자폭탄 66발에 해당되는 약 16만 퀴리라는 계산이 나온다.

따라서 후쿠시마에서 방출된 방사성 세슘의 양을 '미국·유럽 연구자들이 제시한 추정치 97만 퀴리'라고 하면, 이는 16만 분의 97만 퀴리, 즉

약 6배에 해당된다. 말하자면 1950년대 네바다에서 시행된 대기권 내 핵실험에서 방출된 총량의 6배에 달하는 어마어마한 양의 세슘이 후쿠시마에 방출되었다는 말이다.

한편, 일본의 원자력안전위원회 및 원자력안전보안원에서 추정한 후쿠시마의 방사성 세슘 방출량은 그 절반에도 못 미치는 40만 퀴리 정도($1.2{\sim}1.5 \times 10^{16}$ 베크렐)이나, **자릿수에는 변함이 없다.** 안전위원회 위원장인 마다라메 하루키班目春樹는 후쿠시마 제1원전으로 향하는 헬리콥터 안에서 간 나오토菅直人 총리에게 '후쿠시마 원자력발전소에서는 수소 폭발이 일어나지 않는다'고 설명했는데, 바로 그날 오후에 수소 폭발이 일어나 '엉터리 하루키'로 불리게 된다. 한편 원자력안전보안원은 대대적 피폭이라는 소용돌이에 휘말린 일본 국민에게 사고 내용을 보고하기 전에 IAEA 각료 회의에서 오류투성이 사고 보고서를 제출하여 국민을 배신한 조직이다. 이 두 조직 모두 일본 전역에서 '신뢰할 수 없다'는 통렬한 비판을 받고 철폐됐으므로 이들이 제시한 제대로 된 근거조차 없는 추정치는 신뢰할 수 없다. 후쿠시마 사고의 당사자인 도쿄전력이 사고 1년 후에 발표한 수치를 보면 보안원에서 제시한 추정치의 두 배에 가까운데 이는 『네이처』지에 게재된 미국·유럽 연구자들이 언급한 수치에 가깝다.

단, 후쿠시마에서 방출된 방사능 중 80퍼센트는 태평양에 떨어졌고, 나머지 20퍼센트만이 지상에 떨어졌다는 낙관적인 관점을 더하면 인간의 거주지역에 떨어진 방사능 양은 앞서 언급한 수치의 20퍼센트, 즉 5분의 1이라고 추정할 수 있다. 그렇더라도 네바다주 대기권 내 핵실험으로 방출된 총량의 5분의 6회 분량, 즉 1.2회 분량이므로, 2011년 후쿠시마 원자력발전소에서 방출되어 지상에 떨어진 방사능 총량은 네바다 핵실험장에서 대기 중으로 방출된 방사능 총량보다 20퍼센트 정도 더 많다는 결론이 나온다.

원자폭탄 실험에서는 폭탄을 터뜨렸기 때문에 눈에 보이는 재가 흩날렸지만, 후쿠시마 원자력발전소 사고에서는 가스가 방출됐기 때문에 방사성 물질을 눈으로 확인할 수 없다. 이런 측면에서 보면 원자력발전소 사고는 더 끔찍한 일이다.

한편 지금까지는 세슘만을 기준으로 비교 계산한 결과를 보여줬는데 방사성 물질에는 세슘만 있는 게 아니다. 내부 온도가 섭씨 수천 도에 달하면서 노심용융melt down이 발생한 원자로에는 맹독성 플루토늄을 비롯한 200여 종 이상의 방사성 물질이 내장돼 있었기 때문에 이들의 총량도 감안해야 한다. 후쿠시마 사고로 소아 갑상선암을 유발하기 쉬운 '방사성 아이오딘'이 방출됐는데, 그 양은 안전위원회와 보안원의 추정치만 봐도 '세슘의 열 배'인 400만 퀴리(1.5~1.6×10^{17}베크렐)라는 터무니없는 수치가 나온다.

사고로부터 한 달 뒤, 멍청한 학자들 가운데는 위험하기 짝이 없는 아이오딘131의 '반감기가 8일 정도로 짧기 때문에 벌써 다 사라졌다'고 하는 이가 많았는데, 이들은 계산을 할 줄 모르는 게 틀림없다. 반감기란 방사능이 사라지는 기간을 의미하는 게 아니라 절반씩 줄어드는 기간을 말한다. 다음 반감기 그래프를 참고하기 바란다. 이 그래프를 통해 모든 방사성 물질에서 방사능이 감소하는 데 걸리는 시간을 알 수 있다. x축의 'ㅇ분의 1이 되기까지 걸리는 시간'을 알고 싶다면 y축의 '배율'에 반감기를 곱하면 된다. 예를 들어 반감기가 8일인 아이오딘

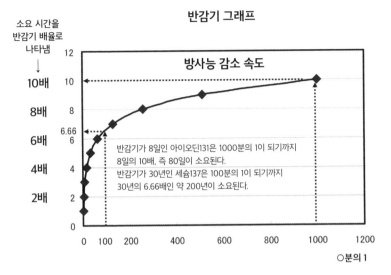

반감기 그래프

소요 시간을
반감기 배율로
나타냄
↓

방사능 감소 속도

반감기가 8일인 아이오딘131은 1000분의 1이 되기까지 8일의 10배, 즉 80일이 소요된다.
반감기가 30년인 세슘137은 100분의 1이 되기까지 30년의 6.66배인 약 200년이 소요된다.

○분의 1

이 '1000분의 1'이 되는 데 걸리는 시간을 알려면, 우선 x축의 '1000분의 1' 지점이 y축의 '10배'를 가리키므로 반감기 8일의 열 배인 80일(두 달 반)이 걸린다는 점을 알 수 있다. 그러나 이때 중요한 건 아이오딘의 절대량이다. 방출된 아이오딘의 양이 안전위원회와 보안원에서 추정한 대로 400만 퀴리라 할지라도 그 1000분의 1인 4000퀴리가 되기까지는 80일이나 소요된다. 4000퀴리란 150조 베크렐에 해당되는 엄청나게 위험한 양이다. 후쿠시마 원자력발전소 사고로 인해 고농도의 방사능에 뒤덮인 기간이 2011년 4월 이후로도 6월 무렵까지 3개월 이상 지속된 것이다.

더 심각한 문제는 사고 발생 후 4년이 지난 지금 대부분의 사람이 사고와 피해가 모두 해결되었다고 착각한다는 점이다. 후쿠시마 사고로 인해 대량으로 방출된 세슘137의 반감기는 30년인데, 다시 앞의 그래프를 참고하자면 1000분의 1이 되기까지 (6.66×30년인) 200년이 걸린다. 지상으로 떨어진 세슘의 90퍼센트는 아직까지 남아 있다고 볼 수 있다. 그러니 엄청난 규모의 피해가 이제부터 서서히 모습을 드러낼 것이다. 이 책을 쓰는 2015년 현재도 '후쿠시마 제1원전' 사고 현장에서는 계속해서 대량의 방사능이 방출되고 있으며, 도쿄전력이 발표하는 방출량은 변동폭이 너무 커서 신뢰할 수 없다. '원자력 긴급 사태 선언'은 발령된 상태 그대로이고 노심용융으로 확산된 연료가 땅속에서 임계반응을 일으킬 잠재적 위험성에도 변함이 없다. 대규모 지진이 또다시 발생한다면 그때는 어떤 사태가 벌어질지 알 수 없는 노릇이다.

이는 일본에서 진행 중인 대규모 피해 정도를 예측하는 데 있어 그야말로 심각한 수치가 아닐 수 없다.

전체 일본 영토의 크기와 대규모 방사능 피해를 입은 미국 서부 세 개 주의 크기를 같은 축척으로 표시하면 11쪽 지도와 같으니, 다시 한번 확인해주길 바란다.

네바다 핵실험장에서 220킬로미터 떨어진 세인트조지 및 인근 지역에서 발생한 엄청난 피해 정도를 근거로 추측해보건대, 후쿠시마 제1원전으로부터 약 300킬로미터 반경 내 많은 사람이 거주하는 지역(후쿠시마현, 미야기현, 야마가타현, 군마현, 도치기현, 이바라키현, 사이타마현, 지바현, 도쿄도, 가나가와현) 전역과 이와테현, 아오모리현, 아키타현, 시즈오카현, 야마나시현, 나가노현, 니가타현의 일부 구역에서 발생할 피해는 현재 잠복기에 있다. 아마 피해 규모는 세인트조지를 비롯한 미국 서부 세 개 주에서처럼 무시무시할 것이다. 이미 그러한 피해의 일부가 조용히 인간의 체내에서 서서히 번져가고 있을지도 모른다는 불길함과 함께 위기감도 든다. 이런 가능성들을 제거하기 위해 어떠한 조치를 취할 것인지가 우리의 엄중한 과제임은 자명하다.

그렇다면 대규모 피해는 몇 년 정도 지나야 암이나 백혈병 등의 증상을 통해 표면적으로 드러나는 것일까?

세인트조지의 장의사 엘마 피킷이 주변에 암으로 인해 죽는 사람들이 급증한다고 느낀 시기는 원폭 실험이 시작되고 5년이 지났을 무렵이었다. 2015년(3월 11일)을 기점으로 일본은 이미 후쿠시마 원자력발전소 사고가 있은 지 4년이 지났다. 그런데 후쿠시마현에 거주하는 아이들에게서 나타난 갑상선암 발병률은 이미 **평소 수치의 70배를 넘어서는** 지경에 이르렀다. 일본에 거주하는 사람들의 몸에서 피해의 실상이 조금씩 드러나기 시작했다는 위기감은 없는 것일까.

그저 '시간의 심판이 내려지기를 손 놓고 기다리기만 할 것인가? 나 역시 많은 사람으로부터 어떻게 하면 좋겠냐는 질문을 받곤 하는데, 이는 개인마다 피폭 조건이나 가족 구성이 다르기 때문에 신중히 대답해야 한다. 틀림없는 사실은, 오염 정도가 심한 지역에 사는 사람들은 정부가 발표한 말을 절대 신뢰해서는 안 되며, 특히 젊은 세대는 직접적인 피폭을 피하기 위한 수단을 스스로 적극적으로 찾아 나서야 한다는 점이다. 한편 일본 전역의 공통된 사항으로는—뒤에서 상세히 언급하겠지만—사고 발생 후 4년이 지난 현재 특히 '오염 식품의 유통'에 더 많은 주의를 기울여야 한다는 점을 들 수 있다. 사실을 제대로 숙지한 후 지금 이 상태로 괜찮을지 여부를 스스로 판단하지 않으면 가족을 지킬 수 없다.

이대로 넋 놓고 지켜보기만 하다가는 2020년 도쿄 올림픽을 제대로 개최할 수 없을 것이다.

네바다 핵실험으로 수많은 사람이 목숨을 잃은 과정과 일본의 원자력발전소 사고로 피폭을 당한 과정 간에는 긴밀한 관련이 있을지도 모른다. 이러한 의문을 가지고 두 사건에서 발생한 피해의 연관성을 살펴보도록 하자.

후쿠시마 원자력발전소 사고가 일어나다

일본인이 입은 피폭 경과를 상세히 재현해보자.

2011년 3월 11일 오후 2시 46분, 도호쿠東北 지방 태평양 해역에서 발생한 지진이 일본을 덮쳤다.

산리쿠三陸 해안을 중심으로 간토 지방에서 홋카이도北海道의 하코다테函館, 네무로根室까지 이어지는 광활한 태평양 해안에 해일이 밀어닥치면서 동일본 대지진이라는 대참사가 벌어졌다. 그로부터 한 시간 후에 들이닥친 14미터 이상의 대규모 해일로 인해 도쿄전력의 후쿠시마 제1원전의 모든 전원이 나가면서 노심용융이라는 최악의 상황으로 치닫는다. 그리고 이튿날인 3월 12일부터 3월 15일 사이에 후쿠시마 원자력발전소의 원자로 4기가 잇따라 폭발 및 파괴되는 등 처참하기 이를 데 없는 대형 사고가 발생한다.

후쿠시마현에서 후쿠시마중앙TV를 통해 원자력발전소 폭발 소식을 접한 사람들은 너 나 할 것 없이 공포에 떨며 집에서 뛰쳐나가 황급히

차를 타고 피난길에 올랐다. 그러나 이들 대부분은 음식도, 물도 없는 상황이었다. 공포에 떨면서 미야기현, 야마가타현, 니가타현, 이바라키현, 도치기현, 군마현 등 인접한 지역으로 옷만 하나 달랑 걸친 채 도망쳤으며, 이들로 인해 도로는 꽉 막혔다. 정전에 통신망도 불통이라 유선전화, 휴대전화 모두 사용할 수 없었다. 게다가 현 내의 휘발유도 바닥이 나고 지진으로 도로 곳곳이 함몰된 데다, 해일이 덮쳐 지나갈 수도 없는 상황이었다. 대부분의 자동차가 국도로 몰렸기 때문에 어디를 봐도 염주처럼 늘어선 차량이 빼곡했으며 극심한 교통 체증으로 인해 좀처럼 앞으로 나아갈 수 없었다.

외부로부터 휘발유 및 구호물자를 전달받기로 했으나 원전 사고로 방출된 방사능을 이유로 무산되었다. 도와주러 오는 이는 아무도 없다. 초고농도의 방사능구름이 엄습해왔지만, 그 누구도 방사능구름의 위험성에 대해 제대로 알려주지 않았다.

급조된 피난처로 우여곡절 끝에 도착한 사람들도 불안한 표정으로 뚫어지게 TV를 바라보며 "당장 건강에는 아무 영향도 없습니다"라는 기괴한 말에 고개를 갸웃거릴 따름이었다.

방사능구름 속에 있던 한 사람 한 사람의 체내에 흡수되는 방사능을 막는 데 있어 자동차나 피난처가 어느 정도 도움이 됐는지는 본인밖에 모른다. 이것이 지금까지도 미심쩍은 '최대의 수수께끼'다. 사고로부터 1년 후, 2년 후 그리고 현재에 이르기까지 후쿠시마 제1원전에서 '폭발 사고가 일어나기 전'에 이상하리만치 많은 양의 방사능이 방출되고 있었음을 보여주는 후쿠시마현의 공중선량空中線量 기록이 속속 밝혀지고 있다.

지금까지 유포된 국제연합UN의 세계보건기구WHO에서 발표한 후쿠시마현 주민의 피폭被曝 추정치에는 아무런 근거가 없다. 게다가, 뒤에서 언급하겠지만 WHO는 원자력 추진 기구인 IAEA의 하위 조직이다.

유출된 방사성 물질은 후쿠시마현뿐 아니라 동일본 전역을 뒤덮었으며 특히 3월 21일부터 23일 사이 대량의 방사성 가스가 간토 지역 전역으로 남하해 3개월이 넘도록 고농도의 죽음의 재가 대기 중을 떠돌아다녔다. 피폭 당사자인 일본 국민은 후쿠시마 원자력발전소 사고 처리가 어떻게 진행되고 있는지를 파악하기 위해 TV만 뚫어지게 바라보았다. 그리고 TV에서 방영되는 해일 관련 대재해 소식에 망연자실한 채, 절박한 사고 현장에 온 관심이 쏠린 나머지 막상 자기 몸을 어떻게 지켜야 할지에 대해서는 방법을 알지 못했다.

폭발 사고 후 약 2주가 지나자 방사능 자체에 대한 경계심도 조금씩 누그러지기 시작했다. 대량의 방사성 물질이 아직 한창 분출되고 있었으므로 일대의 대기 중에는 방사능이 가득 차 있었음에도 불구하고, 해일 피해지역을 제외한 대부분의 지역에서 평소와 다름없이 통근·출근을 하는 등 사람들은 사고 전과 변함없이 생활했다. 그리고 죽음의 재를 잔뜩 뒤집어쓴 갓 수확한 채소도 그대로 유통되어 식탁 위에 올랐다. 사람들의 일상은 오염된 채소로 유지되고 있었다.

특히 후쿠시마로부터 수도권인 지바 및 도쿄에 이르는 태평양 쪽 지역에는 산이 없기 때문에 도쿄 신주쿠 고층 빌딩가는 5월이 되도록 남하한 고농도 방사능구름의 직격탄을 받고 있었다. 지방자치단체 시설의 측정치를 근거로 문부과학성에서 2011년 11월 25일 공표한 수치를 보면 3월에서 6월 사이(약 3개월 반) 방사성 세슘의 월간 낙진 총량은 번

화가 및 신주쿠에서 이와테현 모리오카盛岡시의 그것보다 여섯 배 더 많았다. 그리고 같은 기간에 갑상선암을 일으키는 방사성 아이오딘의 월간 낙진 총량은 신주쿠에서 모리오카의 100배를 기록했다. 도호쿠 지방의 이와테현보다 도쿄 부근의 낙진 총량이 훨씬 더 많았던 것이다. 원자력발전소가 위치한 태평양 쪽 지역뿐 아니라 동해 쪽 야마가타현 야마가타시에서도 신주쿠에 버금가는 엄청난 양의 방사성 아이오딘이 떨어져 쌓였으며, 방사성 세슘은 신주쿠의 1.3배에 달했다.

이렇듯 고농도 독가스는 도심으로부터 곧장 도쿄의 다마多摩 지역과 가나가와로부터 시즈오카현 구석까지 퍼져나갔다. 게다가 오염 수준이 높은 지역에서 벗어나고자 국도로 피난을 떠난 대규모의 차량 행렬, 그리고 도호쿠 신칸센의 타이어나 차체에 붙어 있던 죽음의 재는 광범위한 지역으로 확산되어갔다.

나는 방사능의 위험성을 제대로 파악하기 위해 후쿠시마 원전 사고가 있은 지 반년쯤 뒤인 10월에 '체르노빌 사고 발생 이후로 계속해서 방사능을 측정하고 있는 전문가에게 후쿠시마 제1원전으로부터 230킬로미터 떨어진 도쿄 스기나미杉並 주택가에 위치한 우리 집 정원의 흙에 함유된 세슘137의 오염도를 분석해달라고 부탁했다. (체르노빌 오염지역과 똑같은 계산법으로 비교하기 위해 5센티미터 깊이까지 흙을 채취해 1킬로그램당 함유된 방사성 세슘 양을 측정한 후, 토양 밀도가 1세제곱센티미터 1.3그램인 경우의 계수인 65를 곱하여 1킬로그램당 베크렐 수치를 1제곱미터 단위로 환산했다.) 그 결과 우리 집 흙에서는 1제곱미터당 1만7160베크렐, 아이들이 노는 근처 공원 흙에서는 9만2235베크렐이라는 어마어마하게 높은 수치가 나왔다. 체르노빌 원전 사고로 인한 오염 지대에서는, 3만7000~18만5000베크렐이면 위험 지대 제4구역인 '엄중한 건강관리가 필요'한 구역으로 구분되며, 18만5000베크렐을 넘어서면 제3구역인 '피난 권고' 구역이다. 이 말인즉, 우리 집은 제4구역 기준 수치보다는 낮지만 자릿수는 같으며, 공원은 '체르노빌 위험 지대 제4구역'에 포함된다는 뜻이다! 그러나 같은 달 10월에 문부과학성이 공중선량으로 추정한 오염 분지를 표시한 지도를 보면 스기나미구나 신주쿠구 모두 '안전 지대'로 표시돼 있다. 사고 발생 후 반년이 지난 시점에 나온 조사 결과가 이 모양이다. 이로써 공중선량으로 측정해도 의미가 없다는 점은 분명해졌다.

그나마 불행 중 다행인 것은, 3월 말이 봄 방학 시기와 겹쳐 학교에 가지 않았기 때문에 아이들의 피폭을 줄일 수 있었다는 점이다. 하지만 부주의한 부모들은 독가스가 난무하는 집밖으로 아이들을 아무렇지 않게 내보냈다. 그리고 4월이 되자, 모든 학교에서 수업이 시작되었다.

이렇듯 갈팡질팡하는 일본인들을 냉혹한 시선으로 바라보던 세계 곳곳의 원자력 신디케이트 간부들도 더 이상 앉아서 방관만 할 수는 없었다. ICRP는 방사능이 초래한 패닉 상태를 가라앉힐 수단을 강구할 시기라고 판단했으며, 지진 발생일로부터 10일 뒤인 3월 21일 자로 일본 정부에 긴급 성명을 냈다.

놀랍게도 이들은 '사고가 발생한 긴급 상황'에 있음을 이유로 들면서, 연간 피폭被曝 한계치를 말도 안 되게 높은 수치인 20~100밀리시버트로 정할 것을 권고했다. 연간 1밀리시버트인 기준을 20~100배로 높이라는 그들의 지시는 죽음의 재가 맹렬한 기세로 도쿄를 비롯한 동일본을 습격하던 바로 그때 내려진 것이었다.

지푸라기라도 잡고 싶은 심정이던 일본 정부는 당시 ICRP가 제시한 20밀리시버트를 국제적 기준으로 채택한다.

바로 다음 달인 4월 10일(일요일), 사고로 인해 끔찍한 고농도 오염수가 여전히 태평양으로 유출되고 방사능구름이 동일본 전역을 뒤덮은 상황에서 회의가 열렸다. 이때 일본의 원자력안전위원회 소속 구스미 시즈요久住靜代 위원(방사선영향학)은 원자력발전소에서 반경 20킬로미터 영역 밖에 위치한 높은 방사능 수치를 보이는 오염지역(즉 후쿠시마현을 비롯한 동일본 전역)의 연간 적산선량 허용치를 '20밀리시버트'로 하자고 갑작스럽게 제안했으며, 일본 안전위원회는 이에 동의한다. 전국적으로 각 학교가 개학하고 아이들이 등교하기 시작한 무렵이 바로 이때였다.

일본 전역으로 퍼진 패닉 상태를 잠재우려 후쿠시마현 주민 200만 명과 동일본 주민을 희생양으로 삼고, 피폭자들을 방치하기 시작한 것이다.

게다가 체르노빌 원자력발전소 사고 당시 국제 조사에 참가했던 나가사키대 명예교수 나가타키 시게노부長瀧重信는 후쿠시마현 아이들에게 20밀리시버트는 인체에 무해하다고 주장하는 등 일본 원자력안전위원회가 위와 같은 방침을 추진하는 데 일조했다. 일본 총리 관저 사이트의 재해 대책란에 4월 15일 자로 "20밀리시버트 이하인 후쿠시마 주민은 방사선에 의한 영향을 받지 않는다"고 작성한 사람 역시 나가타키 시게노부였다.

　같은 날, 문부과학성 장관인 다카키 요시아키가 발표한 '목표는 20밀리시버트'라는 방침은 아이들의 피폭被曝을 그대로 방치하겠다는 말이나 다름없었다. 방사선의 영향이 심각한 수준이었던 아이들에게 일반 성인의 연간 피폭被曝 한계치인 1밀리시버트의 20배에 달하는 피폭량을 허용하겠다고 용인한 것이다.

　당시 (그리고 현재) 문부과학성에서는 더 이상 이전의 모습을 찾아볼 수 없었다. 그로부터 10년 전인 2001년에 시행된 중앙성청省庁 개편에 따라 문부과학성과 원자력발전 추진의 중심 세력인 과학기술청이 병합되면서 원전 마피아가 이를 장악했으며, 사실상 '원자력성省'으로 탈바꿈한 상태였다.

　결국 4월 19일, 문부과학성은 후쿠시마현의 학교 이용 안전 기준으로서 이용 가능한 학교 건물 및 교정 등에 대한 방사선량 기준치를 '연간 20밀리시버트 이하'로 정한 뒤 현 내 교육위원회와 관계 기관에 통지했으며, 이를 안전 기준으로 공표했다.

　한편 무수히 많은 방사능 피해 사례를 접했고, 방사능의 위험성을 너무나도 잘 알고 있는 사람들은 이런 상황에 경악을 금치 못했다. 연간 20밀리시버트라는 피폭被曝량은 체르노빌 원자력발전소 사고 당시 강제적 피난이 요구되는 피폭被曝 한계치인 연간 5밀리시버트의 네 배에 달하는 위험천만한 수치였던 것이다. 그 이전까지만 해도 피폭被曝 한계치가 1밀리시버트였다는 점을 감안하면, 일본인은 후쿠시마 원전 사고로 인해 갑자기 방사능 노출에 20배나 강해졌다는 말이 된다! 소련에서조차 5밀리시버트면 강제 피난 조치가 내려졌는데, 20밀리시버트라는 살인적인 기준치를 공표한 일본에서 우리가 살아남을 수 있을지 의문이다.

지금도 방사능 마크☢가 붙어 있어서 일반 시민의 출입이 금지된 장소가 있다. 바로 원자력 전문가들을 위해 지정된 장소로, 위험한 '방사선 관리 구역'으로 불린다. 이곳의 공중선량은 연간 5.2밀리시버트를 웃돈다. 원자력발전소 등에서 일하는 노동자가 암이나 백혈병으로 목숨을 잃었을 때 적용되는 산업재해 인정 기준만 봐도 연간 5밀리시버트부터다. 그런데 이 수치의 네 배인 '연간 20밀리시버트 이하'라는 기준을 후쿠시마현의 아이들에게 적용했던 것이다.

국민의 신뢰를 완전히 저버린 일본의 원자력안전보안원과 원자력안전위원회가 이듬해 9월 19일에 해체되면서 이를 대신할 조직으로 '원자력규제위원회'가 발족됐다. 그러나 이 조직 위원들의 명단을 보면 위원장인 다나카 순이치를 포함해 원자력발전소를 옹호하는 어용학자 다섯 명으로 이루어졌으며, 이들 밑에서 **실질적으로 규제 내용을 검토**하는 곳은 관료 집단(원자력규제청)이었다. 게다가 보안원 소속이던 후쿠시마의 사고 책임자가 유입되어 규제청 구성원의 80퍼센트를 차지하고 있었다. 이런 인물들로 구성된 조직이 원자력발전소를 재가동시키기 위한 신호를 보내고 있는 것이다. 이들 관료 대부분은 민간 기업에서 일한 경험조차 없이, 오로지 원자력 용어를 통째로 암기해 종이 문서나 확인할 줄 아는 무능력한 집단에 불과하다. 즉 현장에 무지한 아마추어 집단이라는 측면에서 현실은 후쿠시마 원자력발전소 사고 발생 이전 상황과 전혀 바뀐 게 없다.

한편 일본이 모델로 삼은 미국의 원자력규제위원회NRC도 의장을 비롯한 다섯 명의 위원으로 구성되어 있는데, NRC는 1979년 펜실베이니아주의 스리마일섬 원자력발전소 사고로 인해 엄청난 비판을 받은 이후 전문지식에 중점을 두게 되었다. NRC도 어디까지나 '원자력 추진 조직'이므로 신뢰할 만한 조직은 아니지만, 구조적 위험성에 관한 해석 수준이 매우 높고, 세계적으로 인정받는 기관이라는 점만은 인정하는 바다. 직원 3900명 중 4분의 1 이상이 박사급이며, 2014년도 예산이 10억 5590만 달러라는 거액에 달했던 점도 핵무기 산업에서 탄생한 조직이기에 가능했다고 생각한다.

한편 일본의 원자력규제위원회와 원자력 규제청은 다음과 같이 돌아간다…….

그들은 발족한 이듬해(2013년) 11월 20일에 '귀환을 위한 안전·안심 대책에 관한 기본 대처법(선량 수준에 따른 방호 조치의 구체화를 목표로)'을 발표했다. 그리고 "일본에서는 ICRP의 권고 사항 등을 참고하여, 공중선량률로 추정하는 연간 적산선량(20밀리시버트)보다 수치가 더 낮다는 점이 확실한 지역에 대해 이를 피난 지시 해제 요건의 하나로 지정한다"고 명시했다. 연간 20밀리시버트 이하라면 후쿠시마현의 위험지역으로 돌아가도 괜찮다는 건 도대체 무슨 의미일까? 이것은 세계 곳곳에서 대량의 희생자를 만들어낸 내부 피폭을 무시한 기준이 아닌가? 어째서 일본인은 20밀리시버트라는 기준을 바꿀 생각이 없는 것인가!

야마시타 슌이치와 나가타키 시게노부, 그리고 수제자 다카무라 노보루

이렇듯 엄청난 혼란에 휩싸인 채 사고의 소용돌이 속에서 등장한 이가 나가사키에서 온 '안심·안전을 외치는 선교사'라 불린 야마시타 슌이치였다. 야마시타는 나가사키대 대학원 의치약학종합연구과 교수라는 직함을 가지고 있었다. 원폭후유장애의료연구시설 교수 및 WHO 긴급피폭의료협력연구센터 센터장, 일본갑상선학회 이사장을 역임해온 인물이었다.

후쿠시마 원전 사고 발생 약 일주일 후인 3월 19일, 방사선에 대한 공포심을 제거하기 위해 출범한 후쿠시마현 방사선건강위험관리의 고문으로 취임한 사람이 야마시타 슌이치였다. 체르노빌 피해 관련 국제조사에서 엉터리 보고를 한, 뒤에서 언급할 시게마쓰 이쓰조重松逸造, 사사카와笹川재단, 나가타키 시게노부와 손을 잡은 야마시타는 후쿠시마현 주민을 보호하기 위해서가 아니라, '후쿠시마현 주민의 공포심을 없애기' 위해서 파견된 이였다.

고문으로 취임하기 전날인 3월 18일 후쿠시마현에 입성한 야마시타 슌이치는 후쿠시마현립의과대학 교직원을 대상으로 한 강연에서 놀랍게도 안정 아이오딘제劑를 복용할 필요가 없다고 단언한다. 정말이지 어처구니없는 발언이었다. 목에 있는 갑상선은 다시마 등 해초류에 함유된 자연계의 아이오딘 섭취를 통해 호르몬을 생성하기 때문에 호르몬 분비가 왕성한 젊은 세대는 평소 많은 양의 아이오딘을 필요로 한다. 야마시타 슌이치가 복용할 필요가 없다고 말한 안정 아이오딘제는 자연계의 것과 동일한 '정상적인 아이오딘127'이 주성분인 아이오딘화칼륨 KI 알약을 의미하며, 현재 원자력발전소가 있는 지역에서 배포되기 시작했다. 이런 알약이 필요한 이유는, 주민이 호흡이나 음식물 섭취로 흡수한 '원자력발전소에서 방출된 위험천만한 방사성 아이오딘131 및 아이오딘129'가 갑상선에 농축되기 전에 알약 복용을 통해 정상적인 아이오딘127로 채워놓는 효과가 있기 때문이다. 그야말로 갑상선암 발병을 방지하는 데 필수적인 약물이라고 할 수 있다. 그럼에도 '복용할 필요가 없다'고 말한 것이다. 그러나 야마시타 슌이치뿐만 아니라 방사선의학종합연구소 역시 이보다 더 빠른 3월 14일에 "지시가 있을 때까지 멋대로 아이오딘제를 복용해서는 안 된다"는 문서를 발표하는 등 후쿠시마 주민의 갑상선암 방지 대책을 방해했다. 그들은 후쿠시마현에 충분한 양의 안정 아이오딘제가 있음에도 불구하고 주민으로 하여금 이를 복용하지 못하게 했다.

그런데 놀랍게도 후쿠시마현립의과대학은 후쿠시마현으로부터 4000정의 아이오딘제를 입수해 1호기가 폭발한 3월 12일부터 비밀리에 직원들에게 배포하기 시작했으며, 직원 및 가족, 학생 들은 몰래 숨어서 이를 복용하고 있었다. 평범한 주민들에게는 "복용할 필요가 없다"고 말해놓고……. 결국 후쿠시마현에서는 유일하게 미하루三春정에서만 자주적으로 아이오딘제가 배포되었다.

2014년에 이르기까지 위험 지대에 사는 아이들의 갑상선암 발병률은 일반적인 발병률의 70배에 달하는 것으로 나타났다. 후쿠시마현뿐 아니라 똑같이 맹렬한 방사성 아이오딘 가스 속에서 생활한 동일본 전역의 아이들 대부분이 아이오딘제를 복용하지 않았다.

당시 TV에서는 어느 채널을 틀어도 원자력발전소의 어용학자들이 스튜디오를 장악하고 있었다. 그들은 "당장 건강에는 아무 영향도 없습니다"라는 말만 반복했다. 그러나 사람들은 '당장 영향이 없다는 말은 나중에는 문제가 생길 수도 있다는 말인가?' 하는 생각에 불신만 키워 갔다.

야마시타 슌이치는 후쿠시마현 방사선건강위험관리의 고문으로 취임한 이튿날인 3월 20일에 열린 기자회견에서도 "지금 수치상으로는 안정 아이오딘제를 복용할 필요가 없습니다. (…) 갑상선에 이상이 올 가능성은 전혀 없습니다"라고 단언했다.

이날 후쿠시마현 이와키시에서 강연을 한 야마시타 슌이치는 "후쿠시마 주민들의 건강에는 아무런 이상도 없을 것입니다. 그럼에도 불구하고 방사선이나 방사능을 두려워하고 계속해서 공포증에 시달리며 걱정만 한다면, 이는 앞으로 사회를 일으키는 데 방해만 될 뿐입니다. (…) 수소 폭발이 두세 차례 반복됐습니다. 그러나 이로 인해 일본 원자로에서 방사성 물질이 누출되는 일은 전혀 없었습니다. 그 정도로 뛰어난 기술력이 있다는 말입니다. 이는 틀림없는 사실입니다"라고도 말했다.

수소 폭발 이후 일주일 넘게 지난 시점에서 그의 이런 말을 믿는 사람은 없을 것이다.

그리고 이튿날 후쿠시마시에서 가진 강연에서는 "방사선의 영향력은 사실 방긋방긋 웃는 사람에게는 그 힘이 미치지 못합니다. 끙끙 앓으며 걱정하는 사람에게 찾아오기 마련이죠. (…) 웃음이 여러분의 방사선 공포증을 없애줄 것입니다"라는 말도 했다.

그리고 5월 27일에는 야마시타 슌이치가 후쿠시마현 주민건강관리

조사·검토위원회 의장으로 취임하여 아이들의 건강 조사를 실시했고, 7월 15일에는 후쿠시마현립의과대학의 부학장으로 취임했다. 숨어서 몰래 아이오딘제를 복용하던 이 대학이 주체가 되어 후쿠시마 주민의 건강 조사를 실시한 것이다.

그뿐 아니라 야마시타 순이치는 8월에 일본암협회가 수여하는 '아사히 암 대상'을 수상했다!

그야말로 흡혈귀가 혈액은행 총재로 취임한 모양새였다. 내가 2015년 1월에 나가사키 원자폭탄자료관에서 강연했을 당시, 그곳의 서점에는 야마시타 순이치의 저서가 즐비해 있었다. 원자폭탄이 투하된 나가사키에서는 그를 방사선 피폭 관련 권위자로 여겼다.

2014년(5월 1일), 야마시타가 소속된 나가사키대학은 새로운 지원 조직을 후쿠시마에 만들었다고 발표했다. 조직명은 '후쿠시마 미래창조지원연구센터'였다. 센터는 주민에게 공간 방사선량 및 피폭선량 수치에 대해 설명해주고 의대생이나 간호대생을 위해 방사능 관련 연구회를 개최하는 식으로 '안전 캠페인'을 벌였다. 센터장은 야마시타 순이치였다.

나가타키 시게노부와 야마시타 순이치의 계보를 잇는 수제자로 나가사키대 대학원 의치약학종합연구과 방사선의료과학 담당 교수인 다카무라 노보루高村昇가 있다. 다카무라 역시 나가사키·피폭자의료국제협력회 운영부회 부부회장 및 WHO 본부 기술고문을 역임했다. 그리고 사고가 발생한 해 3월 19일에 야마시타 순이치와 함께 후쿠시마현의 방사선건강위험관리 고문으로 취임해 후쿠시마현을 돌아다니며 야마시타가 그랬듯 안전하다는 말을 주문처럼 외우고 다녔다.

또 다른 한 명, 히로시마에서 온 '안심·안전을 외치는 선교사' 가미야 겐지神谷研二가 있다. 그는 히로시마대 의학부를 졸업하고 히로시마대 원자폭탄방사능의학연구소 교수가 된 후 2001년부터 연구소 소장을 맡았다. 2009년에는 히로시마대 원폭방사선의과학연구소 소장으로 취임했다. 그리고 후쿠시마 원자력발전소 사고가 터지자, 4월 1일에는 야마시타 슌이치·다카무라 노보루와 더불어 후쿠시마현 방사선건강위험관리 고문으로 임명됐다. 7월 15일, 야마시타 슌이치와 함께 가미야 겐지도 후쿠시마현립의과대학의 부학장에 올랐다.

이렇듯 야마시타, 다카무라, 가미야는 입을 모아서 20밀리시버트 정도는 건강에 아무 문제도 없을뿐더러 그 다섯 배에 달하는 연간 100밀리시버트 이하도 별문제 없는 수치라고 입을 모아 말하며 후쿠시마를 돌아다녔다.

이들은 아이들에게 적극적으로 피폭被曝을 권장한 셈이다. 우리는 '피폭被曝을 권고한 범죄자'라는 명목으로 야마시타 슌이치 일당을 도쿄 지방검찰청에 고소했다. 하지만 명백한 죄상이 있음에도 불구하고 지방검찰청은 "애매한 사항이기는 하나 유죄를 입증하기가 어렵다"며 불기소 처분을 내렸다. 일본은 법치국가가 아니었던가? 실제로 야마시타 슌이치는 2000년 원자력위원회, 2002년 원자력안전위원회, 2009년에도 원자력위원회에 참가하는 등 원자력 마피아와의 유대관계를 돈독히 해온 인물로, 떳떳하게 원자력발전소 건립 추진을 주장해왔다.

오해의 소지를 막기 위해 말해두지만, 나가사키대나 히로시마대에도 물론 제대로 된 이가 많이 있다. 따라서 그들 중에 유독 이런 '이상한 비정상인'을 발탁한 일본의 관료 기구가 비정상이라는 점을 알 수 있다. 일본에서 발생하는 다양한 문젯거리에 꼭 등장하는 정체 모를 '지식인 집단'의 구성원과 똑같은 방식으로 선출된 사람들인 것이다. 그런데 원자폭탄이 떨어진 히로시마와 나가사키에서 이런 인물들이 선출된 건 아무래도 이상하다. 이렇듯 대대적인 피폭을 방치하는 과정에 과거의 원자·수소폭탄이 깊숙이 관여돼 있는 건 아닐까? 혹시 지금 일본에서 벌어지는 상황이 네바다 핵실험 시대의 재현은 아닐까?

후쿠시마 원전 사고로부터 반년 후인 9월 11, 12일에 그들이 총괄하던 후쿠시마현립의과대학에서 일본재단(옛 사사카와재단)이 주최한 국제회의가 열렸다. 일본 대표인 방사선의학종합연구소(방의연) 이사인 아카시 마코토明石眞言는 이 자리에 참석해 "체르노빌에 비하면 전혀 큰 사고가 아니었으며 향후에도 건강에 이상은 없을 것"이라는 발언을 한다.

게다가 사고가 난 이듬해 9월 7일, 방사선 전문가를 자처하는 나카가와 게이이치中川恵一가 고도로 오염되어 비극의 중심에 있던 이타테촌飯舘村의 중학교 가설 교사敎舍(후쿠시마시 이노정飯野町)에 모습을 드러냈다. 『아사히신문』과 일본암협회(모두 야마시타 슌이치에게 '아사히 암 대상'을 시상한 조직)가 주최한 자리였던 '닥터비지트doctor visit'에서 이들은 무자비한 피폭被曝을 당한 이타테촌의 중학생 113명을 앞에 두고 "현재 후쿠시마의 방사선량은 세계적인 수준에서 봐도 결코 높은 게 아니다. 안심해도 좋다"라고 말한 것이다.

앞에서도 언급했듯이 2014년 말 시점에서 이미 후쿠시마현 아이들의 갑상선암 발병률이 일반적인 발병률에 비해 70배 이상 높은 것으로 나타났다. 동일본 전역에 있는 아이들의 건강 상태는 정말 괜찮은 걸까?

후쿠시마 원전 사고 현장에서 일하던 작업자는 매일 6000~7000명 정도인데 이들의 상황은 더 심각하다. 후쿠시마 사고가 발생한 이후 작업자들의 피폭被曝 한계치를 100밀리시버트에서 250밀리시버트로 상향 조정하는 등 목숨을 걸고 일하는 작업자들을 나 몰라라 한 것이다. 또한 위험 지대에서 필사적으로 구조를 한 소방대원 및 자위대원 들이 입은 피폭被曝도 엄청났으나, 그 이후 이들의 방사능 피해와 관련된 보도는 일절 없었다. 언론은 피해지역을 구제하고자 노력한 이들의 건강 상태를 추적 보도해야 한다.

일단 2011년 말에 원자력발전소 작업자의 피폭被曝 한계치를 100밀리시버트로 되돌려놓긴 했으나 2015년이 되자 원자력발전소 재가동을 추진하려는 움직임이 활발해지기 시작했다. 사고 발생 현장에서 작업자의 피폭 한계치를 다시금 250밀리시버트로 상향 조정하자는 방침을 제안한 것은 다름 아닌 노동자를 보호해야 할 후생노동성이었으며, 원자력규제위원회에서는 이에 따른 시행령을 내린다.

어떻게 이토록 무지막지한 세계가 존재할 수 있을까…….

도대체 어디서 이런 세력이 나타난 걸까? 사사카와재단의 정체는? 방사선의학종합연구소는 뭘까? 나카가와 게이이치는 어떤 인물인가? 한시라도 빨리 이 수수께끼들을 풀어내야 한다.

2장

어둠 속에 묻혀
사라지는 진실

방사성 물질이 지닌 장기성과 농축성

2장에서는 1장에서 언급한 대규모 피해가 어떻게 나타날지를 좀더 상세하게 알아보고자 한다.

후쿠시마 원전 사고로 인한 피폭 경과를 살펴본 대로 일본의 원자력산업에 둥지를 튼 신디케이트 집단의 활동은 지금도 여전하다. 그들은 반세기도 더 전인 1950년대 히로시마 및 나가사키의 원자폭탄 피해자를 실험 대상으로 관찰한 미국의 원자폭탄상해조사위원회ABCC라는 조직이 비밀리에 수집한 자료, 미국에서 대기권 내 핵실험을 실시한 원자력위원회AEC가 해온 말, 그리고 ICRP에서 '제멋대로' 정한 안전 기준을 앵무새처럼 반복할 뿐이다.

세인트조지 주민의 목숨을 앗아간 요인은 체내에 흡수된 죽음의 재에 있다. 그러나 나카가와 게이이치 일당 등 일본 내 방사선 전문가를 '자칭하는' 대부분의 사람이 인용하는 ICRP의 기준이 되는 엑스레이 사진…… 의료용 방사선…… 자연계에 존재하는 방사선…… 비행기에 탔을 때 노출되는 방사선…… 등은 하나같이 인체 외부로부터 전해지는 공중선량이다. 이처럼 외부 피폭에 치우친 채 내부 피폭량은 무시하기 때문에 의학적인 근거가 전혀 없다는 말이다.

원전 사고가 터졌을 때는 몸 안에 들어온 방사성 물질의 양이 위험 척도가 된다.

채내에 흡수된 방사성 물질(죽음의 재)에는 발암성 이외에도 두 가지 특징이 있다.

바로 **장기성**과 **농축성**이다. 따라서 체내에서 생긴 농축으로 인해 내부 피폭被曝이 일어나는 것이다.

그런데 ICRP와 IAEA에서 이와 같은 사실들을 간과하고 묻어버렸기 때문에 세계적으로 대부분의 사람이 지금까지도 방사성 물질의 위험성을 인식하지 못하고 있다. 그 결과 일본의 신문과 텔레비전, 그리고 대형 식품 업계에서도 후쿠시마 원전 사고로 인한 내부 피폭被曝 문제가 진지하게 논의되지 않는다. 후쿠시마 사고 이후 일본 내 기준(2012년 이후 현재까지 식품 1킬로그램당 1000베크렐)은 매우 위험한 수치임에도, 이 기준만 만족시키면 안전하다는 미신이 일본 전역에 퍼져 있다. 그 무시무시한 실태는 다음과 같다.

유타주에는 AEC의 '죽음의 재' 연구팀 소속 헤럴드 냅 박사가 조사를 진행했으나, 어둠 속으로 자취를 감춘 데이터가 있다. 이에 따르면 대기 중 방사능 농도 측정치가 4래드에 불과했던 지역에서, 그곳 양들의 갑상선 피폭량을 조사해보니 3만 5000래드에 달하는 **방사성 물질이 체내에 축적되고** 있었다. 위장에서도 대기 중과 비교했을 때 3000배에 가까운 1만2000래드의 방사성 물질이 검출되었다. 당시에는 생물체의 부위나 장기에서 방사능에 노출된 양을 래드rad라는 단위로 표현했는데, 100래드는 35쪽의 환산표 맨 밑을 보면 알 수 있듯이 현재 사용되는 1그레이와 같다. 이들 각 부위의 그레이 수치를 합치면 전신의 피폭량인 시버트가 되는 것이다.

"우리는 오랫동안 잘못된 계산을 해왔다." 냅 박사는 공청회에서 증언했다.

대기 중 공중선량 측정치와 비교했을 때 양의 갑상선에서는 그것의 1만 배, 위장에서는 수천 배에 달하는 피폭량에 상응하는 농축이 일어나고 있었다.

따라서 인체 피폭의 경우도 체내에 흡수된 방사성 물질의 양을 직접 측정해보지 않으면 의미가 없다. 하지만 측정을 위해서는 인체를 해부해 모든 장기를 들어내야 하므로 이는 불가능하다.

지금은 체내에 축적된 방사성 물질의 양을 전신계수기whole body counter라는 기기로 측정할 수 있으므로 체내 '축적량 변화'는 알 수 있다. 그러나 세슘137이 바륨137로 안정화되기까지 방출되는 고투과성 '감마선'만 측정할 수 있기 때문에 절대량 측정은 불가능하다. 스트론튬90이나 '염색체 이상'을 일으키는 삼중수소라는 방사성 수소가 방출하는 베타선은 전혀 측정할 수 없다. 한데 일본 전역에 떨어져 내린 세슘137이 내뿜는 것은 바로 '베타선'이다. 특히 맹독성 물질인 플루토늄이 방출하는 '알파선' 에너지는 매우 강력해서 감마선의 20배에 달하는 심각한 영향을 미침에도 불구하고 이 또한 측정할 수 없다. **어떤 종류**의 방사성 물질이 체내의 **어느 부위**에 **얼마나** 축적돼 있는지를 측정할 수 없다면 실제 피폭량을 계산하기란 불가능하다.

잘 알려지지 않은 내부 피폭 문제

후쿠시마 사고 이후 일본 신문에서 종종 '방사능 섭취량(베크렐)×실효 선량 계수=피폭被曝량(시버트)'이라는 환산식을 제법 그럴싸하게 적어놓은 바람에, 마치 베크렐과 시버트 간의 환산이 가능할 듯한 착각이 든다. 하지만 지진에 비유하자면, 방사능 양을 나타내는 베크렐은 진원지에서 발생한 지진의 크기(에너지)를 보여주는 '규모magnitude'인데 반해, 피폭량을 나타내는 시버트는 건물 및 인간이 느낀 실제 흔들림의 정도를 이르는 '진도震度'에 해당된다. 즉, 지진의 규모가 아무리 강할지라도 피해가 어느 정도로 나타날지는 지역에 따라 전혀 다르다는 얘기다. 규모를 진도로 환산하는 바보는 없다. 같은 맥락에서, 개인의 신체 부위마다 체내 방사능이 얼마나 쌓였는지를 측정하는 것도 불가능하기 때문에 베크렐은 시버트로 환산할 수 없다. 의학적 근거라고는 전혀 찾아볼 수 없는 계산식이다.

게다가 전신계수기를 사용하더라도 흉부만 측정하고 끝낼 때가 있다. 호흡을 통해 목에 축적된 방사성 물질이나 위장 및 근육, 뼈 등에 쌓인 방사성 물질은 측정하지 않는 것이다. 이래서는 전신을 측정했다고 볼 수 없다. 가장 유효한 체내 방사능 측정 방식이라는 소변 검사 역시 제대로 시행되지 않고 있다.

대부분의 사람이 측정하는 공중선량에 따른 '한 시간당 마이크로시버트' 수치는 35쪽 환산표의 '선량당량線量當量' 부분에 나와 있듯이, 이 수치에 8.76을 곱하면 '1년간의 밀리시버트' 수치가 나온다. 크게 오염되지 않은 지역의 평균 공중선량은 측정 조건이나 장소, 지면으로부터의 높이에 따라 달라지는데, 대략 매시 0.05마이크로시버트(연간 0.44밀리시버트) 전후다. 그러나 이 수치는 유독 위험한 지대를 파악하기 위한 기준에 불과하다는 점을 명심해야 한다.

항상 똑같은 조건에서 측정되는 이 같은 수치가 대규모 사고가 발생했을 때처럼 평소보다 한 자릿수 이상 높아진다면, 정말 위험하다고 보아도 무방하다. 한편 평상시 대기 중의 시버트가 다소 낮게 나오더라도 내부 피폭량을 모르는 상태라면 완전히 안전하다고 볼 수 없다.

이때 주의 깊은 사람들은 내부 피폭을 줄이기 위해 식품에 함유된 세슘137을 측정한다. 왜냐하면 이 세슘이 내뿜는 방사선 에너지는 인체에서 분자를 결합하는 에너지의 10배에 달하기 때문이다! 플루토늄239는 100만 배다! 의료용 엑스레이의 10배, 100배에 달하는 엄청난 에너지가 체내의 분자를 갈기갈기 찢어버리는 것이다. 따라서 의료용 방사선과는 비교가 안 되는 수치다. 지금도 후쿠시마 원자력발전소 사고 현장에서 천문학적인 양의 세슘137과 '거의 측정되지도 않는 스트론튬90 및 삼중수소가 해양으로 대량 유출되는 등 무방비 상태로 4년이 넘도록 태평양 전역을 오염시키고 있다. 오야시오親潮 해류가 지나가는 후쿠시마 앞바다에서는 식탁의 제왕인 연어와 고등어, 꽁치, 가다랑어가 헤엄쳐 다닌다. 그러나 일본의 미디어는 그 심각성에 대해 전혀 언급하지 않는다. 식탁에 올라오는 어패류의 방사능 측정만으로는 안심할 수 없다.

작은 생물인 플랑크톤이 사멸하면 바다 속 어패류의 먹잇감이 없어지고 생식이 불가능해지면서 결국에는 태평양 생태계가 연쇄적으로 붕괴될 가능성도 있다고 한다.

칼슘은 뼈를 만드는 원소다. 그리고 스트론튬의 원자 구조는 칼슘의 원자 구조와 유사하기 때문에 칼슘과 함께 움직이는 경향이 있다. 따라서 바닷속 물고기에 흡수된 방사성 물질은 그 안에서 수천 배 이상으로 농축되어 물고기 및 인간의 뼈에 축적된다. 이것은 또한 '생선 가루'로 가공되어 소나 돼지의 가축 사료로 보내지며, 잔고기는 쪄서 말린 상태로 식탁 위에 오른다. 칼슘과 유사한 구조인 스트론튬90은 인간의 몸속으로 들어와서 뼈로 운반된 후 그대로 고정된다. 우리 인간은 척추에서 혈액을 만들어낸다. 이렇게 뼛속에 일단 고정되면 스트론튬은 쉽사리 배출되지도 않고 혈액을 만드는 골수(척추)를 향해 끊임없이 강력한 방사선을 뿜어낸다.

몸을 나타내는 한자 체는 '體'로 적는다. 즉 뼈 주변이 풍부해져야 육체가 완성된다는 말이다.

이는 태아기부터 소아, 성인으로 발육하면서 끊임없이 새로운 양분을 흡수하며 신장과 체중이 늘고 체격이 커지는 등 어른이 되어가는 인간의 모습을 나타낸다. 그런데 거의 측정되지 않는 스트론튬90이 음식물에 섞여 체내에 들어오면 뼛속에 흡수되면서 나날이 조금씩 축적된다.

방사선을 방출하는 스트론튬이 농축되면 골수에서 생산되는 백혈구 중 일부가 그 영향으로 인해 암세포로 변한다. 이런 비정상적인 현상이 계속해서 발생하다가 인체의 회복 기능을 압도하면 암세포가 혈액 내에서 증식하기 시작한다. 그리하여 암세포가 정상적인 백혈구를 제치는 순간 엄청난 규모의 백혈병 환자가 발생한다.

성인은 발육이 멈춘 상태다. 신진대사가 더디기 때문에 일단 체내에 자리를 잡은 물질은 밖으로 배출되기까지 꽤 오랜 시간이 걸린다. 가령 오늘 저녁 식사로 체내에 흡수된 죽음의 재가 남긴 흔적은 죽을 때까지 몸 안에 남아 있다. 이렇듯 흡수 속도가 더딘 만큼 배출 속도도 느리기 때문에 방사성 물질은 불길하게도 조금씩 천천히 몸 안에 쌓여간다.

지방, 단백질, 탄수화물처럼 활발한 신진대사를 통해 에너지원이 되는 유기물에 비해 스트론튬이나 플루토늄 같은 무기물은 체내에 머무는 기간이 매우 길어 쉽게 농축된다. 게다가 스트론튬이나 플루토늄이 미나마타병이라는 대참사를 불러일으킨 수은처럼 유기화되면 전신을 돌아다니다 뇌에 도달할 위험성도 있다.

의학적 측면에서 볼 때 인간의 신체와 그 안의 장기는 개인에 따라 상태도 천차만별이다.

- 남성과 여성(정자와 난자): 체르노빌 오염지역에서 갑상선암에 걸린 사람들의 비율을 보면 여성이 남성보다 5배 더 많았다는 데이터가 있다. 방사성 물질은 난자에서 특히 더 높은 정도로 농축된다.
- 임신 중인 여성과 출산 후 수유기인 여성, 그리고 임신하지 않은 여성.
- 세포 분열이 활발한 어린아이와 성장이 멈춘 고령자.
- 인종에 따른 차이.

- 체격이 큰 사람과 작은 사람, 비만인 사람과 마른 사람, 대식가와 소식가 등 체질에 따른 차이.
- 병약한 사람과 건강한 사람.(이미 병에 걸린 사람이 방사선 피폭被曝으로 병세가 악화돼도 방사선에 의한 피해는 철저히 무시됨. 고령자도 마찬가지.)

그렇기 때문에 같은 음식을 먹어도 실제로 피폭被曝으로 인한 영향의 정도는 개인 차가 크다. 그러나 식품과 관련된 방사성 물질 규제 기준은 각별한 주의가 필요한 임신 여성이나 고령자에 대해서도 일률적으로 1킬로그램당 100베크렐이라는 수치를 적용하고 있다. '유아용' 식품에서만 기준의 절반인 50베크렐이며 한창 자랄 나이인 유치원생, 초·중·고등학생, 대학생 등의 연령은 전혀 고려되지 않는다.

나이 어린 세대가 성인과 똑같은 오염물을 섭취했을 때 더 엄청난 피해가 발생할 것은 불 보듯 뻔한 일이다.

특히 같은 양의 오염물을 섭취할지라도 조금씩 매일 먹는 경우와 고농도의 오염물을 한꺼번에 먹는 경우를 비교해보면, 조금씩 섭취하는 쪽의 체내 축적 농도가 훨씬 더 높다. 이런 사실에 비춰볼 때 현재 젊은 세대에게 적용되는 100베크렐이라는 기준은 지나치게 높으며, 그야말로 심각한 상황이다. 일본인은 국민적 운동을 통해 정부에 이 기준을 대폭 낮출 것을 요구할 필요가 있다.

가장 큰 문제는 고위험 지역인 후쿠시마현에서 현재 시행 중인 **실질적인 시버트 측정** 방식이 공중선량이라는 점이다. 공중선량은 모니터링 포스트monitoring post나 선량계 등으로 대기 중에 떠다니는 방사선을 측정하기 때문에 내부 피폭량과는 무관한 수치이기 때문이다.

　내부 피폭에 있어서 가장 중요한 단위는 체내로 흡수되는 식품과 물, 대기 중에 있는 방사성 물질의 종류(알파선, 베타선, 감마선의 차이), 그리고 절대량(베크렐)의 총합이기 때문에 동일본 전역에서 토양의 방사능 농도(베크렐)를 실제로 측정해야봐야 알 수 있다. **그러나 일본에서는 공중선량에 의한 추정만 여기저기서 시행되는 등 베크렐에 대한 실측은 이루어지지 않고 있다.**

20년 만에 100배로 급증한
자연계의 방사능

　좀더 상세히 현재 전 지구의 상황을 살펴보자.

　대기권 내 핵실험 같은 위험천만한 일이 허용된 역사적 배경에 관해서는 4장부터 자세히 언급할 예정이다. 그런데 대기권 내 핵실험이 끝난 이후에도 방사성 물질은 원자력발전소를 운행하는 과정에서 굴뚝 및 배수구를 통해 방출되는 등 매년 엄청난 규모로 지구의 공기와 물을 오염시키고 있다. 1970년 미국환경문제협의회에서 닉슨 대통령에게 제출한 「환경 평가 보고서」는 다음과 같이 경고한다.

　'천연 방사선'이라는 말이 무의미해지는 시대가 오고 있다. 원자력에서 인공적으로 배출되는 방사능이 천연 방사능과 구별되지 않기 때문이다. 인공적으로 배출되는 방사능 양은 엄청나게 증가하는 중이다.

이 보고서는 2015년 현재로부터 45년도 더 전에 작성된 것이다. 그 후 1979년 미국의 스리마일섬 원전 사고와 1986년 소련의 체르노빌 사고, 그리고 2011년 후쿠시마 원전 사고가 잇달아 발생하면서 순식간에 막대한 양의 방사성 물질이 전 세계로 뿌려졌다. 따라서 일본 방사선 전문가들이 마치 주문이라도 외듯 "자연계에도 방사선이 존재합니다" 라고 말하고 다니지만, 그들이 말하는 방사선량은 고릿적에나 통용되던 수치다. 미국에서 시행된 첫 번째 원자폭탄 실험과 히로시마, 나가사키에 원폭이 투하된 1945년보다 더 이전 시대에나 통할 법한 이야기라는 말이다.

이제 '자연계'에서 측정되는 피폭량에는 '원자·수소폭탄과 원자력발전'에 의한 피폭량이 대거 포함돼 있다.

1982년 10월 6일, UN방사선영향과학위원회UNSCEAR는 다음과 같은 내용의 보고서를 총회에 제출했다.

원자력발전소에서 생활환경으로 방출되는 방사능 양은 1960년과 비교했을 때 20년 후인 1980년에 100배로 급증했다.

보고서가 나온 이후 체르노빌, 후쿠시마 원전 사고가 발생해 지구상에 인공 방사성 물질이 급증한 상황에서 "자연계에도 방사선이 있습니다"라는 말은 악의적 농담에 불과하다. 그럼에도 불구하고 일본에서는 IAEA나 ICRP가 선전용으로 하는 이런 말들이 횡행한다.

분명히 어둠의 그림자는 소리 없이 서서히 지구를 향해 다가오고 있다. 그런데 한편에서는 거꾸로 '인류의 평균 수명이 연장된다'는 낭보가

들려온다.

평균 수명이 늘어났다는 이런 미신이 나온 가장 큰 이유는 첫째, 어린아이의 사망률이 대폭 준 것과 둘째, 고령자를 대상으로 연명 치료가 보급된 것을 들 수 있다. 즉, 단순히 통계 수치를 이용한 속임수에 다름 아닌 것이다. 평균 수명이 연장된다는 말의 배후에서, 오히려 어두운 그림자가 인류를 위협하고 있다.

플로리다대학의 도허티 박사가 미국 대학생을 대상으로 조사를 실시한 결과, 네바다 대기권 내 핵실험 개시 직전인 1951년에 정자 1CC당 정자 수가 평균 1억 개였던 반면, 1981년에는 6000만 개로 감소했다. 핵실험 전과 비교했을 때 정자 수가 60퍼센트까지 감소한 것이다.

즉 30년간 40퍼센트에 달하는 정자가 자연적으로 말살되었다는 의미다. 도허티 박사의 연구에 따르면 학생 약 **네 명 중 한 명**이라는 높은 비율로 정자에서 돌연변이를 일으키는 물질이 발견되었다. 이렇듯 어둠의 그림자가 정자에까지 손을 뻗쳤을 정도라면, 방사능이 더 잘 농축되는 여성의 난자에는 훨씬 더 심각한 영향을 미쳤을 것이다.

로런스리버모어국립연구소의 와이로벡 박사 역시 동일한 연구를 실시하여 남성의 정자 이상異常과 **여성의 비정상적 출산** 간의 명백한 관계를 밝혀냈다.

그 영향은 태아→신생아→소아→청년순으로 연령에 따라 단계별로 서서히 드러난다.

남성의 정자는 가장 어린 생명이다. 30년간 40퍼센트가 사멸했다면, 살아남은 60퍼센트의 생명에도 죽음과는 다른 형태로 장애가 발생했을 수 있다. 사산이라는 난관을 뚫고 출생한 후에도 방사성 물질의 발암 작용은 지속된다.

결국 지구상의 공기나 물은 극소량의 방사능에 오염되었을 뿐이라 하더라도 그러한 방사능이 인체에 미치는 영향은 어마어마하다는 말이다.

이것이야말로 죽음의 재가 지닌 '장기성長期性'의 무서운 측면이다.

이제껏 미국의 AEC와 일본의 전력 회사 및 '방사선 전문가'를 자칭하는 자들이 엑스레이에 의한 피폭량을 체내 피폭량과 비교해온 것 자체가 비과학적이라는 점은, 지금까지 발생한 무수한 희생자의 피해 사례로 증명될 수 있을 것이다.

그런데도 ICRP가 제시한 기준에 몸을 맡기겠다는 말인가?

식품은 안전한가

식탁에 올라오는 음식에 대해 살펴보자. 원자력발전 및 핵실험으로 흩뿌려진 방사능 가루를 측정하면 엑스레이 검사보다 훨씬 더 적은 양의 피폭에 그친다는 결과가 나온다. 하지만 앞서 언급했던 유타주에 서식하는 양에 관한 데이터에서 엿볼 수 있듯, 엑스레이 검사 때보다 피폭량이 더 적은 지역일지라도 생물의 체내에서는 엑스레이를 수천 번 촬영했을 때에 달하는 방사선 장애가 발생한다.

물론 방사선 측정기 자체에서는 '체내 농축'을 측정할 수 없기 때문에 어쩔 도리가 없다. 가이거뮐러 계수기(가장 오래된 방사선 검출기)나 모니터링포스트 같은 방사선 측정기는 눈앞에 있는 죽음의 재가 방출하는 방사선밖에 측정하지 못한다. 반면에 생물체는 이동하면서 끊임없이 죽음의 재를 흡입하고, 그것이 체내에서 농축되기 때문에 측정기가 인지하는 양보다 훨씬 더 많은 양의 죽음의 재에 피폭된다. 이것이 바로 생명체의 방사선 과학이다.

실제로 후쿠시마현에서 소를 먹이는 사료에 '인간이 먹는 식품과 동일한 1킬로그램당 100베크렐 이하'라는 기준을 적용하고 있는데, 이는 소의 몸 안에서 방사선 물질이 고농도로 농축되고 있다는 의미다.

따라서 후쿠시마 사고 이후 일본이 지정한 '식품 1킬로그램당 100베크렐 이하면 식용 가능하다'는 기준은 지극히 위험한 발상임을 알 수 있다.

좀더 살펴보면, 일본에는 '방사성 폐기물의 농도 구분 및 처분 방법'에 관한 그래프가 있다. 정확히 말하자면 「낮은 수준의 방사성 폐기물의 여유 심도 처분 관련 안전 규제에 관하여」라는 제목으로 2007년 3월 20일 종합자원에너지조사회 중간 보고에 게재된 것으로, 일본 원자력 관계자가 정한 규칙이다.

누구나 한 번쯤은 방사능 마크☢가 붙은 노란 드럼통을 본 적이 있을 것이다. 바로 이 드럼통에 넣어서 엄중히 관리돼야 할 방사능 오염 수준이 낮은 폐기물을 방사능 농도별로 처분, 보관하는 규정을 그림으로 나타낸 것이다.

다음 그래프를 보면 구멍을 파서 묻어야 하는(트렌치 처분) 매우 낮은 수준의 방사성 폐기물의 한계치를 그림 가운데 왼쪽 아래의 "1킬로그램당 100베크렐"처럼 국가가 정해놓았다. 그러나 이런 기준이야말로,

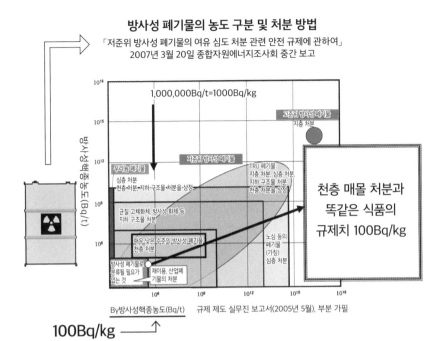

방사성 폐기물의 농도 구분 및 처분 방법

「저준위 방사성 폐기물의 여유 심도 처분 관련 안전 규제에 관하여」
2007년 3월 20일 종합자원에너지조사회 중간 보고

원자력발전소의 원자로를 해체할 때 발생한 1기당 수십만 톤에 달하는 방대한 양의 방사성 폐기물 처리 비용을 어쩌지 못해 "98퍼센트는 가정 쓰레기처럼 일반 폐기물로 분류해버리자!"라는 식으로 만들어낸 말도 안 되는 위험천만한 규정일 뿐이다. "이런 폐기물이 쇳조각으로 탈바꿈해 냄비나 프라이팬, 음료 캔, 가구, 건축 자재, 자동차, 안경테로 쓰이기라도 하면 큰일이다. 수치가 너무 높으니 좀더 기준을 낮춰라!"라는 격렬한 비판을 받는 위험물에 적용되는 지표인 것이다. 즉 이 그래프는 음식물의 위험 수준을 규정한 것이 아니라, 원자력발전소에서 발생한 고위험성 물질에 관해 보여주는 것이다. 문제는 이 그래프의 폐기물 규제 한계치가, 현재 식품 규제 수치와 똑같은 100베크렐이라는 점에 있다.

식품 규제 수치인 100베크렐은 2012년 채택된 수치다. 가장 위험한 시기였던 2011년에는 식품 1킬로그램당 500베크렐이었다.

방사성 폐기물 드럼통에 상응하는 양의 방사성 물질을 식탁 위에 올려놓고 우걱우걱 식사를 한 것과 다를 게 없지 않은가?

후쿠시마 원전 사고가 일어나기 전 일본 내 식품에서 세슘137의 방사능 레벨은 1킬로그램당 0.2베크렐이었는데, 현재의 기준에 따르면 그 500배에 달하는 100베크렐도 '안전한 식품'으로 간주된다. 사고 발생전 일본 근해 어패류의 평균 방사능 수치는 0.086베크렐이었다. 이를 현재 기준치인 100베크렐에 비교하면 전보다 1000배 이상 더 많은 방사능이 검출돼도 '안전한 어패류'로 분류되어 유통된다는 뜻이다. 물론 이전과 변함없이 '맛있기' 때문에 분간이 힘들다는 점은 매우 안타깝다. 대형 사고가 터진 이후에는 식품 안전 기준을 더더욱 1베크렐 단위로 정해야 하는 이유가 여기에 있다.

일본 내 10개 지역에서 생산된
식품 수입을 전면 금지한 중국

일본의 대형 식품 회사 제품은 일본의 47개 도도부현都道府縣(광역자치단체―옮긴이) 어느 곳에서든 똑같이 유통된다. 원재료가 전국에 있는 재료(각지의 특산품)를 모아서 만든 가공품이기 때문에 어느 곳에서 먹든 같다. 물론 안전에 신뢰가 가는 가까운 농어업자로부터 식품을 직접 사는 경우나, 안전한 원재료 사용에 각별히 주의를 기울이는 소수의 음식점은 예외다. 하지만 그 외에 평소 식사를 할 때 대형 식품 회사의 식품을 사 먹고, 무신경한 음식점을 이용하는 사람이라면 47개 도도부현 중 어느 지역에 살더라도 거의 비슷하게 100베크렐 기준에 해당되는 음식을 먹고 있는 셈이다.

현재는 거의 모든 식품의 방사능 수치가 기준치보다 훨씬 더 낮다고 하는데 식품별 베크렐 측정 방식을 살펴보면 소수만 샘플링하고 끝내는 등 허술하게 넘어갈 때가 많다. 따라서 후쿠시마현이나 주변 오염 지대에 사는 이들만 위험하다고 볼 수도 없는 것이다!

2015년 현재도(5월 22일 자 농림수산성이 발표한 외국 규제 조치에 따르면) EU와 스위스, 노르웨이 등을 포함한 유럽 전역의 국가들은 후쿠시마현의 모든 식품에 대한 수입 규제를 실시 중이며 이와테, 미야기, 이바라키, 도치기, 군마, 사이타마, 지바 등 7개 현에 대해 대부분의 수산물과 콩, 쌀, 버섯류, 산나물 등의 수입을 규제하고 있다. 후쿠시마 이외에 46개 광역자치단체의 가공품, 즉 대형 식품 회사 제품일지라도 위의 제품군이 50퍼센트 이상 함유된 품목은 규제 대상이 된다. 이런 규제 대상 중에 간장이나 된장의 원료인 콩과 쌀까지 포함된다는 건 심각한 상황이라고밖에 할 수 없다. 이렇듯 일본을 신뢰하지 못하는 수입국들은 방사능 관련 검사 증명서를 요구하는 등 엄격한 심사를 실시한다. 그런데 오직 당사자인 일본인들만 이런 상황을 모르고 있다! 미국, 러시아, 아시아 각국에서도 일본 식품의 수입을 엄격히 규제하고 있으며, 세계 인구의 약

20퍼센트를 차지하는 중국에서는 후쿠시마, 미야기, 이바라키, 도치기, 군마, 사이타마, 지바, **도쿄**, 니가타, 나가노 등 10개 지역에 대해 '모든 식품 수입 중단 조치'를 취하고 있는 실정이다. 곧 있을 도쿄 올림픽에서 이들을 '대접'할 음식은 어떻게 구할 생각일까?

운동선수들에게 이런 걱정은 그저 블랙코미디처럼 들릴 것이다.

한편 일본인이 안전한 식품을 골라 먹을 수 있는 방법은, 47개 도도부현마다 조건이 제각각이기 때문에 하나의 답이 없다. 식품 업체의 신뢰도와 식품 산지뿐 아니라 유통 경로까지 조사할 필요가 있다. 일례로 사고 발생 얼마 후 '오염 육우 유통 사건'이 있었는데, 조사를 해보니 미디어에 보도된 내용은 빙산의 일각이었음이 밝혀졌다. 오염된 육우 대부분(특히 내장 부분)이 검사를 피해 원산지를 속여 오염 식품 검사를 소홀히 하는 서일본 지역에 대량 출하됐으며, 곱창구이 등으로 둔갑하여 교토京都, 오사카大阪를 비롯한 간사이關西 지역 주민들의 배 속으로 들어간 것이다. 원산지 속이기는 여전히 전국적으로 횡행하고 있다.

47개 도도부현 각 지역에 이 같은 지식을 겸비해 안전한 지역 식품을 제공하는 사람들이 있으므로 이들에게 직접 물어보고 상담을 받는 것이야말로 스스로를 지킬 수 있는 최선의 방법이다. 이런 행동을 주저해서는 결코 안 된다.

후쿠시마현에서는 '이와키방사능시민측정실'에서 세슘의 감마선뿐 아니라 스트론튬90 및 삼중수소에 해당되는 베타선까지 포함한 신뢰성 높은 방사능 측정 및 갑상선 검사를 실시하고 있으며, 이는 월간 『데이스재팬DAYS JAPAN』지 및 전국에 있는 시민 측정실과도 연계돼 있다. 전국적 규모로는 '식품 및 일상생활을 위한 안전기금'에서 방사능 문제에 적극 관여하면서 '1베크렐 연합' 결성을 촉구하고 있으므로 이들에게 상담하면 도움이 될 것이다.

식품 오염에 관해 언급한 김에 평소 밝힌 적 없던 이야기를 하고자 한다. 나는 젊은 시절에 도호쿠 지역 개척 농장에서 낙농업 체험을 한 뒤로 그 매력에 흠뻑 빠져 언젠가 도시를 떠나 낙농가가 되기를 꿈꿨다. 그러나 원전 사고가 터지고 나서 보니, 아무리 자연이 우거진 토양일지라도 농가의 오염 정도와 피해가 가장 컸기 때문에 일단 원자력발전소를 해체시킨 후 농업의 세계에 입문하겠다고 결심했다. 따라서 밭일을 하면서 원자력발전소 반대운동에 뛰어들기에 이르렀다. 후쿠시마 사고 이전에 후쿠시마현에서 원자력발전소 해체를 위해 무수히 많은 연구회에 참석하고 강연을 한 것도 스스로를 위한 일이었다. 한편, 원자력발전소와는 무관하게 아이즈會津에서 고리야마郡山, 미하루三春, 시라카와白河에 이르기까지 몇 번이고 찾아가서 후쿠시마 문화사에 관해 조사하고 각 지역의 유기농민과 교류하는 과정에서 최상의 농산물을 접할 수 있었으며, 후쿠시마의 자연이 얼마나 아름다운지를 깨달았다.

이 책에서 언급하는 '의학적 사실'에 분노의 화살을 겨누려는 독자가 있다면, 그 대상은 원자력 사고를 일으키고 동일본의 아름다운 대자연을 맹독성 물질로 오염시켜 농가와 어민을 비롯한 주민을 고통 속에 몰아넣은 '책임자'인 도쿄전력이어야 한다. 또한 다시금 원자력발전소 재가동 계획을 추진하며 제3의 땅에서 후쿠시마에서와 같은 사고를 일으키려 하는, 풍부한 지하수를 지닌 땅속으로 10만 년에 걸친 관리를 필요로 하는 무시무시한 방사성 폐기물을 매장하려 하는 자들, 다름 아닌 자민당과 공명당 정권, 전순 전력 회사, 원자력규제위원회·원자력 규제청이 바로 그 대상이 되어야 한다.

식품 오염 문제에 있어 내 인내심은 한계를 넘어섰다. 생산자와 소비자는 '모두 피해자'다. 이 둘이 서로 싸우는 것은 '후쿠시마 사고의 책임자'를 어부지리로 구름 뒤에 숨어버리게 만드는 일이라는 사실을 절대 잊어서는 안 된다.

농가와 어민 등 생산자를 비롯한 주민이 받은 엄청난 피해는 모두 책임자가 배상해야 한다. 이때 배상의 근거가 되는 것이 바로 이 책에서 실증하는 방사능에 의한 실질적 손해다.

어둠에 가려 모습을 감추는 과학자들, 그리고 후쿠시마현의 갑상선암 발병률이 72배라는 데이터

과거로 돌아가 역사적 피해 사례를 살펴보기 위해서는 어둠 속으로 잇달아 자취를 감춘 학자들이 남기고 간 데이터에 대한 구체적인 설명이 필요하다. 이들 데이터를 상세히 소개하면서, 중간중간 일본에서 나타나는 현상과 대비해가며 이야기를 해보도록 하겠다.

네바다에서 대기권 내 핵실험을 시행하는 과정에서 아이젠하워 대통령이 다음과 같이 발언한 사실이 밝혀졌다.

"대중에게 '수소폭탄' '핵분열' '핵융합'이라는 용어를 사용해 혼란을 일으켜야 한다. 그렇게 하면 이 일에 큰 관심을 갖지 않을 것이다."

핵실험이 한창이던 1953년에 한 발언이다.

당시 핵실험을 시행하던 연구진은 자신들도 미처 예측하지 못한 데이터를 수집하는 과정에서 그 위험성에 대해 알게 되었다.

"여기서 위험하다고 말을 바꿀 수는 없다. 이왕 이렇게 되었으니 안전하다고 밀어붙일 수밖에 없다."

상부의 지시에 따라 그들은 데이터를 감추었다. 그리고 저명한 과학자가 잇달아 해고를 당하는 한편, 핵실험에 대한 경고의 메시지를 담은 논문은 매장되었다.

위험성을 경고한 이는 노벨상을 수상한 화학자 라이너스 칼 폴링과 AEC의 도널드 디서먼, 로런스리버모어국립연구소의 존 고프먼과 아서 탬프린, 오크리지 국립연구소의 칼 코건, 피츠버그대학의 토머스 먼크조, 웨스팅하우스 출신의 아네스트 스탠그래스 등 무수하다.

이들 대부분은 국가의 요청으로 안전성을 연구하던 최고의 석학들이었다.

하지만 이들은 연구 결과를 발표하기 직전 혹은 그 직후에 돌연 다음과 같은 말을 듣고 영문도 모른 채 경고의 메시지가 담긴 자료들을 빼앗겼다.

"연구가 중단된 듯하다."

"심포지엄에서 할 예정이던 발표는 미루기로 하자."

"오랜 기간 일하느라 고생이 많았다. 이제 당신은 자유의 몸이다."

예를 들어, 에드워드 와이즈의 보고서(1967년 10월)에는 다음과 같은 내용이 있었다.

우리는 1948~1962년 유타주에서 외과 수술을 받은 청년(30세 이하)들의 갑상선 질환 여부를 철저히 조사했다. 이 15년이라는 기간 동안 1162명에 달하는 청년이 갑상선 수술을 받았다. 게다가 최근 5년간 갑상선암 발병이 급증했다. 결론부터 말하자면 기존의 생각은 잘못된 것이었다. 우리는 갑상선 질환이 10년, 20년 후에도 발병할 것이라고 확신하는 바다.

와이즈 박사가 아이들에게서 대량의 갑상선암이 발병할 것이라고 했던 경고는, 체르노빌 사고가 있었던 우크라이나와 벨라루스, 그리고 일본 후쿠시마 사고지역인 후쿠시마현에서도 간과해서는 안 될 중요한 문제다.

실제로 후쿠시마현에서는 '후쿠시마현 주민 건강관리 조사'라는 명목으로 후쿠시마 사고가 발생한 2011년부터 사고 당시 18세 이하였던 피해 청소년을 비롯해 어린아이들을 대상으로 갑상선 검사를 실시해왔는데, 갑상선암이 발병했거나 암이 의심되는 아이들은 하루가 다르게, 매해 급증했으며 그 부모들은 경악을 금치 못하는 상황에 처해 있었다.

2014년 12월 말까지의 조사 결과를 살펴보면, 3년간 검사 결과 확정 판정을 받은 아이는 30만1707명이다.(2011년 10월 9일부터 2013년까지 29만7046명, 2014년에 초진한 4661명. 여기에 두 번째 검사인 경우는 포함되지 않음.) 이 가운데 갑상선암에 걸린 아이가 87명, 암이 의심되는 아이가 30명으로 합계 117명에 달하며, 이들 중 87명이 갑상선 절제 수술을 받았다. 암이 의심되는 아이들도 이미 세포 조직 검사가 끝난 상태여서 의학적으로는 거의 암이 확실한 상태였으며, 전문가에 따라 의견은 다르겠지만 90~98퍼센트의 확률이었다. 이때 '암이 의심되는 30명 ×94퍼센트=28명'으로 계산하면 87명에 28명을 더해 115명이 암에 걸렸다는 결론이 나온다.

갑상선암이 다른 부위로 전이돼 **전신으로 암이 퍼질 위험성** 역시 지적된 바다.

원래 갑상선암은 젊은 연령층에서는 거의 발병하지 않는다! 일본 국립암연구센터 내 암대책정보센터에 따르면 후쿠시마 사고가 일어나기 전 35년간(1975~2010년) 10만 명당 갑상선암 발병자는 전국적으로 연간 0~4세와 5~9세 0명, 10~14세 0.2명, 15~19세 0.5명이었다. 즉 19세 이하만 놓고 보면 모든 세대의 갑상선암 환자 40만 명 중 0.7명이므로 10만 명당 연간 0.175명인 셈이다.

한편, 후쿠시마에 사는 같은 연령대 사람들을 보면, '30만 1707명이 검사를 받았고 그중 115명이 암에 걸렸'고 한다. 즉 10만 명당 38.1명 꼴로, 검사 기간이 3년이었으니 연간 12.7명이라는 계산이 나온다.

12.7명을 일반적 수치인 0.175명으로 나눠보면 72.6배다. 이런 계산은 엄밀히 따지면 통계학적 비교는 아니지만 그래도 엄청난 숫자라고밖에 할 수 없다.

그런데 일본 갑상선학회 이사장이던 야마시타 슌이치는 아이오딘제를 배포하지 않았을 뿐 아니라 갑상선학회 소속 의사들에게 '2차 진단 second opinion을 하지 말라'는 취지의 요청서를 보내기도 했다. 이처럼 다른 의료기관에서 진단받는 일을 방해하는 행위는 의료 기관 종사자가 결코 해서는 안 될 일이다. 이런 짓을 한 야마시타 슌이치가 책임지고 관리한 곳이 바로 후쿠시마현립의과대학이다. 그리고 일본 최초의 원자력발전소 사고 재해지인 후쿠시마현에서 후쿠시마현립의과대학은 '일본 최초로' 대규모 주민 건강관리 조사를 실시하게 된다.

그 조사 결과를 야마시타 슌이치의 제자 다카무라 노보루와 히로시마에서 온 가미야 겐지 등이 참여한 '갑상선검사평가부회'에서 최종 판정해 **갑상선암 발병이 수십 배로 급증한 점을 인정했으면서도** 그들은 이것이 후쿠시마 원전 사고와는 전혀 무관하다고 주장한다. "전보다 더 정밀하게, 전원을 대상으로 검사를 했기 때문에 발견된 암의 건수가 증가했을 뿐"이라는, 정말이지 말도 안 되는 변명을 하고 있는 것이다.

이 말은 전국의 아이들에게서 이와 같이 70배 이상의 비율로 대량의 갑상선암이 발병하고 있다는 말인가? 그렇다면 국가 차원에서 엄중한 일이며, 즉시 전국의 아이들을 대상으로 검진을 실시해야 한다. 그럼에도 전국의 아이들을 대상으로 검사는 하지 않고, 비과학적인 변명만 늘어놓고 있는 것인가? 거짓말이 들통날까봐?

그리고 이들은 '체르노빌에서는 사고 발생 후 5년째에 접어들어 갑상선암이 대량으로 발병했으므로, 지금까지 후쿠시마현에서 발생한 갑상선암 사례들은 원자력발전소 사고와는 아무 상관이 없다'라는 식의 논리를 편다. 하지만 이 또한 완전히 거짓이다. 당시 소련 의사들은 체르노빌 사고로부터 4년이 지날 때까지 초음파 검사 기기를 공급받지 못했다. 사고 발생 이후 4년간 의사들은 갑상선암에 관심도 없었으며, 촉진으로만 검사를 했기 때문에 종양을 발견하지 못했다는 사실도 밝혀졌다.

전수全美 과학아카데미의 갑상선암 관련 최신 견해를 살펴봐도 '미성년에게서는 피폭被曝 1년 후에 갑상선암이 발병한다'고 한다.

게다가 일본 당국은 모든 후쿠시마현 주민의 피폭량을 제대로 파악도 못한 상태에서, '후쿠시마현 주민들의 피폭 수준은 체르노빌의 그것보다 훨씬 더 낮기 때문에 갑상선암은 발생하지 않을 것'이라는, 앞서 언급했듯이 과학적 실측에 의한 근거가 전혀 없는 피폭량을 전제로 한 진단을 내렸다. 이런 평가를 내린 구성원은 **전원이** 신뢰할 수 없는 자들이다. 과연 이런 언사가 활개를 치고 다니는 곳이 문명국 일본이 맞는가? 2015년 5월 18일 갑상선검사평가부회에서 추가적으로 갑상선암을 둘러싼 의문이 증폭되고 있다고 공표했는데, 나는 이 검사평가부회의 논의를 보면서 아이들을 데이터 수집을 위한 샘플 정도로 취급하는 듯한 태도에 화가 치밀었다. 이들에게 검사의 목적이 무엇인지를 묻고 싶다. 아이들이 방사성 아이오딘에 피폭됐고, 72배라는 비정상적으로 높은 비율로 암 발병 피해 사례가 발생한 것은 사실이다. 따라서 인과관계를 논할 필요도 없이 곧바로 아이들을 구하기 위한 대대적인 의료 대책을 강구하기 위해 모든 힘을 쏟아야 한다. 도대체 이런 사람들을 선택한 자들은 누구인가?

갑상선암과 관련된 문제가 또 하나 있다. 1986년 체르노빌 사고로 소아 갑상선암이 대량 발병하여 원자력산업에서도 더 이상 부정할 수 없는 명백한 통계가 나왔는데, 그 후로 갑상선암에만 초점이 맞추어져서 그 외의 수없는 다른 질병은 마치 일본에 존재하지도 않는 듯 논의가 진행되고 있다는 점이다.

코피, 다리 저림, 두통, 쉽게 피로해지는 증상 등을 비롯해 실명에 이를 수도 있는 백내장, 선천성 기형도 방사능 후유증이다. 뇌종양을 포함한 중추신경계 종양과 백혈병, 림프종을 비롯한 림프계와 조혈조직의 종양은 심각한 증상이다. 면역계 약화에 따른 소화기(위장) 기능 불량은 컨디션이 좋지 않을 때 하는 설사 등과 혼동하기 쉬운데 빈번한 설사 역시 방사능 질환의 대표적인 증상 중 하나다. 그 밖에 내분기계나 귀, 코 같은 신경 감각기관의 이상, 오줌을 지리는 등의 비뇨기 장애, 피부 및 호흡기 계통에서 나타나는 다양한 질환이 있다.

뒤에서 다시 언급하겠지만, 이 같은 증상은 성인이 되어갈수록 점점 더 많이 나타난다. 『데이스재팬』(2015년 4월 호)에 게재된 체르노빌 사고 피난민 수천 명을 대상으로 한 히로카와 류이치의 설문조사 결과를 통해 무수히 많은 전조증상의 실례를 알 수 있다.

이미 동일본 각지의 피해 주민으로부터 '체르노빌과 유사한 비정상적인 증상'이 나타나고 있다는 이야기가 나오지만, 의학적인 통계 수치가 아니기 때문에 지금 시점에서는 기술하지 않겠다. 혹시 가족 중 몸에 이상이 생긴 사람이 있다면, 그 원인이 무엇일지 의심하고 또 의심하며 방사능 질환의 가능성도 염두에 둘 필요가 있다.

한편 2013년 11월 25일부터 '후쿠시마 원자력발전소 사고에 따른 주민 건강관리를 위한 올바른 방법을 논하는 전문가 회의'가 열렸다. 아니나 다를까 회의 의장은 방사능 안전론의 수호신 나가타키 시게노부가 맡았다. 아무런 조사도 하지 않은 상태에서 '후쿠시마 원전 사고와 건강 사이의 인과간계는 확인된 바 없다'는 말만 주야장천 외쳐댔다. 피해지역이 후쿠시마현에 국한된 것이 아니었음이 확실한데도, 오염 수준이 높은 지역으로 지정된 이와테, 미야기, 이바라키, 도치기, 군마, 사이타마, 지바 등 일곱 개 현의 60여 곳의 시정촌市町村(기초단체―옮긴이)에 사는 아이들에 대한 조사조차 거부했다. 후쿠시마현의 소아 갑상선암에만 주목하는 현상은 심각한 문제이며, 동일본에 거주하는 부모들이 아이들의 건강과 관련된 조사를 실시하지 않는 나가타키에 대한 의장직 해임을 요구하는 것도 당연하다.

과거의 실제 피해를 살펴보면, 앞서 언급한 와이즈 박사는 갑상선암 보고서가 나오기 2년 전에 유타주 남부의 두 개 군에서 백혈병이 급증하는 현상을 조사했다. 백혈병은 당시만 해도 발병에서 죽음에 이르기까지의 평균 여명이 고작 1년 7개월에 불과했던 불치병이었다. 한편 그밖의 암은 장기간에 걸친 농축으로 또 다른 비극을 초래했다.

와이즈 박사의 중대한 메시지를 담은 경고 보고서는 백악관의 조치로 몰서沒書된다. 바로 시빌 존슨이라는 소녀가 백혈병으로 세상을 떠난 1965년의 일이다. 소녀의 아버지가 방사능과 딸의 죽음 간의 인과관계를 주치의에게 물었던 그때, 이미 그 인과관계를 둘러싼 의문이 밝혀져 있었으나 어둠 속으로 종적이 묘연해진 것이다. 와이즈 박사는 유타주의 발암률이 미국 전체 평균의 네 배에 달한다는 사실도 보고한 바 있다.

몰수된 와이즈 박사의 자료는 특정 과학자 집단의 손으로 넘어갔으며, 이후 '극비' 스탬프가 찍힌 채 창고에 틀어박히거나 때로는 별도의 가공 처리를 거쳐 발표되었다. 발표 내용을 보면 "남부 유타 지방 의사가 진단했다는 암 증상 실례들은 의사의 지식 부족에 따른 오진으로 보인다. 집단 히스테리에 불과하다"라는 식이었으며 끔찍한 피해 발생에 경종을 울리고자 한 부분은 삭제돼 있었다. 정부에서는 담배의 발암 위험성을 경고하기 위해 막대한 돈을 투입했으면서도, **이 일에 관해**

서만큼은 지금 일본 정부가 그러하듯 방사능의 안전성을 선전하기 위해 엄청난 돈을 쏟아부었던 것이다.

동부에서 한 63세 남성이 보스턴대 의학부의 토머스 나자리안을 찾아왔다. 이 환자는 모든 혈구가 감소한 상태였고 비장에 종양이 있었다. 그런데 추가 검사 결과 백혈병임이 밝혀졌다. 환자의 경력을 찾아보니 1963년 의문의 침몰 사고를 당한 미 핵잠수함 트레셔가 마지막으로 수리·점검을 받았던 메인주 포츠머스 조선소 부두에서 **원자력 기기** 용접공으로 일한 적이 있었다.

"6년 전 포츠머스에서 근무했습니다만, 방사선 피폭량은 지극히 소량에 불과합니다……. 그런데 생각해보니 동료들 중에 꽤 젊은 나이에 죽은 사람이 많이 있었어요."

나자리안은 다트머스의대에서 생물통계학을 공부하는 시어도어 콜턴에게 상담을 요청했으며, 이 둘은 포츠머스 해군 부두의 노동자들에 대해 철저히 파헤쳐보기로 한다.

그 결과는 예상을 훌쩍 뛰어넘는 것이었다.

당시 사망한 부두 노동자들의 병명을 하나씩 조사해본 결과, 백혈병으로 인한 사망 비율이 미국 전체 평균의 562퍼센트였다. 믿기 힘들 정도로 높은 발병률이다. 또 림프계나 조혈조직 관련 암으로 인해 사망한 비율은 226퍼센트, 그 외 모든 암에 의한 사망률도 161퍼센트에 달하는 등 아무리 봐도 비정상적인 수치였다.

나자리안과 콜턴은 지나치게 높은 수치에 경악을 금치 못하며 이들 노동자가 얼마나 많은 방사선에 노출됐는지를 조사했다. 그 결과 당시 일본 원자력발전소에서 일반 대중에게 제시한 안전 기준 한계치(5밀리시버트)의 절반에도 못 미치는 양(2.11밀리시버트)이었다는 사실이 밝혀졌다.

두 사람은 이러한 조사 결과를 서둘러 정리한 후 의학 잡지(『랜싯 Lancet』, 1978년 5월 13일 호)를 통해 전 세계에 경고했다. 나자리안이 밝혀낸 비정상적인 결과 역시 계측기로는 밝혀낼 수 없는 엄청난 피폭량이 부두의 노동자들을 잇달아 죽음으로 내몰고 있다는 사실을 증명하고 있었다.

3장

지형적 조건의 영향

네바다 핵실험의 피해자인 영화인들

이러한 상황이 닥치기 60년도 더 전인 1951년 1월 27일에 미 서부 네바다주에서 최초의 원자폭탄 실험이 실시됐다. 이로 인한 피해가 후쿠시마 사고를 겪은 일본인에게 무엇을 시사해줄지 알아보고자 상세하게 피폭 경과를 조사해보았는데, 그 결과 현재 일본의 상황과 다를 바 없는 엄청난 사실들이 잇달아 드러났다.

핵실험은 1950년 6월 25일 한국전쟁 발발과 함께 미소 냉전뿐 아니라 소련, 중국, 북한 등 공산주의 국가들 간의 '열전熱戰'을 계기로 시행된 것이었다. 그 결과 네바다주에서 대기권 내 핵실험이 대규모로 시행됐고, 히로시마·나가사키 원자폭탄의 피폭자를 실험 대상으로 삼은 원자폭탄상해조사위원회ABCC의 창설자 실즈 워런은 이 기간 동안 방사능 관련 최고 책임자로서 죽음의 재에 관한 한 세계 최고의 권위자로 군림한다. 그리고 야마시타 슌이치가 그렇듯이 실즈 워런이 직접 안전하다고 제시한 기준에 따라 핵실험이 시행됐고, 죽음의 재가 떨어져

네바다주 대기권 내 핵실험으로 발생한 방사능구름의 통과지역

내리는 풍하 지대에서는 역시나 많은 주민이 생활하고 있었다. 그 결과 이들 지역에서 대량의 암 환자가 발생하기에 이른 것이다.

1951~1958년에 네바다 핵실험장에서 실시한 대기권 내 핵실험 폭심지에서 발생한 방사능구름이 지나쳐간 지역은 위 그림과 같다. 이 지도에서 가장 어둡고 진한 부분의 중심에 있는 것이 세인트조지를 비롯한 유타주 남부가 위치하며, 이곳 풍하 지대에서 수많은 암 환자와 사망자가 발생했다.

앞서 언급했듯, 네바다주에서 시행한 대기권 내 원자폭탄 실험용 100발과 비교했을 때 후쿠시마 원전에서 유출되어 지상으로 떨어진 방사성 물질이 20퍼센트 정도 더 많다.

풍하 지대 주민들의 피폭 피해와 관련된 내용은 『누가 존 웨인을 죽였는가』라는 책에서 자세히 다루고 있다.

『누가 존 웨인을 죽였는가』에서는 할리우드 영화인들이 '죽음의 재'의 풍하 지대에서 영화 촬영을 한 후에 '열 명에 네 명' 꼴로 암으로 사망했다는 사실을, 아토믹솔저나 세인트조지를 비롯한 주민 피해 사례와 함께 다룸으로써 방사성 물질이 미치는 영향에 대해 알렸다. 이는 후쿠시마 사고를 겪은 현재 일본인에게 가장 가까운 비교 대상이자, 일본의 미래를 알려주는 사례. 이들의 피해 상황을 더 자세히 살펴보니, 놀랍게도 현재 일본인이 처한 상황과 『누가 존 웨인을 죽였는가』의 피해자들이 겪은 상황이 매우 유사하다는 점을 알 수 있었다.

핵실험이 시행된 1954년에 세인트조지에서 겨우 15킬로미터 떨어진 스노캐니언이라 불리는 사막의 계곡에서 칭기즈 칸을 주인공으로 한 영화 「정복자」 촬영이 있었는데, 할리우드 최고의 인기 스타 존 웨인을 비롯해 무수히 많은 영화 관계자가 암에 걸렸던 것이다.

- 1963년 감독 딕 파월, 림프계 암과 폐암 전이로 사망.

  배우 페드로 아르멘다리스, 림프계 암으로 3개월 시한부 진단을 받은 후 자살.(이미 4년간 신장암으로 투병 중이었음.)

  미술감독 캐럴 클라크, 전립선암 발병.

  분장 담당자 웹 오보란더, 폐암으로 폐 절제 수술.
- 1964년 배우 존 웨인, 폐암으로 두 차례 폐 절제 수술.
- 1965년 배우 진 가슨, 피부암 발병.(이후 유방암 발병으로 유방 절제.)
- 1968년 촬영지에 동행한 티머시 바커(주연배우 수전 헤이워드의 아

들), 구내 종양으로 적출 수술.

- 1969년 촬영지에 동행해 단역으로 출연한 패트릭 웨인(존 웨인의 아들), 흉부 종양으로 수술.
- 1974년 배우 애그니스 무어헤드, 자궁암으로 사망.
- 1975년 수전 헤이워드, 피부암·유방암·자궁암 발병과 함께 뇌종양으로 사망.(약 10년 전부터 발병.)

  촬영지에 동행한 마이클 웨인(존 웨인의 또 다른 아들) 피부암 발병.
- 1979년 배우 존 웨인. 위암 수술 후 대장암으로 사망.

위에 적은 사례들은 피해의 극히 일부에 불과하다. 촬영 후 28년이 지난 1982년 시점에 확인해보니 영화 「정복자」 촬영에 참가했던 220명 중 놀랍게도 절반에 가까운 91명이 암에 걸린 사실이 확인되었다. 게다가 그중 46명이 사망했다. 이들뿐만 아니라 촬영을 위해 유타주의 아메리칸 인디언 시브위트족 약 300명이 엑스트라로 참여했는데, 이들도 잇달아 암에 걸려 시브위트족의 상위 부족인 파이우트족은 멸족 위기에 처했다.

「정복자」 촬영지인 스노캐니언을 찾아가서 "존 웨인은 여기서 죽었다"라고 말한 유타대의 로버트 펜돌던 교수가 1982년 여름 갑자기 세상을 떠났다. 유타대에서 방사선생물학 학과장이었던 그는 이 분야에서 세계적인 연구자로 이름을 날렸으나, 그 자리에서 쫓겨난 후 말 못하게 어려운 처지로 내몰렸다.

"핵실험에 반대하기 때문에 일을 진행시키기가 너무 어렵다. 차라리 모든 걸 내던지고 대학에 데이터를 줘버리고 싶은 심정이다. AEC가 내가 하는 일에까지 손을 뻗치고 있다."

펜돌던 교수가 생전에 남긴 말이다.

그 많은 할리우드 영화 관계자는 어째서 암으로 목숨을 잃은 것일까…….

답은 이미 나와 있다. 여러분은 분명 '네바다 핵실험이 할리우드 영화 관계자들을 죽였다'고 생각할 것이다.

그러나 주의력 있는 독자라면 29쪽에서 제시한 네바다 대기권 내 핵실험 일람표를 보고 1954년에는 네바다에서 원자폭탄 실험이 단 한 차례도 없었다는 점을 눈치 챘을 것이다.

존 웨인을 비롯한 영화 관계자들이 유타주에서 「정복자」 촬영을 한 게 1954년이다.

정확히 말하면 1953년 6월 4일에 '클라이맥스'라는 원자폭탄 실험이 있은 후로 영화 관계자들이 유타주에 온 1954년 6월까지 1년 동안 네바다 사막에서는 원자폭탄 실험이 전혀 없었다.

촬영진은 불덩어리를 보기는커녕 그야말로 정적이 흐르는 촬영지에서 촬영을 한 것이다. 이 촬영지는 핵실험 장소로부터 100킬로미터 이상 떨어져 있다.(후쿠시마 제1원전에서 도쿄역 간 거리와 거의 같다.) 그럼에도 불구하고 촬영진 사이에 잇달아 암 환자가 발생했으며, 생존자들은 끊임없는 공포에 시달렸다. 이런 사태가 벌어진 이유는, 그들이 말에 올라 탄 채 오염된 모래와 먼지를 뒤집어쓰면서 스펙터클한 장면을 계속해서 촬영했기 때문만이 아니라, 촬영지인 스노캐니언에서 엄청난 양의 오염된 흙모래를 할리우드로 가져와 스튜디오에서 촬영을 이어갔기

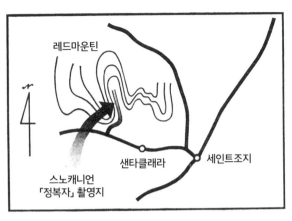

「정복자」 촬영지 인근 지도

때문이다.

『피플』지 1980년 11월 10일 호는 존 웨인의 죽음과 원자폭탄 실험 간의 인과관계를 특집으로 다루었으며, 미 국방부 소속 원자력국 수장은 이런 발언을 했다.

"아아 신이시여. 제발 우리가 존 웨인을 죽인 게 아니길……."

「정복자」 촬영진과 세인트조지 주민, 이 두 집단 사이의 수수께끼를 풀어줄 내용은 다음과 같다.

피폭자로 선정된 사람들

원자력발전소가 위치한 일본 내 13개 지역 및 '그 주변'에 사는 사람들은 이제부터 언급할 역사적 사실을 제대로 알아두길 바란다. 네바다주에서 있었던 대기권 내 핵실험은 광범위한 지역에 걸쳐 죽음의 재를 흩뿌렸는데, 이는 후쿠시마 사고로 인한 방사성 가스도 마찬가지였다.

미 당국은 원자폭탄이 폭발하면 발암성 죽음의 재가 발생한다는 사실을 1950년 초부터 이미 알고 있었다. 죽음의 재가 인간의 신체에 여러 장애를 초래할 수 있다는 위험성 역시 수많은 연구 조사를 통해 밝혀진 바였다. 뉴멕시코주, 히로시마, 나가사키, 비키니섬, 그 외 인체 실험, 피폭된 여성 노동자 등을 조사하면서 이전까지 몰랐던 죽음의 재의 무시무시한 영향력을 제대로 관찰할 수 있었으며, 이런 사태가 방사능 단위로 측정되는 '특수한 에너지' 때문에 발생했다는 사실도 이미 확실시 된 때였다. 이와 관련된 역사적 사실은 4장에서 상세히 언급하겠다.

군부와 AEC, 대통령들은 인구가 집약된 지역에 죽음의 재가 떨어지지 않도록 배려했다. 네바다에 인접한 주 가운데서도 특히 할리우드를 비롯한 로스앤젤레스 등 대도시로 피해가 가는 것을 막기 위해 캘리포니아주 방향으로 바람이 불 때는 한 번도 원자폭탄 실험을 하지 않았다. 이런 기준은 네바다주 내에서 가장 남쪽에 위치한 도박의 도시 라스베이거스에도 적용됐다. 사람이 많이 모여 있는 환락가에 죽음의 재가 떨어져서는 안 되었기 때문이다.

이렇듯 네바다주 서쪽의 캘리포니아와 남쪽의 라스베이거스를 제외하면 자연히 남는 곳은 동북쪽에 부채꼴 모양으로 펼쳐진 지역이다. 이것은 바로 동북쪽으로 바람이 불 때를 기다렸다가 원자폭탄을 점화한다는 것을 의미했다. 그 결과, 93쪽 지도에서 보듯 네바다주 및 애리조나주

일부 지역, 그리고 유타주 전역에 집중적으로 죽음의 재가 떨어졌다. 세인트조지는 이들 지역에 속해 있었고, 핵실험장과 가까운 곳에 위치했다.

이는 후쿠시마 사고로 인해 서북쪽으로 '최대치의 방사성 가스'가 흘러들어가 나미에정浪江町과 이타테촌飯舘村, 그리고 후쿠시마시, 니혼마쓰시 등이 크게 오염된 것과 똑같은 상황이다.

세인트조지에서 생활하던 모르몬교도 주민은 실험 대상이 된다. 서부는 동부 상류사회와 견주어 '미국의 촌구석'으로 치부된 채 버림받은 것이다.

미 당국은 "죽음의 재는 '사람이 거의 살지 않는 땅'으로 떨어지기 때문에 안전하다!"고 설명했다. 이런 발언에 대해 『샌프란시스코크로니클』은 "지금 미국에는 매우 기묘한 형태의 시민이 생겨나고 있다. 바로 '사람이 거의 살지 않는 땅에 거주하는' 시민이다"라며 비꼬았다.

실험 대상이 된 주민의 실상을 폭로하고자 한 것이다. 사람이 거의 살지 않는 땅으로 죽음의 재가 떨어지기 때문에 안전하다는 말은 대체 무슨 뜻일까? 이것은 죽음의 재가 떨어지는 지역에 사는 몇 안 되는 사람에게 닥칠 위험 따위는 모르는 척 넘어가겠다는 당국의 명백한 입장이었다. 세계 각국이 마셜 제도를 비롯한 남태평양 부근에서 핵실험을 한 것 역시 그곳에 사는 도민은 어떻게 되든 상관없다는 이 같은 사고방식과 조금도 다를 게 없다.

아베 신조의 조슈 번 역대 범죄 관련 계보

AEC의 사상을 있는 그대로 받아들여 원자력산업을 시작한 나라가 바로 일본이었다! 일본 정부가 주도한 원자력 추진의 기초가 되는 사상은 1964년 5월 27일, 과학기술청 장관인 사토 에이사쿠佐藤榮作(아베 신조의 작은할아버지)를 위원장으로 한 원자력위원회의 구성원들이 확립했다. 그들이 정한 원자로 입지 심사 지침을 보면, 제1항 '원자로 입지 심사 지침'의 2조 '입지 심사 지침'에서 2-2호 **원자력발전소를 건설할 장소**에 대해 다음과 같이 정의하고 있다.

원자로에서 일정 거리 내에 있어야 하며 비거주非居住 구역의 외측 지대는 저인구低人口 지대여야 함.

여기서 말하는 '일정 거리 범위'란, 가상 사고의 경우 적절한 조치를 취하지 않으면 그 범위 내에 거주하는 일반인에게 막대한 방사선 재해를 입힐 수 있다고 판단되는 범위를 가리킴. 또한 '저인구 지대'란, 심각한 방사선 재해를 입지 않도록 적절한 조치를 취할 수 있는 환경에 있는 지대(예컨대, 인구밀도가 낮은 지대)를 가리킴.

즉, 인구밀도가 높은 대도시는 원자로 입지가 되어서는 안 된다는 지침으로, 이는 네바다 핵실험과 완전히 똑같은 기준이다. 바꿔 말해, 원자력발전소에서는 대규모 사고가 일어날 수 있기 때문에 저인구 지대(과소지)에 있는 사람은 심각한 방사선 재해를 입더라도 어쩔 도리가 없다는 말이다.

이 같은 지침이 정해지고 2년이 지난 1966년 7월 25일, 일본 최초의 상업용 원자로 도카이東海 발전소가 이바라키현에서 가동되기 시작했다. 이는 '아베 신조가 존경하는 할아버지' 기시 노부스케岸信介(사토 에이

조슈 번의 역대 범죄 계보

기시 노부스케(1896~1987)
- 만주국 산업부 차장으로 침략을 주도
- 도조 히데키 내각 상공대신, 군수차관
- A급 전범 용의자, 미일안보조약 체결
- 총리대신

┌─ **사토 노부스케** ─── **기시 요코**
│   **(1928~)**
│
│ ─ **사토 에이사쿠(1901~1975)**
 - 원자력발전소 입지
  심사 지침을 정한
  과학기술청 장관
- 총리대신

아베 신조(1954~)
- 원자력발전소 재가동 감행
- 오키나와 헤노코 기지
  건설 감행
- 헌법 개악, 교육기본법 개악
- 집단적자위권 행사 감행
- 비밀보호법 실시, NSC 설치
- 전쟁법안 감행 중
- 총리대신(주일미국대사)

사토 마쓰스케
(?~1991)

사토 히로코
(1907~1987)

마쓰오카 후지에
(1884~)

아베 신타로(1924~1991)
- 외무대신, 통상산업성대신
- 농림대신, 국무대신

마쓰오카 요스케(1880~1946)
- 1940년 독일, 이탈리아, 일본
  3국동맹 체결
- 외무대신, 남만주철도 총재

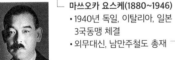

스스무 료코(1892~)

스스무 게이코(1896~)

가쓰라 다로(1847~1913)
- 1904년 러일전쟁
- 1910년 한일합병, 조선 식민지화
- 1911년 특고경찰 설치, 민중 탄압
- 총리대신 ─── **가쓰라 요이치** ─── **가쓰라 도모코(1910~)**
              (1882~1913)

사쿠의 친형)가 1959년에 추진한 도카이촌 지역의 원자로로, 이때부터 시작된 원자력발전의 시대가 지금까지 이어져오고 있다.

위 기준에 따라 일본에서 실험 대상으로 선정된 지역이 홋카이도(도마리泊 원전), 아오모리현(히가시도리東通 원전, 재처리공장 6곳), 미야기현(오나가와女川 원전), 후쿠시마현(후쿠시마 제1원전, 제2원전), 이바라키현(도카이 발전소, 도카이 제2원전, 도카이 재처리공장), 시즈오카현(하마오카濱岡 원전), 니가타현(가시와자키가리와柏崎刈羽 원전), 이시카와현(시카志賀 원전), 후쿠이福井현(쓰루가敦賀 원전, 미하마美濱 원전, 오이大飯 원전, 다카하마高濱 원전, 고속 증식로 원형 원자로), 시마네島根현(시마네 원전), 에히메愛媛현(이카타伊方 원전), 사가佐賀현(겐카이玄海 원전), 가고시마鹿児島현(센다이川內 원전)이다. 이들 13개 지역에는 주민이 거주하며, 각각 원자력발전소와 재처리공장이 있다. 여기에 최대 전력 소비지역인 도쿄 대도시권이나 오사카 간사이 경제권, 나고야 중부 경제권은 포함돼 있지 않다……

피해자는 누가 될까? 대도시에 사는 사람일지라도 원자력발전소 사고의 풍하 지대는 '그날의 풍향'이 결정짓는 것으로, 사실 도쿄도 후쿠시마 원전의 방사능에 대량 노출됐다. 따라서 일본 어느 지역일지라도 원자력발전소 재가동을 방관한다면 그런 위험에서 벗어날 수 없을 것이다.

한편, B 기간 동안 네바다의 첫 번째 원자폭탄이 버섯구름을 만들어내기 45일 전(1950년 12월 13일)에 AEC에서 작성된 극비 보고서에는 다음과 같은 기술이 있었다.

미국 전역 어디에도 안전한 실험장은 없다. 그러나 인구가 적은 곳을 고른다면, 몇몇 예측된 위험성을 기반으로 한 실험은 할 수 있다. 알래스카와 ××××, 그리고 ××××가 적합하다.

보고서 여기저기에 먹칠이 돼 있어서 정확히 알아볼 수는 없지만 미 당국에서 이런 논리로 과소지인 네바다 사막을 핵폭탄 실험지로 선택했음을 알 수 있다. 그렇다면 AEC의 방식을 그대로 들여온 일본도 '일본의 알래스카' 혹은 '일본의 사막'으로 간주된 곳에 원자력발전소를 세웠다는 말인가?

핵실험이 시작된 이후의 AEC 보고서를 보면, 죽음의 재가 날리기 시작한 시점부터의 풍하 지대를 표시해놓았다. 이 가운데 세인트조지가 위험 지대에 속해 있고, 라스베이거스는 가까스로 제외돼 있는 듯 보인다. 대규모 오염지가 된 유타주는 밀, 옥수수, 보리 등을 전 세계로 수출하는 손꼽히는 산지기도 하다.

그리고 후쿠시마현 역시 후쿠시마 원자력발전소 사고가 일어나기 전만 해도 원자력발전소의 발양지인 이바라키현과 더불어 수도권에 가장 많은 농산물 및 어패류를 공급하는 지역이었다. 아니, 원자력발전소와 재처리공장을 지닌 13개 지역은 하나같이 아름다운 자연으로 둘러싸인 '일본의 대규모 식량 창고'다. 일본 전역으로 대량의 낙농 제품과 어패류를 공급하며 200퍼센트의 식량 자급률을 자랑하는 홋카이도에는 도마리 원자력발전소가 3기나 있다. 고시히카리라는 품종의 벼를 만들어낸 후쿠이현은 지금도 원자력발전소 11기를 소유한 그야말로 원자력발전소 은행 같은 곳이며, 이곳에서 사고가 터지면 간사이 지방 1400만 명을 위한 저수지 및 비와호琵琶湖가 파멸할 것이다. 일본의 최대 쌀 생산지인 니가타현에는 가시와자키카리와 원전이 7기 존재한다. 규슈九州의 식량 자급률을 보면 사가현이 94퍼센트, 가고시마현이 82퍼센트로 최대 자급률을 자랑하는데 이 지역에도 겐카이 원전 3기와 센다이 원전 2기가 있으며, 이들은 재가동 후보 상위권에 올라 있다. 만약 규슈에서 원전 사고가 터진다면 '태풍과 같은 진로로 북상하는 바람' '가다랑어가 헤엄치는 태평양 연안의 구로시오 해류' 그리고 '동해로 흘러들어가는 쓰시마 난류對馬海流'로 인해 그 피해가 확산되어 일본 열도와 바다를 순식간에 집어삼킬 것이다. 시코쿠四國에 있는 이카타 원전 3기의 풍하 지대 역시 똑같은 풍향으로, 이곳에서 사고가 발생한다면 세토 내해瀬戸内海와 오사카, 고베神戸를 비롯한 연안 13개 지역 전역이 파멸할 터이다. 물론 식량 자급률이 제로에 가까운 대도시 사람들도 원전 재가동을 방관하기만 한다면 후쿠시마 사고에서 가까스로 오염을 면한 대륙과 바다까지 모조리 오염되어 모든 식량을 잃을 수 있다. 이런 상황에서 원전 재가동을 추진하려는 아베 신조의 죄는 1만 번 죽어 마땅할 정도로 무겁다.

원전 사고의 가장 큰 피해지인 후쿠시마현의 70퍼센트는 삼림이 차지하는데, 삼림지대의 오염 부분을 제거한다는 건 불가능에 가깝다. 해당 지역의 농림업 관계자는 눈앞에 보이는 아름다운 아부쿠마阿武隈산맥을 보다가 비통한 마음에 다음과 같이 내뱉었다.

"어떻게 이 산과 들을 다 씻어낼꼬."

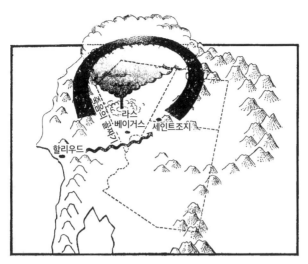

네바다 핵실험장을 둘러싼 산맥

　네바다 핵실험 오염 지대에 관한 설명은 보통 평평한 종이 위에 단순히 거리와 방위 간의 관계를 그려서 보여주는 게 일반적이다. 하지만 실제 토지는 훨씬 더 복잡하다. 울퉁불퉁한 상태를 입체적으로 설명하면 다음과 같다.

　핵실험 오염 지대의 형상을 머릿속에 생생하게 떠올리기 위해서는 말굽을 하나 앞에 두면 편할 것이다. 이 말굽 형상은, 시에라네바다산맥에서 북상하여 캐스케이드산맥에 이르는 좌측의 산들과 로키산맥을 이루는 우측의 산들로 이루어져 있다. 좌우의 산들은 머리 부분에서 맞닿아 있다.

　말굽의 중심부는 광대한 분지를 이루며, 그 아래쪽에 네바다 핵실험장이 있다. 존 웨인을 비롯한 촬영진은 이처럼 기복이 있는 말굽 형상의 바깥쪽에 위치한 할리우드로부터 영화 「정복자」 촬영을 위해 말굽 형상의 안쪽 지역으로 들어온 것이다. 세인트조지는 정확히 말굽 끝부분에 위치하는데, 촬영 일행은 고개를 넘어 이 원 안으로 향했다.

그렇다면, 말굽 형상의 한가운데서 동북풍이 부는 시기에 맞춰 원자폭탄을 폭발시키면 어떤 일이 벌어질까.

죽음의 재는 세인트조지를 향해 맹렬한 기세로 나아가다가 로키산맥이라는 높은 벽(후지산 높이와 거의 비슷함)에 부딪혀 세인트조지를 위에서 직격했다. 특히 「정복자」 촬영을 한 스노캐니언(눈의 협곡)처럼 바람이 소용돌이치기 쉬운 골짜기에는 죽음의 재가 눈 내리듯 떨어져 내렸고, 이 구역은 순식간에 죽음의 골짜기로 탈바꿈해버렸다.

당시 세인트조지에 인접한 시더시티에 살던 양치기 칸 브록의 목장에서는 1200마리가 넘는 양이 원인 불명으로 폐사했다. 가히 엄청난 숫자다.

이와 똑같이 후쿠시마 사고가 발생했을 때도, 원전이 위치한 후타바정으로부터 서북 방향으로 대량의 방사성 가스가 흘러나갔다. 해당 오염 지대의 낙농가는 모든 소를 안락사 시키라는 정부의 지시에 따라 눈물을 훔치며 사랑으로 키운 소를 전부 죽일 수밖에 없었다. 그러나 후타바정에 인접한, 원전에서 14킬로미터 떨어진 나미에정에서 '희망의 목장, 후쿠시마'를 경영하던 낙농가 요시자와 마사미 씨는 소를 안락사 시키라는 일본 농림수산성의 지시에 강력히 저항했으며, 소들을 '원전 사고의 살아 있는 증거'로 삼고자 와규 방목을 계속해왔다. 그 결과 2015년부터 사육하던 300마리 이상의 소 가운데 20마리가 넘는 소의 까만 몸에서 하얀색 반점들이 나타났다. 체르노빌 사고로 많은 가축이 백혈병에 걸렸다는 사실을 생각할 때 이 현상은 분명 소의 몸 안에서 진행되는 병변을 보여주는 것임에 틀림없다.

산간부에 떨어져 쌓인 후
도쿄만으로 흘러든 죽음의 재

후쿠시마 원전을 에워싼 산간지대가 많은 동일본의 지형에 대해 살펴보자. 네바다 핵실험으로 발생한 죽음의 재는 유독 산간지역으로 많이 떨어져 쌓였다. 유타대에서 실시한 조사에 의하면 로키산맥 정상에서는 산기슭에서에 비해 훨씬 더 많은 죽음의 재가 검출됐다. 30~40배에 달하는 높은 수치였다. 이러한 사실로 미루어볼 때 죽음의 재에 눈과 동일한 성질이 있음을 알 수 있다. 버섯구름 형태로 하늘 높이 솟아오른 죽음의 재가 눈에 섞여 산간부로 떨어져 내린 것이다.

"아이들이 눈을 좋아해서 그 속에서 뒹굴고 눈을 먹기도 했습니다."

시더시티에 거주한 케이 밀레는 백혈병으로 숨진 어린 딸을 떠올리며 말했다.

"그게 나중에 자신의 생명을 앗아가리라는 사실도 모른 채 모든 아이가 눈을 먹었던 것이다……"

유타대학의 찰스 메이 박사는 이곳으로 스키를 타러 온 이들이 눈을 먹고 갔다는 사실을 염려하여 "눈이 녹은 물도 위험하다. 그 물을 일대 사람들이 마시게 된다"고 말했다.

정확히는 로키산맥과 이어지는 워새치산맥이 유타주 깊숙이 들어와서 말굽 모양의 오른쪽 부분을 이루는데, 워새치산맥으로 떨어지는 적설량은 연간 1.5미터에 달하며 그 두께는 3미터나 된다. 유타주는 사막과 눈이 공존하는 흔치 않은 지리적 조건 때문에 많은 관광객이 찾아온다. 그런 이곳의 음료는 대부분 눈을 녹인 물로 만들어진다.

일본에서도 후쿠시마 원전 사고로 방출된 방사성 물질의 대부분은 원전 바로 앞에 펼쳐진 아부쿠마 고지뿐 아니라 동일본의 척추를 이루는 오우산맥과 에치고산맥이 지나가는 아오모리현, 이와테현, 아키타현, 미야기현, 후쿠시마현, 야마가타현, 니가타현, 도치기현, 군마현, 이바라키현, 그리고 간토 산지와 '일본의 알프스'에 인접한 사이타마현, 지바현, 도쿄도, 가나가와현, 나가노현, 야마나시현, 시즈오카현에 이르는 동일본의 수원지인 광활한 산간부에 대량으로 쌓였다. 이 일대의 자랑이던 축복받은 자연, 산나물 및 버섯류는 죄다 위험물로 변해버렸다. 이곳 산간부에서 땅속으로 스며든 세슘은 결코 유출되지 않는다. 반세기가 지나도 땅속에 그 상태 그대로 남아 있을 것이다.

그리고 도호쿠, 호쿠리쿠北陸, 고신에쓰甲信越 등 한랭 지방의 상층부에는 꽤 많은 양의 눈이 쌓였으며 태풍 등으로 자주 비가 내리면서 오염된 눈은 산에서 하천으로, 더 나아가 출구도 없는 호수와 늪으로 흘러들었으며 민물고기는 아직도 먹을 수 없는 상태다. 피해가 가장 컸던 후쿠시마현에 위치한 아부쿠마강 어귀에는 미야기현이 위치해 있다. 또 엄청난 양의 오염물이 유입된 하천의 '종점' 중 한 곳이 도쿄 올림픽에서 '수영을 해야 하는 철인 3종 경기'가 펼쳐질 예정인 도쿄만이다. 스포

동일본의 오염 지대가 된 산맥 지도

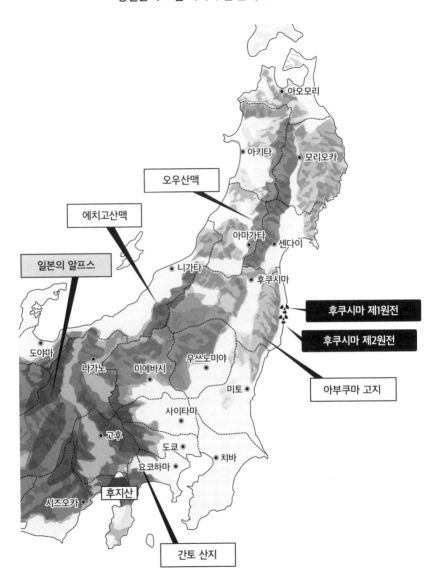

오우산맥

에치고산맥

일본의 알프스

아오모리

아키타

모리오카

야마가타

센다이

니가타

후쿠시마

후쿠시마 제1원전

후쿠시마 제2원전

아부쿠마 고지

도야마

나가노

우쓰노미야

미에바시

미토

사이타마

고후

도쿄

치바

요코하마

시즈오카

후지산

간토 산지

츠 관계자들은 도대체 무슨 생각인 걸까? 이런 상황이 이해가 되는가? 더욱이 후쿠시마 원전이 위치한 태평양 쪽뿐 아니라 산간부의 분수령을 넘어 '동해 쪽'에 위치한 시나노信濃강으로도 대량의 오염수가 유입되었다. 대자연의 경계가 피해의 명암을 가르는 것이다.

캘리포니아주의 대도시에도 불어닥친 엄청난 피해: 영화배우는 왜 죽었는가?

영화배우 로버트 레드퍼드가 유타주 산속에 틀어박혀 있던 1962년 5월의 일이다. 대기권 내 핵실험이 일단락되고 지하 실험이 시작된 이듬해에 『안네의 일기』 등으로 두 번의 아카데미상을 받은 셸리 윈터스와 『에덴의 동쪽』에서 제임스 딘의 연인 역할을 했던 줄리 해리스를 앞세운 할리우드 영화 스타 100여 명이 '핵실험 반대시위'를 전개했다.

할리우드 영화인들은 암으로 픽픽 쓰러지는 동료들을 지켜보며 자신들에게 엄습해오는 위험을 감지한 것이다.

이들은 죽음의 재가 날아오지 않게끔 당국에서 배려한 캘리포니아주의 대도시 주민으로서, 일본으로 치면 수도권(도쿄도, 사이타마현, 지바현, 가나가와현) 주민과 비슷한 처지였다. 대도시는 콘크리트와 아스팔트가 많기 때문에 지표면에서 흙을 찾아보기 힘들다. 게다가 대도시 주민들은 '비가 자주 내리니까 방사성 물질은 전부 하수로 흘러갈 것이다'라는 생각에 안심하고 있다. 그러나…… 빗물과 함께 고농도의 방사능 오염물이 쏟아져 들어간 하수처리장에서 무슨 일이 벌어지고 있는지 아는가? 도쿄 23구와 같이 빗물과 하수가 합류하는 처리장에서는 폐기물을 모아 소각한 후 다시금 대기 중으로 방사능 가스를 뿌려왔다. 도시인들은 이런 방사성 가스를 마셔온 것이다. 반감기가 30년인 세슘137, 반감기가 28.8년인 스트론튬90 역시 그대로 남아 일본 전역을 돌아다니고 있다.

드디어 공포로 다가올 마지막 수수께끼를 풀 때가 왔다.

지금 내가 가진 정보는 「정복자」와 관련된 내용에만 국한되지 않는다.

이들 감독 및 스타 들은 서부극 영화로 얼굴이 익히 알려진 사람들로, 핵실험이 있은 지 **30년 뒤**인 1982년까지 암이나 백혈병으로 사망한 할리우드의 유명인들이다. 이 가운데 한 명인 명장 존 포드 감독은 모뉴먼트밸리를 각별히 좋아했으며 끊임없이 지인들을 불러 이곳에서 촬영을 했다. 하지만 30쪽의 그림을 보면 알 수 있듯이 죽음의 재가 떨어진다는 측면에서 세인트조지와 모뉴먼트밸리는 같은 위치적 조건에 있다. 네바다 핵실험장에서 보면 모두 '풍하 지대'에 속하는 것이다. 문제는 엄청나게 많은 영화인이 서부 세 개 주에서 영화 촬영을 해왔다는 점이다.

미국에서는 이 집단에 대한 조사가 없었으므로 나는 할 수 있는 한 의학적 측면에서 일본 영화 관계자의 도움을 받아 할리우드의 전체적 상황을 파악해보았다. 대기권 내 핵실험이 끝난 지 약 20년 후인 1977년부터 1981년까지 5년간 목숨을 잃은 할리우드 영화인 가운데 영화 잡지 등에서 취재가 끝난 '모든 영화인'(서부극 출연자에 국한되지 않음)의 사인을 정리하면 다음과 같다.

1961년 게리 쿠퍼(전립선암).

1962년 마이클 커티스(암), 후트 깁슨(암), 토머스 미첼(암).

1963년 딕 파월(림프암), 페드로 아멘다리스(림프암).

1965년 재커리 스콧(뇌종양), 빌 엘리엇(암).

1966년 월트 디즈니(폐암).

1967년 스펜서 트레이시(전립선암), 스밀리 버넷(백혈병).

1968년 댄 두리에(폐암), 윌리엄 탤먼(폐암).

1969년 로버트 테일러(폐암).

1970년 캐티 프래드(악성 위병), 마리 브랜차드(암).

1971년 칼턴 영(암), 가이 월커슨(암).

1972년 브라이언 돈레비(후두암), 브루스 가보(폐암).

1973년 에드워드 G. 로빈슨(암), 팀 홀트(폐암), 루퍼트 크로스(암), 로버트 라이
언(폐암), 글렌 스트레인지(위암), 존 포드(암), 시드니 블래크머(암), 로런
스 하비(암).

게리 쿠퍼   마이클 커티스   후트 깁슨   토머스 미첼

딕 파월

페드로 아멘다리스

빌 엘리엇

스펜서 트레이시

댄 두리에

로버트 테일러

캐티 프래드

브라이언 돈레비

브루스 가보

에드워드 G. 로빈슨

팀 홀트

루퍼트 크로스

로버트 라이언

존 포드

로런스 하비

애그니스 무어헤드

수전 헤이워드

프레드릭 마치

로사린드 러셀

앤디 데빈

조앤 크로퍼드

진 헤이근

칠 윌스

아서 허니거트

조앤 블론델

바버라 브리튼

스티브 매퀸

존 웨인

1974년 애그니스 무어헤드(자궁암), 이브 마치(암).

1975년 수전 헤이워드(뇌종양), 프레드릭 마치(암).

1976년 윌리엄 레드필드(백혈병), 로사린드 러셀(암).

1977년 앤디 데빈(백혈병), 조앤 크로퍼드(암), 다이애나 하이랜드(암), 진 헤이근(후두암), 조앤 텟젤(암).

1978년 프랑크 퍼거슨(암), 칠 윌스(암), 캐리 토드슨(암).

1979년 존 웨인(위암), 니콜라스 레이(폐암), 셜리 오하라(암), 커트 카스즈너(암), 클레어 칼턴(암), 아서 허니커트(암), 조앤 블론델(백혈병), 존 캐럴(백혈병), 바버라 브리튼(암).

1980년 페기 누젠(암), 스티브 매퀸(폐암), 조지 토비아스(암), 게일 로빈스(폐암).

1981년 리처드 분(후두암), 글로리아 그레이엄(폐암).

1982년 톰 드레이크(폐암), 헨리 폰다(암).

(…)

| 리처드 분 | 톰 드레이크 | 헨리 폰다 |

암에 의한 사망	61명
그 외 병명이 명확한 사망	95명
원인 불명 및 사고에 의한 사망	207명

원인 불명(사인 발표 없음) 및 사고로 인해 사망한 207명을 제외하면 156명은 명확한 병인病因으로, 그중 61명이 암으로 사망했다.

156명 중 61명, 39퍼센트에 달하는 이상하리만치 높은 암에 의한 사망률이 할리우드의 전모를 말해주는 것은 아닐까? 대략 '열 명에 네 명' 비율로 **단기간에 집중적으로** 암에 의한 사망자가 발생한 것이다.(현재 미국에서 암에 의한 사망률은 20퍼센트 정도다.)

반복해서 말하지만, 후쿠시마 사고로 인해 대량 방출된 세슘137은 지구상에서 결코 사라지지 않는다. 일본의 수도권은 안전할까? 도쿄 올림픽을 개최할 만한 상황인가?

20년 이상 고통에 허덕이던
네바다 핵실험 피해자들의 소송

퇴역 군인들이 직접 아토믹솔저에 대해 조사한 내용에 의하면 1982년 시점까지 알려진 500여 가지 병세의 사례만 봐도 열 명 중 네 명이 암에 걸려 있었다. 뼈, 근육, 신경 쪽에 심각한 문제가 생기거나 출혈 및 청각장애 등이 발생한 경우까지 더하면 전체 피해 정도는 상상을 초월했다. 총 25만 명이 넘는 아토믹솔저의 상태가 기록될 마지막 보고에는 어느 정도의 수치가 적절할까? 이들의 피폭량과 일본인의 사례를 비교해보자.

핵실험장 정비 및 그 외 작업에 참가한 민간인은 20만 명이었다. 핵실험장의 철공鐵工은, 전문가에 따르면 **최대 20밀리시버트 정도**의 양에 피폭됐는데 살아남은 다섯 명을 제외하고는 마흔세 명 전원이 암으로 사망했다.

주민 피해도 세인트조지에 국한되지 않는다. 실태를 살펴보자.

네바다주 벙커빌에서는 글로리아 그레가슨이라는 여성이 자신의 거주지역을 조사했는데, 그 결과 80세대 중 암 환자가 발생하지 않은 가정은 6세대뿐이었다. 그녀는 말했다.

"로스앤젤레스에 핵폭탄이 떨어지면 2주 동안 지하 벙커에 들어가 있어야 한다는 것이 서부에서는 널리 알려진 사항입니다. 그런데 캘리포니아주에 인접한 네바다주에서 백발에 달하는 원자폭탄이 폭발하고 있었는데도, 사람들은 이를 피하기는커녕 마치 아무런 일도 없었다는 듯이 밖에서 생활을 해온 것입니다."

네바다에서 핵실험이 개시됐을 때 글로리아는 열한 살 소녀였다. 그때부터 불행이 시작됐다. 6년 후 열일곱 살에 난소암이 발병했고, 이어서 대장암, 위암, 그리고 서른 살에 피부암에 걸린 데 이어 마흔에는 급성골수성백혈병에 걸렸다. 13회에 걸친 대수술을 받았다. 그녀의 표현을 빌리자면, 일본인은 원자폭탄 100발에 상응하는 후쿠시마 방사능에 피폭되었음에도 마치 아무런 일도 없다는 듯이 밖에서 생활을 해온 것이다.

1982년 9월 14일(대기권 내 핵실험 종료 **24년 후**), 방사능 피폭 소송의 첫 번째 심리가 시작됐다. 쓸데없이 재판을 질질 끌어서 유리할 게 없다고 판단한 원고 측 유타주 주민은 1192명인 원고를 24명으로 줄인 후 심리에 임했다. 원고 중 한 명인 세인트조지의 아머 토머스는 일흔 다섯이라는 고령의 몸으로 엄청난 양의 편지를 써왔다. 수신인은 대통령, 국회의원, 의사, AEC, 에너지부, 국방부 등 수도 없었다. 그러나 그녀는 이런 노력에 대한 대답을 받지 못한 채 결국 원고가 되어 법정에 섰다. 그 전까지만 해도 그녀는 "나는 재판을 원하지 않는다. 돈을 청구하면 오해를 사고, 지금까지의 노력이 물거품이 될 것이다"라고 말했으나, 1000명이 넘는 이의 목소리를 대변하기 위해 원고 24명 중 한 명으로 나선 것이다.

유타주의 솔트레이크시티 연방지방법원에서 시작된 심리에서는 **피해의 장기성**이 증언을 통해 명백해졌다.

최초의 증인으로 나선 여성 마서 레이놀드는 백혈병으로 아이를 잃기까지의 과정을 이야기했다.

정부 측 변호사는 "있을 수 없는 일입니다. 그런 미량의 방사능으로 사람이 죽을 리 없습니다"라고 딱 잘라 부정했다. 이는 야마시타 슌이치와 나가타키 시게노부 그리고 나카가와 게이이치가 한 말과 정확히 일치한다.

- 레인 프로스트가드: 제 아버지는 5년 전까지만 해도 수상스키를 타실 정도로 건강했습니다. 그런데 (대기권 내 핵실험이 끝나고 **19년이 지난 후인**) 1977년에 갑자기 암에 걸렸고, 이듬해 돌아가셨습니다. 세인트조지에서 암에 걸리지 않기란 행운에 가깝습니다. 지금 우리도 피해갈 수 없죠. 아버지는 48세라는 젊은 나이로 세상을 떠나셨습니다. 그리고 지금 저 역시 병을 앓고 있습니다. 제 아이와 저도 아버지가 돌아가신 나

이인 48세까지는 살고 싶습니다. 고등학교 친구들에게도 잇달아 같은 증상이 나타나기 시작했습니다. 지금에 와서야 말입니다.

• 헬레나 프리스비: 저는 당시 남편에게 이렇게 물었습니다.

"괜찮을까?"

그러자 남편이 대답했죠.

"걱정할 거 없어. 봐. 차드는 저렇게 다른 애들이랑 똑같이 밖에서 잘 뛰어놀고 있는데 뭘."

그 아이가 스물입곱이 된 때였습니다. 두통과 코피가 멈추지 않아 괴로워하던 어느 날 밤, 물건을 집을 수가 없다고 하더군요. 그러더니 직접 차를 운전해서 솔트레이크시티의 병원을 찾아갔고, 오는 길은 친구가 대신 운전을 해 차드를 데리고 돌아왔습니다.

골수종이었습니다. 처음에는 지팡이를 짚고 다니다가 휠체어를 타게 됐어요. 나중에는 욕조에 들어가는 데도 우리 도움이 필요한 상태가 됐습니다. 차드는 이런 현실을 괴로워했습니다. 그리고 스물여덟 살 생일을 하루 앞두고는……

저나 남편의 가족 중 지금까지 암에 걸린 사람은 단 한 명도 없으며 모두 80, 90세까지 장수했습니다. 차드는 술, 담배도 하지 않았어요. 1954년에서 1958년 사이 저는 그 아이 외에 다섯 명의 아이를 출산했습니다. 이 아이들에게 5년, 10년 후에 무슨 일이 생길지를 생각하면 정말이지 제정신으로 있을 수가 없습니다.

• 노마 포터: 저는 유방과 폐에서 종양을 제거했습니다. 당시 받은 치료로 피가 물처럼 바뀌었습니다. 의사는 제가 살아 있는 게 기적이라고 합니다. 그런데 이후로 10년이나 더 살고 있죠. 네 명의 아이들을 출산한 것

은 정말 신의 축복이었습니다. 살아 있는 게 행복합니다. 제게 일어난 일이 다른 사람들에게 생기지 않기를 기도할 뿐입니다.

- 에번 쿠퍼: (대기권 내 핵실험 **20년 후**) 1978년까지 우리 집에는 아무 일도 없었습니다. 그런데 갑자기 아내의 체중이 급격히 줄기 시작했죠. 엉치뼈에 암 종양이 생긴 겁니다. 아내는 당장이라도 죽을 것 같은 상황입니다. 제 앞에는 절망뿐입니다. 약 따위 있어봤자 정말이지 말 그대로 아내를 가지고 놀다 죽이려는 것처럼 보여요. 지금 하고 있는 일은 그저 소 잃고 외양간 고치는 일입니다.

- 엘마 피킷: 가족 열한 명이 모두 죽었습니다. 큰아버지 한 명만 100세를 넘긴 나이에도 건강하신데, 그분만 다른 지역에 살았죠. 지금의 피해는 빙산의 일각에 불과하다고 봅니다. 아직 이건 시작일 뿐이죠. 림프육종과 백혈병은 꽤 많이 발병했습니다. 그러나 다른 암들은 지금도 진행 중이죠.

- 마로 스톤즈: 외아들을 암으로 잃었습니다. 이 세상 수많은 사람 중에 내 외아들 같은 사람은 없어요. (대기권 내 핵실험이 끝나고 **10년 후인**) 1968년에 아들의 다리에서 종양이 발견됐어요. 열다섯 살밖에 안 된 아이에게 다리를 절단해야 한다고 말하기란 정말 가슴 아픈 일이죠. 그러나 결국 다리를 잘라야 했습니다.

  어느 날 밤, 아이를 욕조에 눕혀놨는데 일어서는 순간 남은 다리까지 부러져버렸습니다. 또 다른 종양이 생긴 것이었죠. 결국 아들은 세상을 떠났습니다.

위에 소개한 내용은 방대한 사례 중 일부를 추려 요약한 것이다. 이들의 증언을 통해 무시무시한 피해가 장기간에 걸쳐 발생하고 있음을 알 수 있다.

많은 사람은 가족들이 죽어가던 모습이나 현재 상태에 대해 이보다 훨씬 더 상세하고 정확하게 언급했으며, 아머 토머스가 그랬듯 환자 명단을 만들어 이를 지도 위에 표시하고 네바다 핵실험과의 인과관계를 밝혔다. 그러나 원고가 법원에서 피해 실상에 대해 증언하자 미국 정부에서는 곧바로 모든 소송을 부정했다. 1981년 국방부 총무고문인 윌리엄 하워드 태프트 4세는 피해자들의 증언에 비난을 퍼부으며 응수했다.

"이런 피해를 인정하면, 문명의 종말이 올 것이다. 낮은 수준의 방사능이 유해하다고 하면 원자력 계획에 큰 차질이 생긴다."

원고 스물네 명으로 대표되는 분노에 찬 피해자들은 피해 실상을 증언하고자 힘을 모은 것이었다. 배상을 청구한 것은 미 합중국으로 하여금 피해 사실을 인정하게 만들기 위한 하나의 수단이었다고 한다. 그러나 국가가 인정하지 않더라도 사실은 명백했다. 사건은 유타주 주지사인 스콧 매시선이 가족 열 명을 암으로 잃고 AEC가 위험성을 어떻게 은폐해왔는지에 대해 증언한 후 자신도 암에 걸려 사망하는 사태로까지 악화됐다. 매시선은 우라늄 채굴업자 및 원자력산업의 지원을 등에 업고 주지사의 자리에 오른 사람이었다.

수수께끼를 풀어나가기 시작한 아토믹솔저 폴 쿠퍼 전 중사는 결국 미국 전역에 퍼진 피해 실상이 얼마나 엄청난 것인지를 끝까지 밝혀냈다. 거의 모든 국민이 몰랐던 비밀이 이렇게 밝혀지기까지 20년이 넘는 긴 시간이 걸렸다. 이토록 많은 희생자가 발생하고 나서야 비로소 과거의 실패를 깨달은 것이다.

아니, 잠깐만. 정말 그럴까?

모든 피해를 예측했던 AEC

천만의 말씀. 이 수수께끼는 핵실험이 있기 전에 이미 풀렸으며, 핵실험과 함께 기록되고 발표된 상태였다. 폴 쿠퍼를 비롯한 사람들은 수수께끼의 답을 찾는 과정에서 다음과 같은 경악스러운 사실을 알게 된다. 그것은 바로 모든 위험성이 사전에 예견돼 있었으며 대대적인 피해가 발생할 것이라는 사실을 알면서도 핵실험을 계속해왔다는 것이다. 지금의 일본과 똑같은 상황이었다.

세인트조지 주민은 **죽임을 당한 것**이다.

이미 여러 차례 경고 메시지를 보내고 있었음에도 이와 병행해 발표된 훨씬 더 많은 횟수에 이르는 당국의 안전 홍보를 보면 당시 상황을 이해할 수 있다.

누군가 "위험하다!"고 외치면 이런 목소리를 덮어씌우기라도 하듯 수천, 수만 명으로 구성된 조직에서 "저놈은 거짓말쟁이다. 매우 안전하다!"고 되받아쳤다.

이들의 주장을 모아보았다.(아래 내용은 모두 공식적으로 발표된 내용이다.)

• 피폭량은 지극히 적으며, 작전에 참가한 병사들도 엑스레이 촬영 때보다 더 적은 양에 피폭됐을 뿐이다. _국방부 윌리엄 하워드 태프트

- 먼지를 뒤집어쓰지 않는 이상 방사능에 피폭될 일은 없다. _육군 당국
- 안전을 위해 할 수 있는 모든 대책을 세웠기 때문에 문제 없다. _국방부 로버트 E. 먼로
- 앞으로 있을 핵실험은 모두 인류의 이익을 위한 것이다. 다소 위험 요소가 있다고 해서 물러설 수 없다. _국방부
- 전혀 위험하지 않다. 전혀 위험하지 않다. _AEC 라디오 방송
- 핵실험에 관해 **걱정하지 않는 것**이야말로 당신이 할 수 있는 가장 바람직한 행동이다. _AEC
- 양을 비롯한 동물의 사인은 핵실험이 아니다. 다양한 기상 조건과 전염병이 겹쳐서 일어난 현상으로 생각된다. _AEC
- 우유는 지극히 안전하다. _AEC
- 양이 핵실험으로 죽었다고 하는데, 양의 이상 증세를 조사한 결과로 어떻게 그 사실을 증명할 수 있겠는가? _미국 정부. 법정에서 피해 목동에게 한 발언
- 공산당이 핵실험에 대한 공포를 조작했을 가능성도 무시할 수 없다. _네바다주 상원의원 조지 마론
- 핵전쟁에 비하면 핵실험으로 생길 위험성은 작은 희생에 불과하다. _트루먼 대통령

당국은 주민에게 닥칠 위험성을 경고하는 움직임에 대항하기 위해 서부 만화를 활용해 필사적으로 안전성을 홍보했다. 대기권 내 핵실험이 끝나기 바로 전해(1957년)에는 다음과 같은 내용의 전단지가 주민에게 배포되었다.

네바다, 유타, 애리조나 등지에서는 방사선 측정기(가이거뮐러 계수기)를 지닌 사람들이 늘고 있습니다. 그 결과 '어라, 계수기가 시끄럽게 울어대네. 여기는 위험할지도 모르겠다'고 생각하는 분도 있을 것입니다. 이는 사람들을 불필요한 불안감에 빠뜨립니다. 가이거뮐러 계수기는 극소량의 방사선을 발견하기 위한 기계입니다. 따라서 이 기계가 울어대더라도 인체에 미치는 위험한 영향은 전혀 없습니다.

필름배지, 컴퓨터, 모니터링포스트 등 다양한 정밀 기기를 사용해 끊임없이 방사능을 감시하고 있으니 안전합니다.

측정 결과, 인접한 곳에서 생활하는 주민이 노출돼 있는 방사능은 인체에 전혀 영향을 주지 않는 것으로 밝혀졌습니다.

연간 최대 피폭량은 과거 6년간을 조사한 결과 다음과 같았습니다.

세인트조지가 500밀리렘(현재 단위로 5밀리시버트).

시다시티가 70밀리렘(현재 단위로 0.7밀리시버트).

(…)

당시에는 전단지에 적혀 있듯 피폭선량을 '렘'이라는 단위로 표시했다. 그 이후 100렘을 1시버트로 환산하여 지금은 시버트를 사용한다(35쪽의 '환산표' 참조). 전단지에 적힌 세인트조지의 최대 피폭량 500밀리렘, 곧 5밀리시버트는 1958~1984년까지 ICRP에서 정한 일반인을 대상으로 한 연간 피폭량 한도인 소위 안전 기준치(선량 한계치)로 1980년대 전반까지의 기준치와 동일하다. 1985년부터는 이 기준치가 일반인에 대해 연간 1밀리시버트로 하향 조정되어 지금에 이른다.

AEC 전단지에 실린 서부 만화

만약 원자력 관계자의 설명과 측정치가 옳다면 **세인트조지에서는 고작 5밀리시버트의 피폭량으로 엄청난 숫자의 암 환자와 사망자가 발생했다**는 말이 된다.

원자력규제위원회에서 말하듯 후쿠시마현의 주민이 연간 피폭량 20밀리시버트의 오염 지대로 귀환한다면 그걸로 생이 끝나는 것이다.

핵실험을 주도한 AEC는 다음과 같이 안전성을 선전하기도 했다.

이들 수치는 우리가 자연에서 노출되는 방사선 100밀리렘(1밀리시버트)과 비교해서 거의 차이가 없는 안전한 양이다. 의료용 방사선보다 훨씬 더 적은 수준이다. 높은 산에 올라가면 240밀리렘(2.4밀리시버트)의 방사선에 노출되는 장소도 많다. 인간의 체내에도 본래 방사선을 내뿜는 물질이 있다.

무엇보다 우리의 목표는 이런 숫자가 아닌 네바다 핵실험장의 바깥에서 주민에게 노출되는 방사능을 제로로 만드는 데 있다. 우리는 여기에 총력을 기울여 많은 연구를 진행 중이다.

어용학자인 나카가와 게이이치와 야마시타 슌이치

현재 후쿠시마현 주민, 일본인이라면 아래 인용된 내용이 낯설지 않을 것이다.

「자민당, 공명당의 아베 신조 정권에 의한 일본 정부 홍보」, 2014년 8월 17일.

(『아사히신문』『마이니치신문』『요미우리신문』『산케이신문』『니혼게이자이신문』『후쿠시마민보福島民報 지방신문』『후쿠시마민우福島民友 지방신문』)

'방사선에 너무 민감해져서 오히려 생활 습관이 악화되고 발암 위험성이 높아지다.'

전신이 2000밀리시버트의 방사선에 노출된 이도 많았던 히로시마 및 나가사키에서도 유전적인 영향은 없다고 보여집니다. (…) 국제적으로도 피폭량 100밀리시버트 이하에서는 암 발병이 증가한다는 점이 확인된 바 없습니다. (…) 100~200밀리시버트에서도 발암 위험성은 채소 부족과 유사한 정도입니다. (…) ICRP에서 '10밀리시버트 이하면 대량 피폭된 집단의 경우라도 암에 걸릴 비율이 증가한 실례는 찾아볼 수 없었다'고 발표했듯이, 후쿠시마에서도 피폭으로 인해 암이 증가할 일은 없을 것입니다.

_도쿄대학 의학부 부속병원 방사선과 준교수 나카가와 게이이치

IAEA의 보건부장과 함께 방금 언급한 나카가와 게이이치는 후쿠시마 사고 직후 일본의 문예잡지 『주간신조週刊新潮』(2011년 3월 24일 발매, 3월 31일 호)에서 아직 **사고의 진상이 전혀 밝혀지지 않은** 시점에서 "평소보다 조금 더 높더라도 현재 방사선 수치는 인체에 영향을 미칠 만한 수준은 아니다"라며 안전 지지론을 퍼뜨리고 다녔다. AEC처럼 **피해 실상은 조사해보지도 않고** 애초에 근거도 없는 결론만 가지고 말하고 다니는 인물인 것이다. 앞서 언급했듯, 그는 후쿠시마 사고 발생 이듬해인 2012년 9월 후쿠시마현에서도 특히 심각한 오염지역으로 방치됐던 '이타테촌'에 사는 중학생에게 "안심해요. 괜찮아요"라고 말했다. 그뿐 아니라 방사선 교육을 위한 특별 수업에서는 "일본인의 평균 연간 피폭량은 약 6밀리시버트입니다……. 후쿠시마에서 암 환자가 증가할 리 없어요"라고 말한 인물이다. 이타테촌 주민의 절반에 가까운 2837명이 후쿠시마 사고로 인해 집에 돌아가지 못하게 되어 2014년에 도쿄전력을 상대로 거액의 배상금을 요구하고 있는 상황인데 말이다.

이런 원자력 어용학자들은 AEC가 그랬듯 "인간의 체내에는 칼륨40 같은 자연계의 방사성 물질이 존재한다"는 식으로 방사능 안전론을 떠

들고 다녔는데, 이는 '어린아이 속이기' 용으로 둘러댄 망언에 불과하다. 자연계의 방사성 물질이라도 인체에 악영향을 미칠 수 있으며 지금 지구상에 현존하는 생물은 진화과정에서 '체내에 흡수되기 쉬운 자연계의 방사성 물질'을 끊임없이 체외로 배출하여 농축시키지 않고 면역 기능을 갖추는 등 다양한 적응능력을 획득하여 살아남았다. 그러나 아이오딘, 스트론튬, 세슘처럼 '핵분열로 생겨난 인공방사성 물질'은 히로시마, 나가사키에 원자폭탄이 투하된 1945년 이전에는 자연계에 거의 존재하지 않았다. 즉, 현존하는 생물은 이러한 인공적 위험물에 대한 적응 능력을 갖추고 있지 않았다고 볼 수 있다. 그래서 끔찍한 피해 사례가 잇달아 나오는 것이다. 이 문제의 답은 오로지 실질적인 피해 사례를 통해서만 제대로 파악할 수 있다.

> 후쿠시마 사고가 건강에 미치는 영향은 없습니다. 그럼에도 불구하고 방사선이나 방사능이 두려워 공포증에 시달리며 걱정만 하고 있으면 이는 다시 일어서는 데 방해가 될 뿐입니다.
> _야마시타 슌이치, 후쿠시마 원전 폭발 8일 뒤인 3월 20일 이와키시 강연에서

> 사실 방사선의 영향도 싱글벙글 웃는 사람에게는 찾아오지 않습니다. 걱정하며 끙끙대는 사람에게 찾아오죠.
> (…) 웃음은 여러분의 방사선 공포증을 없애줍니다.
> _야마시타 슌이치, 후쿠시마 원전 폭발 9일 뒤인 3월 21일 강연에서

(이 악명 높은 인물에 관해서는 앞에서 자세한 이력을 언급해놓았다.)

엑스레이 사진, 의료용 방사선과의 비교, 자연계에서 노출되는 방사선과의 비교……. 도대체 이들은 어디서부터 잘못되어 그토록 많은 피해자를 만들어낸 것일까! 무슨 이유로 실제 피해 사례로부터 눈을 돌리려는 것일까!

4장

$\times$

글로벌 우라늄 산업의 탄생

방사선·방사능의 위험성은 어떻게 밝혀진 것일까

핵실험과 원전 사고로 대규모의 무시무시한 피해가 발생했음에도 불구하고 그 피해는 어째서 오늘날까지 방치돼온 것일까? 인류에게 방사능의 위험성을 숨겨온 이유는 무엇일까? 아니, 애초에 왜 핵실험을 했어야 했는가? 그러나 이런 문제를 논의하기 전에 방사능의 위험성이 밝혀진 경로를 아는 게 우선이다.

후쿠시마 사고로 인한 피해를 은폐한 당사자인 ICRP와 IAEA, 그리고 일본의 나가타키 시게노부, 야마시타 슌이치, 원자력 관료들은 역사적으로 음지에서 국제적 활동을 펼쳐왔다. 이들에 관해 제대로 알아두지 않으면 일본인은 과거 비통한 경험을 한 피해자들과 똑같은 운명을 겪을 것이다. 이제부터 여러분은 상상을 초월하는 장대한 역사를 알아갈 것이다.

악마와 다름없는 이들의 탄생 일화를 살펴보면, 어느 동화 속 이야기처럼 아주 먼 옛날 옛적의 일로 거슬러 올라간다…….

파리 시민이 바스티유 감옥을 습격해 프랑스 혁명이 발발했던 1789년 여름의 일이다. 독일 화학자 마르틴 클라프로트가 피치블렌드 pitchblende라는 광석에서 추출한 산화물을 '기적의 반#금속'이라 일컬으며 이와 관련된 논문을 1789년 9월 24일 베를린 과학아카데미에 제출했다. 클라프로트는 이 새로운 원소의 이름을 당시 막 발견된 천왕성의 이름인 우라노스Uranus를 따서 우라늄uranium이라고 지었다.

피치블렌드는 오늘날 '역청 우라늄광'으로 알려진 우라늄의 주요 광석이다.

그로부터 반세기가 지난 1841년에는 프랑스인 화학자 장 페리고가 금속 칼륨을 사용해 염화우라늄(IV)UCl₄을 환원시켰으며 이 반응으로 화합물이 아닌 금속 우라늄을 만드는 데 처음으로 성공했다. 1870년에는 우라늄이라는 금속이 지구상에 존재하는 가장 무거운 원소라는 사실이 밝혀진다.

어째서 인류는 이렇게 오래전부터 우라늄을 연구하고, 이를 이용하려고 한 것일까? 물론 그 이유는 오늘날처럼 핵무기나 원자력 때문이 아니었다. 광물의 이용 가치는 우라늄의 산화물과 염화물이 방출하는 선명한 색에 있었다. 이는 녹색 형광을 발산하는 황색 유리나 도자기의 유약으로 쓰이는 오렌지색, 황색, 빨간색, 녹색 빛을 내는 염료의 하나로 이용됐다. 우라늄을 사용한 유리 및 도자기 염색 기술은 오랜 시간 동안 지금의 체코 서부 지방인 보헤미아의 독점적인 기술로 전승되어 왔다. 이것이 바로 합스부르크제국에서 성장한 그 유명한 보헤미아 유리 공예다.

또한 1839년 프랑스에서 등장한 사진 기술에 우라늄 화합물이 착색 제로 사용되기 시작한다. 이렇게 우라늄은 19세기인 1800년대부터 채굴돼온 것이다. 그러나 이로 인해 유럽에서는 전체의 40~50퍼센트에 달하는 수많은 광부가 암으로 죽기 시작했다. 이런 상황을 알아챈 근대 의학의 아버지 루이 파스퇴르는 우라늄의 위험성에 대해 경고했다. 이렇듯 우라늄 광물의 위험성이 처음 알려진 것은 지금으로부터 한 세기 전의 일이었다.

그러나 그 원인이 '방사능' 때문이라는 점은, 파스퇴르는 물론이거니와 과학자들도 전혀 몰랐다.

한편 신대륙 아메리카에서는 1870년에 존 데이비슨 록펠러라는 남자가 '스탠더드오일'이라는 회사를 설립해, 자신은 사장 자리를 차지하고 남동생 윌리엄은 부사장으로 앉힌 뒤 만전 태세로 새로운 회사의 시작을 알린다. 그들은 원유를 수송하기 위한 철도와 송유관을 하나씩 점령해나갔다. 그로부터 10년 뒤인 1880년에 스탠더드 사는 미국 전체 석유의 95퍼센트를 독점했고, 이들에게 대적할 만한 상대는 더 이상 없었다.

록펠러 석유 부호가 탄생한 게 바로 이 시기였다. 때마침 1880년대에 가솔린 자동차가 등장하면서 석유 산업은 더욱 활기를 띠었고, 이윽고 20세기에 접어든다.

이렇듯 19세기 말에는 아직 미지의 분야였던 '우라늄 원자력'과 '석유'라는 두 에너지 자원이 동시에 전 세계를 술렁이게 만들었다. 지금 보면 석유 에너지와 원자력 에너지가 경합하는 구도이지만, 한때 미국

존 데이비슨 록펠러

과 유럽에서는 같은 인물이 이들 두 가지 자원을 조합하여 1970년대에 시작된 오일 쇼크를 역이용하기도 했다. 막대한 금융자본을 쏟아부어 '방사능 안전론'을 강력히 추진하기 시작한 것이다.

엑스레이의 발견과 알려지지 않은 에디슨의 본모습

1895년 12월 28일 독일의 물리학자 빌헬름 뢴트겐은 실험 장치에서 눈에 보이지 않는 빛이 방출되는 현상을 발견했다. 이 빛(방사선)은 다양한 물체를 투과하는 능력을 지니고 있었기에 그는 '미지의 X'라는 의미를 담아 '엑스선'이라는 이름을 붙였다. 그리고 이듬해인 1896년 1월 23일, 엑스선으로 인체의 뼈를 촬영할 수 있다는 사실이 밝혀졌다.

토머스 에디슨

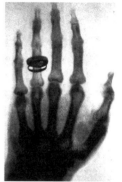
인류 최초의 뢴트겐 사진

　토머스 에디슨은 이 놀라운 발견 소식을 전해 듣는다. 그는 측음기와 백열전구(전구)를 발명했는가 하면, 발전기를 만들고 1882년에는 뉴욕 중앙발전소의 대규모 발전에 성공했으며, 1913년에는 발성 영화의 영사기를 발명하는 등 발명왕으로 불렸다. "천재는 1퍼센트의 영감과 99퍼센트의 땀"이라는 말로도 유명하다. 하지만 '발명왕 에디슨'은 위인전에 적힌 이런 말과는 전혀 다른 성격의 인물이었다.

　에디슨의 본성을 잘 아는 사람들은 그의 본거지인 동부 뉴저지주의 이름을 따 그를 '멘로파크의 마법사'라고 불렀으며, 발명품은 '황금알을 낳는 거위'라 일컬었다. 다른 사람이 무엇인가를 발명하면 곧바로 에디슨의 시중이 한걸음에 달려가서 "에디슨의 이름으로 내보내면 잘 팔릴 것이다. 전 세계에서 에디슨의 발명품을 기다리고 있다"는 말 한마디로 그들의 명예를 가로챘고, 특허를 따낸 후 **에디슨의 새로운 발명**'을 대대적으로 팔기 시작했다. 실제로 '롤필름'을 개발하여 영화 상영을 성공으로 이끈 것은 조지 이스트먼이며, 영화에 필요한 연속 사진의 고속 촬영기 사용을 가능케 한 '크로노포토그래픽 건Chronophoto-graphic Gun'이라는 카메라를 발명한 사람은 프랑스인 에티엔 쥘 마레였다. 어둠상자 속으로 은밀한 장면들을 들여다볼 수 있는 에디슨의 영사기 '키네토스코프'는 에디슨의 조수인 로리 딕슨의 발명품이었으며, 이를 스크린에 영사한 이는 프랑스인 뤼미에르 형제였다. 에디슨 명의로 된 또 다른 영사기 '바이타스코프'는 토머스 아맷과 C. 프랜시스 젱킨스의 발명품을 훔친 것이었다. 1902년, 1906년 잇달아 특허권 소송을 벌인 에디슨은 거듭 패소하면서 조금씩 발명왕이라는 가면을 벗게된다.

모건, 에디슨을 지원하고 GE를 창설하다

하지만 에디슨에게는 미국 최대의 금융·철도 부호인 존 피어폰트 모건이라는 인물이 있었다. 모건은 그의 제품을 사업화하는 데 있어 버팀목이 돼주었다. 당시 최대 산업 분야는 록펠러가 장악한 석유산업과 함께 호황을 누리던 철도, 그리고 철로를 까는 데 필요한 철강 산업이었다. 이 모든 것을 금융왕 모건이 지배했다.

이윽고 전신에서 전화, 발전소까지 지배한 모건상사는 백열전구를 발명한 에디슨을 위해 에디슨일렉트릭라이트라는 회사를 설립해주었으며, 이 회사는 1890년에 에디슨제너럴일렉트릭 사로 거듭난다. 그리고 2년 후에는 또 다른 경쟁사와 합병하여 1892년 제너럴일렉트릭GE

존 피어폰트 모건

이 설립되기에 이른다. GE는 세계적으로 '원자력 제국'을 구축함과 동시에 핵무기를 손아귀에 넣으면서 '원자·수소폭탄의 총본산'이 될 거대 기업의 탄생을 알린다.

한편 에디슨은 1896년에 뢴트겐 박사가 발견한 엑스선을 계기로, 엑스선 화상을 볼 수 있는 엑스선 투시 장치를 발명했는데, 그 실험 대상으로 조수 클래런스 달리가 선택됐다.

실험을 위해 양손, 양발이 잇달아 엑스선에 노출되었던 달리는 피부암으로 양손, 양발을 모두 절단해야 했으며, 결국 암으로 사망한다. 이때 처음으로 에디슨은 엑스선의 위험성을 실감하고 모든 엑스선 연구를 중단한다.

유럽에서 마리 퀴리를 지원한 로스차일드 가문

다시 유럽으로 돌아가서, 엑스선을 사용한 엑스레이 사진이 개발된 해인 1896년의 일이다. 프랑스인 앙리 베크렐은 어쩌다 사진 건판乾板 구석에 광석을 두었는데, 우연히 이 건판이 강하게 감광하는 것을 목격하고 이상하게 생각한다. 그 광석은 검은색 종이로 감싸서 빛이 통하지 않는 상태였는데, 사진 건판이 감광했다는 것은 불가사의한 일이었다. 도대체 무엇이었을까?

그것은 바로 우라늄이었다. 베크렐의 집안은 대대손손 물리학자 집안이었으며, 그중에서도 광물 및 금속과 깊은 연관이 있었을 뿐 아니라 앙리 베크렐 역시 토목 엔지니어로 광물에도 흥미를 가지고 있었다. 그렇기 때문에 그는 플러스 전기를 띠는 미지의 광선(알파선)이 방출되는 것을 발견하자, 자연계에 존재하는 이 방사선을 '방사능'이라 명명했다.

그 무렵 파리로 건너 온 폴란드인 여성 마니아 스크워도프스카는 피에르 퀴리와 결혼한다. 이들 퀴리 부부에게 중요한 파트너가 된 사람이 방금 언급한 '인류 최초로 자연계의 우라늄 방사능을 발견한 과학자' 앙리 베크렐이었다. 방사능 연구에 돌입한 퀴리 부부는 1898년에 새로운 방사성 원소를 발견한 후, 이들의 고향 폴란드의 알파벳을 따서 폴로늄polonium이란 이름을 붙였다. 퀴리 부부는 뒤이어 방사선radiation을 내뿜는 물질을 발견했고, 이번에는 라듐radium이라고 일컬었다.

베크렐과 퀴리 부부 세 사람은 1903년 노벨 물리학상을 수상한다.

모두 어디선가 들어본 적이 있는 이름일 것이다. 2011년 후쿠시마 원전 사고 발생 이후에 일본 내 식품 오염 기준이 1킬로그램당 500베크렐

라듐을 발견한 마리 퀴리

이라는 말도 안 되게 높은 수치로 정해졌는데, 이듬해에 100베크렐로 하향 조정되어 지금에 이른다. 한편 1986년 소련의 체르노빌 원전 사고 발생 이후 1제곱킬로미터당 세슘137의 농도가 1퀴리 이상인 지역이 위험 지대로 지정되었다. 이처럼 방대한 양을 측정할 때는 퀴리라는 단위를 사용하고, 식품 등에 함유된 적은 양을 측정할 때는 베크렐을 사용하며, 1퀴리는 370억 베크렐로 환산할 수 있다.

이를 통해 알 수 있듯이, 우리가 현재 사용하는 방사능 단위인 베크렐과 퀴리는 1세기 전에 노벨상을 수상한 이들의 이름이다.

마리 퀴리가 활약하던 당시 유럽에서 제일가는 유대인 금융왕 나탄 로스차일드의 증손인 대부호 앙리 로스차일드는 파리에서 마리 퀴리의 발견에 주목해 그녀의 연구를 위해 라듐 제조소를 세운다. 그가 바로 살균·위생 관련 잡지를 창간하고 병원을 세운 의사 독토르 앙리 로스차일드다. 그는 흘러넘치는 돈을 주체하지 못하고 '에로스 호號'라 이

름 붙인 호화 요트에 여자 배우들을 불러 모으는 등 인생을 즐긴 난봉
꾼이었다. 게다가 보르도의 포도 농장을 경영하며 최고급 와인인 무통
로칠드를 제조하기도 했다.

세계에서 제일가는 로스차일드 금융 부호가 라듐에 관심을 보이면
서 이후 원자력산업을 주도하게 된다. 무릇 로스차일드 가문은 화폐 교
환으로 재산을 일구었고, 이후에도 금, 은, 다이아몬드 및 보석 분야를
장악했기 때문에 광물에 있어서는 세계 제일이었다. 그리고 마리 퀴리
를 지원한 난봉꾼 독토르 앙리의 부인은, 로스차일드 가의 광산 이권
을 쥔 '리오틴토징크'라는 거대 회사를 경영하는 집안이었다.

나중에 리오틴토징크 사는 남아프리카 우라늄 광산의 이권을 손에
넣었다. 그리고 이는 마리 퀴리가 있던 프랑스가 오늘날 '세계 최고의
원자력 제국'을 구축하는 시초가 된다. 이렇듯 서구세계에서는 로스차
일드 가문이 전 세계의 우라늄 광산을 지배하면서 오늘날까지 인류 역
사상 최대의 카르텔을 형성해왔다.

그러나 마리 퀴리의 남편 피에르 퀴리는 노벨상을 수상한 지 3년 남
짓 지난 시기에 대학교에서 돌아오는 도중 마차에 치어 즉사하는 비참
한 운명을 맞는다. 남겨진 마리 퀴리 일가에도 잇달아 병마가 덮치기
시작했다. 그도 그럴 것이 지금으로부터 30년도 더 전인 1984년 파리에서
경매에 붙여진 마리 퀴리의 노트에서는, 사용된 시기로부터 80년이나 지난 시
점까지도 강력한 방사선이 검출됐다. 80년 전 직접 노트에 글을 쓰던 마
리 퀴리가 얼마나 강력한 방사능에 노출되었을지를 가늠할 수 있다. 결
국 라듐을 정제해 방사능의 발생원을 찾아낸 마리 퀴리는 방사선에 피
폭돼 1934년 7월 4일 백혈병으로 사망한다.

퀴리 부부에게는 이렌과 이브라는 두 딸이 있었는데, 이브는 작가가 됐으며 이렌은 엄마와 같이 방사능 연구를 했다. 이렌의 남편 프레데리크 졸리오는 이후 성에 퀴리를 덧붙여 프랑스 원자력 부처의 초대 장관이 된다. 일가에서 여섯 명이 여섯 번이나 노벨상을 수상하는 대단한 방사능 집안이 탄생한 것이다. 그러나 마리 퀴리에 이어 이렌 졸리오퀴리와 그녀의 남편 프레데리크 졸리오퀴리까지 모두 백혈병으로 목숨을 잃는다. 방사능을 다루면서 백혈병으로 죽지 않은 이는 마차에 치여 죽은 피에르 퀴리뿐이었다.(방사능에 손대지 않은 마리 퀴리의 딸 이브는 102세까지 살았다.)

야광 도료에 피폭된
여성 노동자들과 ICRP의 모체

역사적 사례를 돌이켜보면, 파스퇴르가 경고한 바 있는 우라늄 광산 채굴 노동자들의 암으로 인한 사망과 에디슨의 조수 달리의 비참한 죽음, 퀴리 집안사람들이 하나둘 백혈병으로 쓰러진 사실 등 방사능의 위험성은 인류가 일찍부터 알고 있었다. 그중에서도 옛날 자명종은 가장 결정적인 역할을 했다.

20세기 초의 자명종은 야광 염료를 칠하면 한밤중에도 시곗바늘과 글자판이 초록색으로 빛나 보였기 때문에 매우 귀하게 여겨졌다. 이렇듯 형광 초록색을 내뿜는 자명종은 전후 일본에서도 이용됐으며, 나도 어렸을 적에 크리스마스 선물로 받고 뛸 듯이 기뻐했던 기억이 있다. 그

만큼 세계 곳곳에 보급돼 있었다.

그러나 이 초록색 형광 염료에는 마리 퀴리가 발견한 라듐이 사용됐다. 라듐이 방사성 물질이기 때문에 19세기에 우라늄 염료처럼 시계의 야광 염료로 대량 이용된 것이다.

라듐은 방사능이 반으로 줄어드는 데 걸리는 기간(반감기)인 1600년 간 알파선과 감마선을 내뿜는다. 알파선은 맹독 물질인 플루토늄이 방출하는 방사선처럼 엄청나게 강력한 에너지를 지닌다. 한편 감마선은 후쿠시마 원전 사고로 방출된 세슘이 내뿜는 방사선과 같다. 시계에 야광 염료를 도포하던 여성 공장 노동자들은 그 위험성을 알지 못한 채 염료를 칠하던 붓을 예리하게 만들기 위해 붓끝을 혀로 핥아가며 작업했다. 다큐멘터리 영화 「라듐 시티」(1987)에는 일리노이주 오타와의 야광 염료 공장에서 일하던 노동자들이 등장하는데, 대부분이 고등학생 소녀들이었다.

라듐은 칼슘 계열 원소이기 때문에 스트론튬처럼 뼈에 축적된다. 그 결과 라듐 방사능으로 인해 처참한 일이 발생했다. 마리 퀴리의 운명을 똑같이 좇기라도 하듯, 수천 명에 달하는 여성 노동자가 피폭된 것이다.

이들의 증상을 보면, 초기에는 빈혈로 시작해 백혈구가 현저히 감소하기 시작하며 점점 면역력을 잃게 된다. 감염증으로 인해 턱 뼈에서 골수염이 나타나고, 백혈병 및 뼈육종이 빈번하게 발생할 뿐 아니라 수많은 이가 암에 걸리기 시작하면서 대부분의 노동자가 젊은 나이에 목숨을 잃었다. 이 일로 인해 과학계 및 의학계에서 순식간에 이슈가 된 방사능의 위험성은 전 세계로 널리 알려진다.

하지만 당시 일반 시민은 이런 노동자들의 사정을 알면서도 자신들

시계의 문자판에 야광 염료를 칠하는 여성 노동자들
영화 「라듐 시티」 © 1986 by Carole Langer, 유튜브에서 볼 수 있음

과 관계가 없는 일로 여기고, 대부분 그 문제에 큰 관심을 두지 않았다. 이는 매일 후쿠시마 원전 사고가 발생한 위험 현장에서 일하다 대량으로 피폭된 수천 명에 달하는 노동자의 건강 상태에 이렇다 할 관심을 보이지 않는 현재 일본인의 모습과 다를 바 없다. 인간은 먼 관계에 있는 타인의 불행에 대해 배려할 줄 모르는 생물인 것이다.

적어도 과학자나 의학자 들 사이에서는 방사선 피폭이 사회적 문제로 부상했던 시대인 20세기 초, 1927년부터 미국의 유전학자 허먼 조지프 멀러는 초파리를 이용한 방사선(엑스선) 연구로 생물의 돌연변이를 발견했다. 이는 방사능의 '유전적 위험성'이 자손의 자손으로까지 몇 세대에 걸쳐 이어진다는 사실을 알린 중대한 발견이었다. 이를 계기로

1928년 방사선 의학 전문가들을 중심으로 엑스선과 라듐에 의한 '과잉 피폭'의 위험성을 알리는 '국제엑스선및라듐방호위원회IXRPC'가 설립된다.

그리고 스웨덴 국립방사선방호연구소의 초대 소장인 롤프 막시밀리안 시베르트가 IXRPC 위원회의 위원으로 취임한다. 그는 방사선 측정기 개발자였다. 이 이름 역시 그리 낯설지 않을 것이다. 현재 일본 국내법에서 "일반인의 연간 피폭량 한도는 1밀리시버트다"라고 할 때, 피폭량의 단위가 바로 그의 이름 시베르트에서 유래되었다.

마리 퀴리가 방사선 피폭에 의한 백혈병으로 사망한 1934년, 처음으로 IXRPC에서 허용 선량 수치가 발표된다. 인간이 쐬어도 되는 방사선량의 기준을 정한 것이다.

즉, 현재 많은 사람에게 알려진 수상쩍은 방사능의 '안전' 기준이라는 것이 IXRPC에 의해 생겨났다는 말이다. 이 위원회가 활동하던 시대부터 현재 ICRP가 탄생하기까지의 경과를 제대로 정리해보자.

ICRP 연혁(렘은 밀리시버트로 환산하여 표시함)

- 1928년 IXRPC(International X-ray and Radium Protection Committee) 설립.
- 1934년 IXRPC, 처음으로 허용 선량 수치 발표.
- 1950년 ICRP(International Commission on Radiological Protection)으로 명칭 변경.

  원자력 관련 작업자의 허용 선량을 150밀리시버트로 설정.
- 1954년 연간 허용 한도를 원자력 작업자는 50밀리시버트, 일반인은

15밀리시버트로 설정.

- 1958년 연간 허용 한도를 일반인 15밀리시버트에서 5밀리시버트로 하향 조정.
- 1985년 연간 허용 한도를 일반인 5밀리시버트에서 1밀리시버트로 하향 조정.
- 1990년 원자력 작업자의 허용 한도를 5년간 100밀리시버트 미만으로 하향 조정.

사실 이 같은 연혁에는 네바다주 핵실험으로 처참한 피해자를 발생시킨 '원자·수소폭탄 개발의 역사'가 복잡하게 얽혀 있었다……

위 내용에 따르면 ICRP가 출범한 1950년은 이미 히로시마, 나가사키에 원자폭탄이 떨어진 지 5년이 지났을 무렵이고, 네바다에서 대기권 내 핵실험이 시작되기 한 해 전이었다.

실제로 ICRP는 IXRPC를 그대로 계승한 것이 아니며 뒤에서 언급할 AEC, 즉 원폭 실험을 실시한 원자력위원회 산하의 의학 부문을 관장하는 미국방사선방호위원회NCRP의 인맥을 이어받은 조직이었다. NCRP의 제1위원회가 외부 피폭被爆 및 피폭被曝을 담당하고, 제2위원회가 내부 피폭을 담당했으며, 초대 위원장으로 오크리지 국립연구소의 세계적인 보건물리학자 칼 모건이 위임됐다.

외부 피폭被爆이란 원자·수소폭탄의 '폭탄'에 의한 섬광(감마선 및 중성자선)을 쐬는 것을 말한다. 그리고 마지막 한 글자의 한자만 다른 외부 피폭被曝이란, 폭탄의 섬광이 아닌 세슘 및 아이오딘 등 방사성 물질에서 나오는 방사선이나 엑스선을 대기 중에서 직접 쐬는 것을 말한다.

즉 둘 모두 외부에서 입은 피폭이다. 한편 음식물과 음료수, 공기 등을 통해 몸 안으로 방사성 물질이 들어오는 것은 이와 구분해 내부 피폭被曝이라 한다.

아토믹솔저들의 피해가 외부 피폭被爆 및 피폭被曝, 내부 피폭에 모두 해당되었던 반면, 핵실험장에서 멀리 떨어진 곳에 위치한 세인트조지 주민이 암에 걸리고 그로 인해 목숨을 잃게 된 것은 바로 내부 피폭이 원인이었다. 내부 피폭에 대한 논의가 도마 위에 오르면 원자·수소폭탄에 의해 방출되는 죽음의 재(방사성 물질)가 지극히 위험한 물질이라는 사실이 밝혀질 것이며, 결과적으로 원자·수소폭탄 개발을 위한 원자력 추진 정책을 진행할 수 없게 된다. 그렇기 때문에 이듬해인 1951년(네바다에서 대기권 내 핵실험이 시작된 해) ICRP에서는 가장 위험한 내부 피폭을 논의하고 연구하기 위한 제2위원회를 폐지하겠다는 결정을 내린 것이다.

어째서 이런 말도 안 되는 상황이 초래되었을까?

그 이유를 밝히려면 우선 ICRP와 그 분신인 IAEA가 생겨난 경과를 알아야 한다.

5장

✕

원자폭탄으로 막대한 부를
독점한 핵자본 네트워크

원자폭탄에 관한 아이디어

원자·수소폭탄 개발이 현대 원자력산업으로 넘어오면서 어떤 방식으로 사회를 잠식해나갔는지를 살펴보자. 사실 현대인이 몰랐던 모든 정답이 '얼마 전에 발생한 중대한 어느 사건'에 숨어 있었다.

시계에 야광 염료를 바르던 때보다 조금 더 전으로 시곗바늘을 돌려보자.

1938년 12월, 독일인 화학자 오토 한과 프리츠 슈트라스만은 우라늄에 중성자라는 입자를 충돌시켰을 때 우라늄보다 원자량이 반 정도 더 작은 원자인 바륨이 만들어지는 것을 보고 그 원인이 '우라늄 원자가 갈라진 핵분열'에 있음을 발견한다.

이 세계적인 발견은 대서양을 건너 미국 프린스턴대학 교수 닐스 보어를 통해 엔리코 페르미에게 전해졌다. 페르미는 이탈리아 물리학자로 1938년 노벨 물리학상을 수상했다. 유대인이던 부인 라우라와 함께 노벨상 시상식에 참석하기 위해 스웨덴 스톡홀름을 방문했을 때, 그는 파시스트 독재자 무솔리니의 박해로부터 벗어나기 위해 그대로 미국으로 망명한다.

한과 슈트라스만이 발견한 원자핵분열 현상은 전 세계 물리학자들에게 매우 중요한 의미가 있었다. 왜냐하면 1905년에 아인슈타인이 $E=mc^2$이라는 수식을 발표했기 때문이다. 아인슈타인은 상대성이론에 의해 '질량과 에너지는 상호 교환되는데 이때 그 관계를 $E=mc^2$이라는 식으로 나타낼 수 있다'는 사실을 증명해 보였다. 그 이름도 유명한 $E=mc^2$라는 수식의 기호를 살펴보면 다음과 같다.

E = 에너지

m = 질량

c = 진공 중 광속도 2.9979×10^{10}cm/sec

그 이후, 우라늄235의 원자핵이 중성자와 결합하여 핵분열을 하면 분열로 인해 생겨난 원자 질량의 합계가 우라늄의 원자핵을 만드는 양성자와 중성자의 질량을 합한 것보다 더 작아(가벼워)진다는 사실이 밝혀진다. 이는 질량 m이 에너지 E로 변환되면서 방출되기 때문이라고 생각되었다. 즉 원자핵이 분열하면서 어마어마한 에너지가 방출된다는 사실을 아인슈타인의 수식에 포함된 광속도 C(약 30000000000이라는 크기)를 통해 추론할 수 있었다. 게다가 우라늄 1킬로그램에 포함된 원자 수는 2.5×10^{24}, 즉 2500000000000000000000000개에 달했기 때문에 핵분열을 할 때 발생하는 열량의 크기는 TNT화약으로 환산했을 때 엄청난 에너지가 되는 것이었다.

여기서 원자폭탄이라는 무기에 대한 아이디어가 탄생한 것이다!

이듬해인 1939년 3월, 미국 정부는 컬럼비아대 공학부장으로부터 지금까지 없던 파괴력을 지닌 원자폭탄이라는 무기를 만들어보면 어떻겠느냐는 진언을 받는다.

1939년 10월 11일에는 이미 유대인 탄압이 계속되던 유럽을 떠나 미국으로 건너와 있던 유대인 아인슈타인이 8월 2일 자로 서명한 서신이 프랭클린 루스벨트 대통령에게 보내졌는데, 여기에는 '나치스 독일에서 원자폭탄을 제조하고 있을 가능성이 있다'는 경고의 메시지가 담겨 있었다.

아인슈타인이 보낸 서신의 요지는 다음과 같았다.

엔리코 페르미와 레오 실라르드의 연구에 따르면 우라늄의 연쇄반응에 의해 새로운 에너지를 만들어낼 수 있으며, 이를 통해 엄청난 위력을 지닌 신형 폭탄의 제조도 가능하다. 미국에는 이에 필요한 충분한 양의 우라늄이 없다. 우라늄의 주요 산지는 캐나다와 체코슬로바키아, 벨기에령 콩고 등이다.

따라서 우라늄 및 자금 확보가 절실하다.

독일에서는 국무차관의 아들 바이츠제커가 이 연구에 관여하고 있다.

제대로 읽어보면 이 편지도 어딘가 수상쩍은 느낌이 든다. 무기 제조를 권고하는 과학자가 다짜고짜 우라늄 및 자금 확보가 절실하다며 마치 사업가 같은 말을 하고 있다. 이것이 아인슈타인 서한의 특징이다. 아인슈타인에게 이 편지를 쓰게 한 사람은 서신에 등장하는 레오 실라르드 본인으로, 그는 H. G. 웰스의 과학소설을 보고 원자폭탄 제조의 착상을 얻었다고 한다. 실제로 서신은 실라르드가 쓴 것에 아인슈타인이 서명을 했을 뿐이었다. 이미 실라르드는 연쇄반응에 의해 연속적인 핵분열이 가능하다는 사실을 3월의 실험으로 확인한 상태였으며, 우라늄폭탄을 만들어낼 구상도 어느 정도 계획해놓고 있었다.

그렇다면 실라르드가 이런 편지를 쓰도록 부추긴 이는 누구였을까?

제2차 세계대전, 원자폭탄 제조 계획에 시동이 걸리다!

대통령이 이 편지를 전달받기 약 한 달 전인 1939년 9월 1일, 독일의 폴란드 침공으로 제2차 세계대전이 발발했고 이틀 뒤에는 영국과 프랑스가 독일에 선전포고를 했다!

10월 11일에 8월 2일 자 아인슈타인 서신을 받은 루스벨트 대통령은 이튿날인 12일 우라늄폭탄 제조에 착수하라는 명령을 내렸으며, 이 작전의 수뇌부에 우라늄고문위원회Advisory Committee on Uranium가 설립되는 등 초극비리에 계획이 진행됐다. 여기서 '초극비'라고 한 이유는 루스벨트가 급사한 이후 대통령으로 취임한 부통령 트루먼조차 루스벨트가 죽을 때까지 이 작전에 대해 알지 못했기 때문이다. 그러나 이보다 더 놀라운 것은 전선에서 최고 지휘관이던 태평양전쟁의 맥아더 장군이나 니미츠 해군제독, 그리고 노르망디 상륙작전을 지휘했던 아이젠하워 장군조차 원자폭탄이 사용되기 직전까지 이 작전계획에 대해 몰랐다는 사실이다.

그렇다면 이 작전에 대해 알고 있던 이들은 누구였을까?

개전으로부터 8개월이 지난 1940년 4월, 영국 공군은 원자폭탄 제조 및 사용 가능성을 조사하기 위한 위원회를 설립하고 검토한 결과 엄청난 폭발력을 지닌 폭탄 제조가 가능하다는 결론을 내린다. 그리고 이 사실이 미국 정부에 전해지면서 미국도 원자폭탄 제조에 적극적으로 나서게 된 것이다.

이때 영국 정부는 신속히 특수 폭탄 제조 연구를 시작하라는 명령을 내리는 한편, 적국인 나치스 독일 역시 이를 제조할 수 있으리라는, 아니 어쩌면 이미 제조에 착수했을지도 모른다는 위기감을 느꼈다. 앞서 언급했듯이, 개전하기 전년도에 우라늄의 핵분열을 발견한 한과 슈트라스만이 독일인이었기 때문이다. 게다가 독일에서는 마치 우라늄 핵분열의 연쇄반응을 밝혀내기라도 한듯 일찍이 나치스가 체코슬로바키아에 있는 우라늄 광산을 점령하고 있었다.

이에 대항하듯 영국은 수백 명의 연구원을 투입하고, 원자폭탄 제조에 필요한 중수重水를 확보하기 위해 온 힘을 쏟는다. 당시 중수는 유럽에서 유일하게 노르웨이의 노르스크휘드로 사에서 제조됐기 때문에 영국은 나치스보다 앞서 노르웨이의 중수를 전부 사들인 후 프랑스로 옮기고자 했다. 중수란, 방사성 물질인 중수소와 산소가 결합돼 만들어진 무거운 물을 의미한다. 어째서 이들은 중수를 필요로 했을까?

천연 우라늄에는 핵분열하는 우라늄235가 겨우 0.7퍼센트밖에 포함돼 있지 않다.(나머지 99.3퍼센트는 핵분열을 하지 않는 우라늄238이다.) 우라늄 235는 속도가 느린 중성자와 부딪히면 핵분열을 일으키기 쉬운 상태로 변한다. 따라서 지금도 전 세계에서는 원자력발전을 위해 우선 천연 우라늄에 미량으로 존재하면서 핵분열하는 우라늄235를 특정 비율로 농축한다. 그리고 핵분열로 튀어나온 속도가 빠른 중성자를 평범한 물속에 통과시켜 속도가 느린 중성자로 바꾼(감속시킨) 후 이것을 우라늄235에 쏘아 핵분열을 용이하게 만든다.

이때 우라늄235를 90퍼센트 이상의 고농도로 농축시키면 순식간에 핵분열 연쇄반응이 일어나면서 효율적으로 원자폭탄을 만들 수 있는 것이다. 그러나 당시에는 아직 우라늄235를 농축시킬 기술이 없었다. 따라서 원자폭탄을 제조하기 위해 '중수를 사용하면 보통 물이랑 똑같이 중성자 속도를 줄일 수 있었다. 뿐만 아니라 중수는 수소의 원자핵에 중성자를 가지고 있기 때문에 보통 물보다 중성자를 흡수하기가 더 어려우므로 (핵분열을 덜 방해하기 때문에) 농축되지 않은 천연 우라늄을 사용해도 핵분열 연쇄반응이 가능하다'는 점에서 필수불가결한 존재였던 것이다.

그런데 전쟁이 시작된 이듬해인 1940년 6월 10일 '중수를 지닌 노르웨이'가 독일에 항복했으며, 6월 14일에는 독일군이 파리로 무혈입성한다. 이렇듯 노르웨이와 프랑스가 잇달아 나치스에 점령당하는 위기 상황에서 영국 군부는 가까스로 영국의 케임브리지연구소로 중수를 옮기는 데 성공한다. 그러나 이것만으로는 안심할 수 없었기에, 1943년 2월에는 노르웨이 공장에 게릴라 부대를 잠입시켜 독일 병사가 경호하던 중수 공장의 주요 시설을 파괴함으로써 독일에서 원자폭탄 제조를 할 수 없게 만들었다.

한편 미국에서는 이와 같은 신형 폭탄을 제조할 만한 대량의 우라늄을 확보할 방도가 없어 보였으나, 유럽에서는 가능할 듯했다. 아인슈타인의 편지에도 적혀 있었듯이 아프리카 콩고(지금의 콩고민주공화국)에 풍부한 우라늄이 묻혀 있는 광산이 있었다. 이를 광산회사 위니옹미니에르가 지배했으며, 그곳을 벨기에가 식민지로 삼았다. 영국의 해군 장관 처칠은 이러한 사정을 일찍부터 알고 있었다. 처칠 일족이 위니옹미니에르 사의 중역실 소속이었기 때문에 처칠은 신속하게 조치를 취해 우라늄 확보에 나설 수 있었다.

그러나 나치스 독일은 개전 이듬해인 1940년 5월 10일 벨기에, 네덜란드, 룩셈부르크 등 베네룩스 3국에 최후통첩을 보내는가 싶더니, 순식간에 기습 공격을 가하며 이 국가들을 점령해버렸다. 따라서 연합국 측은 '벨기에 경유'로 콩고의 우라늄을 입수할 수 없게 됐다. 영국의 체임벌린 총리는 히틀러의 야망을 잠재우기 위해 독일을 상대로 유화 정책을 폈으나, 베네룩스 침공 사건이 터지면서 사임하고, 5월 10일 전쟁을 일삼는 처칠이 총리 자리에 오르게 된다. 이때부터 거국 일치 내각이 조직되면서 제2차 세계대전이 본격적으로 시작된다. 루스벨트 대통령과 처칠 수상의 긴밀한 관계도 바로 이 시기에 확립된다.

연합국과 나치스 독일은 각각 다방면으로 지혜를 짜내가며 원자폭탄 제조 계획을 진행시키기 위해 촌각을 다투었다. 1940~1941년에 걸쳐 나치스 공군이 영국의 16개 도시를 공습하여 수도 런던에서만 100만 채의 주택이 큰 피해를 입는 등 위기를 맞는다. 물론 영국의 원자폭탄 연구소도 나치스의 공중 폭격을 받을 위험에 처해 있었다. 따라서 영국은 연구 조직을 대서양 너머 미국으로 옮기기에 이른다.

개전 1년 반 후인 1941년 2월 23일, 미국의 화학자 글렌 시보그 박사를 비롯한 연구자들은 UC버클리에서 사이클로트론이라 불리는 경원소輕元素 이온 가속기로 우라늄 중수소를 충돌시키는 방법을 써서 세계 최초로 플루토늄을 합성, 분리시켰다. 그리고 2월 28일에는 플루토늄 역시 핵분열을 일으킨다는 사실을 증명해냈다. 이로써 새로운 원자폭탄 재료가 탄생한 것이다!

그러나 이 시기 미국은 중립을 선언하고 아직 제2차 세계대전에 참전하지 않은 상황이었다······.

진주만 공격으로 일변한 세계

1941년 12월 8일(일본 시각 오전 2시), 광기에 사로잡힌 대일본제국 군대가 말레이반도 상륙을 시도하면서 아시아 침략을 개시했다. 그리고 오전 3시에는 하와이 진주만을 기습 공격한다.(하와이 시간으로 12월 7일 오전 8시.) 진주만 공격으로 미국 함선이 대량 파괴되고 군인 2326명이 사망했고, 1900명이 부상을 당했다!

기습이라기보다 대학살에 가까웠다.

진주만 공격이 있은 이튿날인 12월 8일, 격노한 루스벨트 대통령은 미국 의회에 일본을 상대로 한 선전포고 결의안을 제출한다. 이는 상원에서 만장일치로 가결되었고, 찬성 388표 대 반대 1표로 하원을 통과

진주만 공격을 받은 하와이의 미국 함선

한다. 미국과 영국은 곧바로 일본에 선전포고를 한다.

진주만 공격 소식을 듣고 누구보다 놀란 것은 히틀러와 무솔리니였다. 왜냐하면 그로부터 4년 전인 1937년 11월 6일에 일본, 독일, 이탈리아 3개국이 방공 협정을 체결했고, 1940년 9월 27일 베를린에서 외무장관인 마쓰오카 요스케松岡洋右(101쪽 계보도 참조. 아베 신조의 일족)가 히틀러 정권과 '일본, 독일, 이탈리아 3국 동맹'을 맺는 등 파시즘 추축樞軸 체제를 확립하고 있었기 때문이다. 따라서 자연히 독일과 이탈리아도 '일본과 손을 잡고 미국을 공격한 동맹'으로 간주되면서 미국이라는 대국을 적으로 삼아 전쟁을 해야 하는 상황에 처하게 된다. 히틀러와 무솔리니는 꼬박 이틀간을 고민한 끝에 3국 동맹으로 세계를 제패하자는 결론을 내리고, 3일째 되는 날 미국에 선전포고를 한다.

미국 대통령의 본심은 무엇이었을까? 미국인의 마음속은 진주만을 기습 공격한 일본인에 대한 증오로 가득 차 있었다. 루스벨트는 이날을 손꼽아 기다려왔다. 미국에서는 일찍이 진주만 공격을 예고한 암호문을 해독해놓고 어느 정도 상황 파악이 된 상태였다. 그런데도 기습당할 때까지 기다렸던 데는 나름의 사정이 있었다.

영국 수상 윈스턴 처칠은 이에 대해 회고록 『대동맹』에서 다음과 같이 증언했다.

루스벨트는 중립을 지키던 미국을 전쟁에 개입시키기를 강력히 바랐다. 그러나 그는 방법을 몰랐다. 따라서 일본군의 진주만 공격에 의해 미국 국민 전체가 일치단결하게 된 것은 루스벨트가 전쟁에 개입함으로써 지게 될 책임을 덜어주었다.

또 미 육군 참모총장 앨버트 웨더마이어 장군은 저서 『웨더마이어 리포트Wedemeyer Reports』에서 다음과 같은 사실을 언급했다.

진주만 공격 전날 일본의 암호문을 해독한 루스벨트는 일본의 기습을 사전에 알고 있었다. 대통령 고문이 예방 조치를 취하라고 진언했으나, 루즈벨트는 그럴 필요가 없다면서 "민주주의를 위해서는 훌륭한 기록을 남길 수 있도록 사태가 진전되기를 기다려야 한다"고 말했다.

대체 사태의 진전은 무엇을 의미하는 걸까?

일본이 진주만을 **기습하기 4일 전**에 미국 일간지 『시카고트리뷴』은 일면에서 '루스벨트의 전쟁 계획'을 특종으로 다루면서 대통령이 얼마나 전쟁을 기다리고 있는지를 보도한 바 있다.

바로 그 덫에 자진해서 걸리기라도 하듯 대일본제국이 진주만을 기습했던 것이다. 일본의 진주만 기습과 미국을 상대로 한 독일의 선전포고로 인해 세계 정세는 일변했다.

역사적으로 루스벨트는 제2차 세계대전에서 파시스트인 일본, 독일, 이탈리아 3국 동맹군을 무찌른 숭고한 인물로 칭송받지만, 그에게는 숨겨진 면이 있었다. 일단 대통령의 고문은 미국 최대 재벌인 모건상사의 회장 토머스 러몬트였다. 그리고 재무장관으로는 가까운 친구 사이였던 유대인 로스차일드 부호의 헨리 모건도가 임명되어 대통령의 자금 후원자 역할을 했다. 그렇기 때문에 독일에서 유대인을 탄압하고 학살하는 상황에 대해 격분하고 미국이 참전하기를 바랐던 것이다.

그리고 대통령의 아들 프랭클린 루스벨트 주니어는 미국 군수산업을 총괄하는 미국 제일의 폭탄 제조회사 듀폰 가문의 딸인 에설 듀폰과 결혼했으며, 모건상사와 공동 사업을 하는 관계이기도 했다. 다른 한 명의 아들인 제임스 루스벨트는 모건 가문과 록펠러 가문의 동지인 철도왕 해리먼 가문의 규벌에 속해 있었다. 이런 관계 속에서 루스벨트는 모건이 소유한 미국에서 제일가는 대기업 US스틸과 제휴했으며, 대통령 선거에서는 록펠러의 스탠더드오일, 모건의 죽음의 상인 듀폰, GE 등을 비롯한 군수 기업들이 루스벨트를 지원했다. 루스벨트 역시 히틀러나 처칠처럼 대단히 호전적인 인물이었던 것이다.

맨해튼 프로젝트는 어떻게 시작되었나

일찍이 원자폭탄을 제조하기 위한 아이디어가 있었으므로 바로 이듬해인 1942년 극비리에 원자폭탄을 제조하기 위한 '맨해튼 프로젝트'가 시작됐다. 히로시마와 나가사키에 원자폭탄이 떨어지기까지의 경과는 어느 책에서나 비슷하게 언급되어왔다. 모든 미국인과 일본인은 세계대전을 종식시키기 위해 원자폭탄을 투하했다는 식의 설명을 믿어왔다.

그러나 '어느 책에서나 비슷하게 언급되어온' 다음과 같은 역사는 거짓투성이다. 이 책을 제대로 읽어 내려가다 보면 독자도 금방 '어라? 좀 이상한데'라는 느낌이 들 것이다. 이제부터 소개할 내용을 통해 베일에 감추어져 있던 원자폭탄 제조의 진짜 범인을 밝혀내길 바란다.

애초에 원자폭탄 제조를 위해 소집된 과학자들은 이런 생각을 했다.

성냥개비를 162쪽의 그림처럼 나열해놓고 왼쪽 성냥개비에 불을 붙이면 어떤 일이 벌어질까?

그렇다. 차례차례 불타오를 것이다. 이와 똑같은 원리로 농축 우라늄은 핵분열로 튀어나온 중성자가 2개 이상이 되면 눈사태가 일어난 것처럼 핵분열 연쇄반응을 일으키면서 100만분의 1초 단위로 거대한 에너지를 방출한다.

1942년 6월 18일에는 당시까지의 실험 결과를 '본격적인 원자폭탄 제조로 전환시키기 위해 육군 내에 기회 본부를 설치하고 암호명 '맨해튼 엔지니어링 디스트릭트Manhattan Engineering District'라 불리는 극비 프로젝트를 개시했다. 이것이 바로 일반에 원자폭탄 제조로 알려진

성냥을
늘어놓는다

첫 번째 성냥에
불을 붙인다

성냥의 연쇄반응

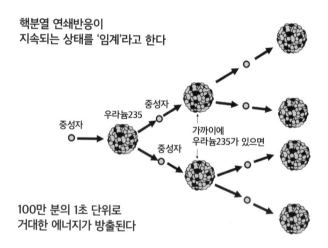

핵분열 연쇄반응이
지속되는 상태를 '임계'라고 한다

중성자

우라늄235

중성자

중성자

가까이에
우라늄235가 있으면

100만 분의 1초 단위로
거대한 에너지가 방출된다

우라늄 핵분열 연쇄반응

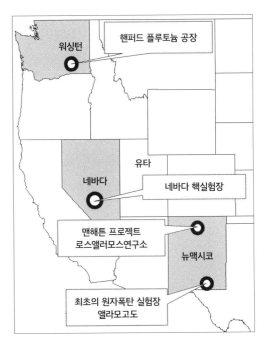

핸퍼드 플루토늄 공장, 네바다 핵실험장, 맨해튼 프로젝트 로스앨러모스연구소,
최초의 원자폭탄 실험장인 앨라모고도의 위치

'맨해튼 프로젝트'였다.

이에 더해 2개월 뒤인 8월 17일에는 루스벨트 대통령의 지령에 따라 기본적인 제조 연구와는 별개로 향후 대대적인 원자폭탄 양산을 노린 공장 계획이 빠른 기세로 추진되기 시작했다.

미 육군이 우라늄 폭탄 계획의 전권을 장악하면서 서부 사막지대 및 뉴맥시코주의 로스앨러모스연구소의 소장, 즉 총책임자로 '프린스턴

고등연구소의 로버트 오펜하이머 박사가 임명됐다. 그리고 총지휘관 레슬리 그로브스 준장의 지휘하에 맨해튼 프로젝트라는 암호명으로 불리는 극비의 원자폭탄 제조 연구가 정식 개시됐고, 과학자 및 연구자들이 끊임없이 로스앨러모스로 투입됐다. 이러한 실동實動 부대는 그 당시 연쇄반응 실험이 성공하기 전부터 운영되기 시작했을 정도로 재빠르게 움직였다.

원자폭탄 부대는, 전 세계에 존재하는 순수 우라늄이 한 숟가락도 되지 않는다는 말이 떠도는 상황에서 몇 톤에 달하는 우라늄을 입수해야 했다. 이에 따라 우라늄 원료를 조달하기 위한 부대가 구성됐다. 탄약 회사 '듀폰', 전기회사 '웨스팅하우스', 화학 회사 '유니언카바이드'라는 3개 사를 주축으로 하여 세계 곳곳에 우라늄 공급 네트워크가 형성됐다.

특히 웨스팅하우스는 맨해튼 프로젝트가 정식 개시되고 3개월 만에 3톤에 달하는 엄청난 양의 순수 우라늄을 본부에 건넸다. 우라늄이 6톤에 달했을 무렵, 컬럼비아대에서 시카고대로 연구소를 옮긴 후 연료를 제조하기 시작했다. 시카고대는 다름 아닌 석유왕 존 데이비슨 록펠러가 설립한 곳이었다. 뿐만 아니라 J. P. 모건의 모건파크아카데미도 설립되는 등 프로젝트는 이들 2대 부호의 산하에 있었다.

세계적으로 손꼽히는 과학자들이 지켜보는 가운데 실험은 긴박하게 진행되었으며, 바로 다음 달 실험용 원자로에서는 세계 최초의 '핵분열 연쇄반응'에 성공함으로써 드디어 원자폭탄의 가능성이 실증된다.

진주만 공격이 있고 1년 뒤인 1942년 12월 2일에 엔리코 페르미와 레오 실라르드는 시카고대학에서 세계 최초로 원자로 '시카고파일 1호

CP-1'를 완성하여 임계에 도달했으며, 사상 최초로 원자핵분열 연쇄반응 유지에 성공했다.

162쪽의 두 번째 그림에서처럼 핵분열 연쇄반응이 지속되는 순간을 '임계'라고 한다. 원자력발전용 원자로에서는 원자폭탄에서와 같은 초고속 연쇄반응을 막기 위해 핵분열하는 우라늄235의 농축 정도를 낮추어 일정 수준의 에너지가 방출되는 임계 상태를 지속시킴으로써 열에너지를 뽑아낸다.

시카고대에서는 중수를 사용하지 않고 흑연으로 중성자의 속도를 감속시켜 핵분열을 일으킨 후, 여기서 튀어나온 중성자를 천연 우라늄 안에 있는 핵분열을 하지 않는 우라늄238에 쏘아 플루토늄239를 생성하는 방식을 고수했다. 그리고 이 같은 방식으로 최초의 성공을 거둔다.

플루토늄은 자연계에 존재하지 않지만 지구상에서 가장 큰 원자인 우라늄에 중성자를 흡수시키면 또 다른 거대 원자로 성장하면서 핵분열을 일으키기 쉬운 원자로 바뀐다는 사실을 발견한 것이다. 이를 지옥의 마왕인 플루톤의 이름을 따서 플루토늄이라고 명명한다. 이들 새 부대의 실험은 이미 우라늄에 눈독을 들인 시카고대와 듀폰이 좌지우지하고 있었다.

같은 해 1942년 12월부터 동부 테네시주의 오크리지에 최초의 플루토늄 생산 원자로가 건설되었다. 그 이후로도 군수 업체인 듀폰이 주축이 되어 미국 북서부의 워싱턴주 핸퍼드처럼 산과 사막으로 둘러싸여 인적이 드문 장소에 플루토늄 생산용 대형 원자로가 세워졌고 플루토늄을 사용한 최초의 원자폭탄이 이곳에서 제조됐다.

이 같은 비밀 공장들은 방대한 양의 우라늄과 플루토늄을 사막에 위치한 로스앨러모스연구소로 가져오기 위해 세워진 것이었으며 이는 오펜하이머 소장에게 힘을 실어주었다.

오크리지 공장에서는 주로 우라늄 농축을 담당했으며, 당시 활약한 단체는 다음과 같다.

캘리포니아대와 컬럼비아대는 연구 부문, GE와 테네시이스트먼, M. W. 켈로그, 유니언카바이드는 제조 부문을 담당했다.

한편 플루토늄을 제조하던 워싱턴주 핸퍼드 공장에서 활약한 단체는 다음과 같다.

하버드대와 시카고대가 연구를, 스탠더드오일, 듀폰 등에서 제조를 맡았다.

이렇듯 로스앨러모스, 오크리지, 핸퍼드가 삼위일체가 되어 맨해튼 프로젝트는 순조롭게 성과를 내고 있었다. 그리고 이들 위에는 프로젝트 전체를 지휘하는 기획 본부가 존재했다. 그 구성원은 다음과 같았다.

의장은 스탠더드오일의 부사장 예거 머프리, 위원은 웨스팅하우스, M. W. 켈로그, 유니언카바이드, 매사추세츠공과대학MIT으로 구성됐다.

이들 멤버가 1943~1944년 사이에 전력투구로 활동한 결과 총 45만 명이라는 엄청난 수의 인원이 동원됐으며 22억 달러의 대금이 투입된 공장 세 곳은 악마에게 홀린 것처럼 미친 듯이 원자폭탄 재료를 만들어내기 시작했다. 이때 투입된 금액은, 후쿠시마 원전 사고가 발생한 2011년 시점의 미국 국가예산 대비 오늘날 화폐 가치로 748억 달러에 상당하는 어마어마한 액수였다.

그러나 1945년 4월 12일 원자폭탄 제조에 성공하기 전 루스벨트 대통령이 급사하면서 부통령 트루먼이 대통령이 되었고, 4월 30일에 히틀러가 자살, 5월 7일과 8일 사이에는 독일군이 연합국을 상대로 무조건 항복 문서에 서명하기에 이른다.

한시라도 빨리 원자폭탄을 만들고자 전력을 다했던 과학자들의 노력은 유럽의 적이 순식간에 사라져버리면서 물거품이 될 위기에 처한다. 이미 이탈리아는 2년 전 1943년 7월 25일에 파시스트 정권이 붕괴하여 무솔리니 수상이 체포되고 9월 8일에 항복한 상태였다. 그리고 잇달아 독일이 무조건 항복을 한 것이다.

'대체 이게 무슨 상황이지!? 우리가 지금까지 해온 일은 다 뭔가? 아니, 잠깐만. 아직 일본이 남아 있었지. 그래, 아직 항복하지 마라. 그 머리 위로 큰 것 한 방 날려줄 때까지는 말이야!'

이렇게 원자폭탄 제조 연구는 그대로 진행됐으며, 결국 총 세 개의 원자폭탄이 완성됐고 7월경에는 실험 발사 준비까지 끝낸다.

원자폭탄 실험, 그리고 히로시마와 나가사키

1945년 7월 16일 이른 아침 5시 30분, 핸퍼드에서 제조된 플루토늄을 사용하여 서부 뉴멕시코주 최남단의 멕시코 국경에 인접한 앨라모고도에서 인류 최초의 원자폭탄 실험이 시행된다.

미국에서 최초로 원자폭탄이 작렬한 순간의 섬광과 굉음은 어마어마했다. 그곳에 솟아오른 버섯구름의 위력은 모든 과학자의 예상을 훨

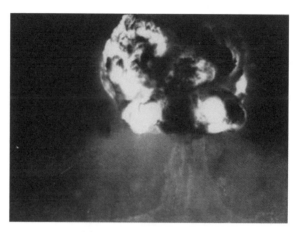

앨라모고도에서 시행된 최초의 원폭 실험

씬 뛰어 넘는 엄청난 규모였다.

원자폭탄의 아버지라 불린 로스앨러모스 소장 오펜하이머는 눈앞에서 섬광을 본 순간 세계의 종말이 왔다는 느낌을 받았다고 한다. 이 기념할 만한 장소는 트리니티Trinity라고 불렸다.

그리고 새 대통령이 된 트루먼은 이튿날인 17일에 원자폭탄 실험에 성공했다는 소식을 보고받고 연합국인 미국, 영국, 소련의 포츠담 회담에 임한다. 곧이어 26일 연합국 정상들은 포츠담 선언을 발표하며 일본의 무조건 항복을 요구했으나 일본은 이를 단칼에 거부한다……. 이로부터 10일 후에 벌어진 일이다.

폴 티베츠 대령은 저녁 무렵 조용히 B29로 다가가서 폭격기에 페인트로 자신의 어머니 이름인 '에놀라 게이'를 적었다. 이튿날 아침 그는 비행기 조종사 로버트 루이스와 함께 이 비행기에 탑승했고 조종석에

히로시마에 투하된 원자폭탄

붙여 놓은 여배우 리타 헤이워드의 핀 업 사진에 윙크를 하더니, 선글라스를 쓴 후 히로시마를 향해 출발했다. 이 비행기에는 다름 아닌 오크리지 공장의 우라늄 원자폭탄이 실려 있었다.

앨라모고도 실험 3주 후인 8월 6일, 15킬로톤에 달하는 우라늄 원자폭탄 '리틀보이'가 히로시마에 투하됐다.

폭탄이 작렬한 폭심지의 온도는 섭씨 100만 도에 달했다. 폭탄이 터짐과 동시에 발생한 열풍은 엄청난 기세로 땅을 휩쓸었고, 강렬한 방사선이 인간의 몸을 관통해 지나갔다. 히로시마시에서는 연말까지 14만명이 목숨을 잃었다. 살아남은 사람들 중에는 수많은 피폭被爆자뿐 아니라 검은 비와 떨어져 내린 죽음의 재에 오염된 피폭被曝자들이 속출했다. 이들은 지금까지도 방사선에 의한 후유증에 시달리며 괴로워하고 있다.

나가사키에 투하된 원자폭탄

그로부터 3일 후인 8월 9일, 핸퍼드 공장에서 제조한 22킬로톤짜리 플루토늄 원자폭탄 '팻맨'이 나가사키에 투하된다. 나가사키에서도 연말까지 7만4000명이 목숨을 잃었으며, 끔찍하기 짝이 없는 피해 실상은 히로시마와 다를 바 없었다. 특히 죽음의 재가 흘러들어간 계곡 지대에서 대량의 백혈병 환자가 발생했다.

트루먼 대통령은 오펜하이머가 흥분하는 모습을 지켜보면서 동행한 이에게 이렇게 말했다.

"저 자식 얼굴은 두 번 다시 보고 싶지 않다. 알겠나. 저놈은 그저 원자폭탄을 만들었을 뿐이야. 그걸 폭발시킨 인간은 바로 나란 말이야."

하지만 그들은 꼭 원자폭탄을 떨어뜨려야만 했던 것일까?

히로시마와 나가사키로 투하된 이유

미국 정부는 어째서 일본에 원자폭탄을 떨어뜨려야만 했을까?

원자폭탄이 투하되기 2개월 전인 6월 1일 미국 위원회에서는 전 위원의 동의하에 '가능한 한 신속히 원자폭탄을 일본에 투하할 것' 그리고 '원자폭탄의 특성에 관한 예고 없이 투하할 것'이라는 의견이 채택된 상태였다.

원자폭탄이 너무 위험했기 때문에 유럽이 아닌 바다를 사이에 두고 격리된 섬 일본에 떨어뜨리고자 한 것일까? 일본 내에서도 히로시마와 나가사키에 원자폭탄을 투하한 이유는 그곳에 중요한 군수 기지가 있었기 때문이다.

그러나 히로시마, 나가사키에는 강제 연행된 중국인과 한국인도 있었으며, 아무것도 모르는 아이들도 있었다. 다수의 무고한 시민이 히로시마 및 구레吳에 군항이 있다는 이유로 피해를 뒤집어쓰게 된 것이다. 나가사키에 있는 미쓰비시 군수공장의 규모도 엄청났다. 히로시마, 나가사키 외에도 교토, 고쿠라, 니가타 등이 폭탄 투하지로 거론됐으나, 맨해튼 프로젝트의 총지휘관 그로브스가 가장 원한 곳은 '원자폭탄 성과를 충분히 확인할 수 있는' 교토였다. 그러나 스팀슨 육군장관의 강력한 반대로 교토는 제외되고, 두 번째 목표 지역이었던 후쿠오카현 고쿠라는 폭탄 투하 예정일에 기후가 불안정했기 때문에, 결국 나가사키가 최종 피폭지로 정해졌다.

지금까지의 내용을 살펴보면, 일본과 전쟁을 빨리 끝내기 위해 히로시마, 나가사키에 원자폭탄을 떨어뜨렸다는 '원자폭탄 개발→제조→투하'에 대한 기존의 설명이 과연 진실인지 의문이 든다.

위의 내용을 다시 한번 곰곰이 짚어보자. 우선 가장 놀라웠던 점은 독일이 폴란드를 침공하기 반년도 전에, 즉 **제2차 세계대전이 시작되기 전**에 미국에서 '원자폭탄 제조'가 권고되었고, 프로젝트가 진행됐다는 사실이다. 일본이 진주만을 공격하기 전, 독일과 이탈리아가 미국에 선전포고를 하기 이전부터 전 세계의 평화를 주창하던 중립국 미국은 이미 '우라늄위원회'를 설립하고 원자폭탄 제조에 착수해 있었던 것이다. 독일, 이탈리아, 일본이 전 세계를 향해 광기어린 도전을 해왔기 때문에 이들 파시스트 3개국을 무찌르기 위해 원자폭탄이 개발된 것이 아니다. 원자폭탄을 개발한 목적은 다른 데 있었음에 틀림없다.

그리고 당시 웨스팅하우스가 전 세계 보유량의 100만 배에 달하는 우라늄을 어떻게 그토록 **빠른 시일 내에** 구할 수 있었는지도 의문이다. 필요로 했기 때문에 신속하게 조달했다는 말은 얼토당토않다. 이러한 의문점 역시 꽤 오래전부터 원자폭탄과 우라늄 원료 확보를 위한 준비에 착수해왔음을 시사한다.

세 번째 의문은, 어떻게 연쇄반응이 성공하기도 전에 로스앨러모스에서 '양산 계획'이 개시되었으며, 공장 규모를 염두에 둔 계획을 확신을 갖고 진행할 수 있었는가이다. 당시 어떻게든 실험을 성공시키겠다는 생각뿐이던 과학자들이 할 법한 발상이라고는 보기 어렵다. 과학자들의 최대 관심사는 양산은커녕 원자폭탄 제조가 가능할지 여부였을 것이다. 그렇다면 누군가 배후에서 이 프로젝트에 힘을 실어줌으로써 단숨에 대규모 공장 설립의 단계까지 넘어갈 수 있었던 건 아닐까?

원료로 쓰인 우라늄을 어느 광산에서 조달했는지도 의문이다. 이는 우라늄 광맥을 발견한 후 작업자가 땅속에서 직접 파내는 과정을 거쳐야 한다. 대체 그토록 짧은 시간 내에 우라늄을 조달한 이는 누구였을까?

그것은 다름 아닌 당시 재무장관 모건도 처가인 '구겐하임 트러스트'가 벨기에령 콩고로 진출해 있던 로스차일드 부호의 우라늄 채굴 업자였다. 그리고 모건도 부인의 성은 나가사키 원자폭탄 이름으로 붙여진 팻맨이었다. 오펜하이머 소장도 로스차일드 일족이었다.

아니, 이보다도 맨해튼 프로젝트 전체를 쥐고 움직인 인물이 어딘가에 숨어 있는 게 틀림없다. 그 정체를 알아내는 게 중요하다. 세상에 알려진 바로는 시보그, 페르미, 실라르드를 비롯한 과학자들이 원자폭탄을 개발했다고 한다. 그러나 이들에게는 실험할 수 있는 능력과 이론만이 있었을 뿐이다.

정말 이런 과학자들을 이용한 고용주가 미국 '정부'였을까?

마지막 의문은 원자폭탄을 꼭 히로시마와 나가사키에 투하할 필요가 있었느냐는 것이다…….

아무런 이유 없이 갑자기 원자폭탄이 머리 위로 떨어졌을 리는 없다.

일단 독일이 패하기 전인 1944년 9월 11일부터 제2차 퀘벡 회담에서 루스벨트 대통령과 처칠 수상은 '원자폭탄 제조가 완성되면 일본에 사용한다'는 결정을 내린 바 있다. 노르망디 상륙작전부터 파리 해방의 환희로 넘실대던 시기였기 때문에 군사적 측면에서 독일의 패배는 이미 확실시됐다는 설명도 있다. 그러나 독일은 이로부터 8개월 후에 항복을 했으며 당시 표적이 된 일본 역시 군사적 패배가 확실시됐다는 점에서 독일과 똑같은 상황이었다. 따라서 이런 설명만으로는 원자폭탄 투하지로 일본이 선택된 일을 납득하기 어렵다.

맨해튼 프로젝트에서 우라늄 원료를 조달하는 감독관으로 국제적인 역할을 한 사람이 로스차일드 가문의 영국인 찰스 햄브로였는데, 그는 전시에 미국의 스파이 조직 OSS(CIA의 전신)를 설립한 거물이었다. 그는 이후 세계적인 머천트뱅크 햄브로스은행의 회장을 맡았으며, 잉글랜드은행과 남아프리카의 거대한 광산 이권을 지배하기도 한다. 레슬리 R. 그로브스의 자서전 『이제는 말할 수 있다*Now It Can Be Told*』에 따르면 우라늄을 조달하는 대목에 찰스 햄브로가 종종 등장한다.

이와 같은 미스터리가 해결된다면 오늘날까지 방사선 피폭의 위험성이 왜곡돼 전해져온 이유를 알 수 있을 것이다. 만약 원자·수소폭탄이 군수산업에 막대한 이익을 가져다주는 것이라면, 군수산업이야말로 방사능 피폭을 은폐한 범인이라는 결론이 명백해지기 때문이다.

원자폭탄으로 천문학적인 이익을 거둔 대부호들

앞서 언급한 역사적 사실에 모든 힌트가 숨어 있다.

사실 미국에서는 1929년 월가街의 '암흑의 목요일'에 일어난 주가 대폭락으로 인한 대공황 이후 석유를 독점한 록펠러(스탠더드오일)와 철도 및 철강을 지배한 모건(모건상사)이 대부분의 대기업을 지배해버렸다. 대공황의 여파는 전 세계로 확산됐으며, 독일에서는 1930년에

300만 명, 1932년에 560만 명이라는 대량의 실업자가 발생하는 등 실업률이 30퍼센트에 육박했다. 당시 독일 민중의 불만과 분노는 나치즘을 촉발시킨 기반이 됐다. 한편 공황의 진원지인 미국에서도 기업과 은행이 잇달아 도산하는 등 대불황이 덮쳐왔다. 그러나 이런 불황 속에서도 록펠러와 모건 산하의 기업은 도산하는 회사들을 차례로 사들이는 등 점점 더 몸집을 키워나갔다.

당시 모건이 지배하던 자산 1억 달러 전후의 초대기업들만 열거해도 은행 14곳, 생명보험사 4곳, 철도 회사 7곳, 전기·전화·가스 등의 공기업 8곳, 자동차·철강 등 제조사 12곳 등에 이른다. 이들 기업 중에는 세계 제일의 철강 회사 US스틸, 미국 전역을 지배하는 퍼스트내셔널은행, 거대 광산 업체 펠프스도지, 미국전신전화회사AT&T, 국제전화전신회사ITT, GE 등 공룡 기업들이 포함돼 있었다. 여기서 한 단계 수준을 낮춘 대기업 리스트를 살펴보면 총 444개 사가 모건의 지배하에 놓여 있었다.

한편 스탠더드오일뱅크라 불린 내셔널시티은행과 체이스내셔널은행 등 록펠러 역시 대대적으로 독점을 행사하며 287개 기업을 지배했다. 대공황 이후 모든 회사의 자산액을 합산해보면 모건 가家가 776억 달러, 록펠러 가는 449억 달러로 모건이 약 7대 4의 비율로 두 배 이상의 자산을 소유했다. 여기서 주목할 부분은 단 두 집안의 자산 총액이 1225억 달러에 달했다는 점이다. 미국 국가 예산(세입)이 40억 달러였던 1930년대에 2대 자본이 그 30배에 달하는 부를 장악했던 것이다. 이를 현재 화폐 가치로 환산하면 69조 달러에 상응하는 액수다.

이를 통해 미국 대기업 상위 200개 사의 자산 총액 중 65퍼센트를

맨해튼 프로젝트의 숨은 조직(제1선의 지휘관)

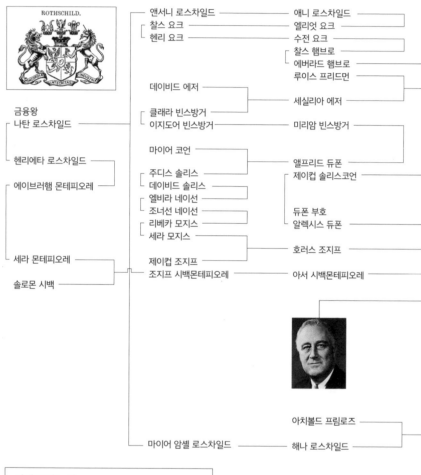

ROTHSCHILD.

앤서니 로스차일드 —— 애니 로스차일드
찰스 요크 —— 엘리엇 요크
헨리 요크 —— 수전 요크

찰스 햄브로
에버라드 햄브로
루이스 프리드먼

데이비드 에저
클래라 빈스방거 —— 세실리아 에저
이지도어 빈스방거 —— 미리암 빈스방거

금융왕
나탄 로스차일드

마이어 코언
주디스 솔리스 —— 앨프리드 듀폰
데이비드 솔리스 —— 제이컵 솔리스코언
헨리에타 로스차일드
에이브러햄 몬테피오레 엘비라 네이션
조너선 네이션
리베카 모지스 —— 듀폰 부호
세라 모지스 —— 알렉시스 듀폰

제이컵 조지프
세라 몬테피오레 조지프 시백몬테피오레 —— 호러스 조지프
솔로몬 시백 —— 아서 시백몬테피오레

아치볼드 프림로즈
마이어 암셀 로스차일드 —— 해나 로스차일드

가계도 읽는 법

부 ——┐
     ├—— 형제자매
모 ——┘ **본인** ——┬—— 자식
배우자 ——┘   └—— 자식

맨해튼 프로젝트 히로시마 원폭용
우라늄 원료 조달 감독관, OSS 설립 멤버,
햄브로스은행 회장

— 에릭 햄브로 ————————————— 찰스 햄브로

— 엘라 프리드먼 ——————— 원자폭탄의 아버지
맨해튼 프로젝트의
로스앨러모스연구소 소장
— 로버트 오펜하이머

줄리어스 오펜하이머 ——————

— 래멋 듀폰 ————————— 맨해튼 프로젝트 당시 듀폰 회장
┌ 래멋 듀폰

├ 이레네 듀폰 ———————— 맨해튼 프로젝트 나가사키 원폭용
플루토늄 제조, 핸퍼드 공장 지휘관,
듀폰 회장, 보잉 사 중역
크로퍼드 그린윌트
— 마가레타 듀폰 —————

┌ 프랜시스 듀폰 ——————— 아이린 듀폰

└ 유진 듀폰 ——————————— 유진 듀폰 2세 ——————— 에설 듀폰
— 시빌 조지프
— 윌리엄 시백몬테피오레 ——— 맨해튼 프로젝트의
프랭클린 D. 루스벨트 ——— 프랭클린 D. 루스벨트 주니어

— 제임스 루스벨트

┌ 벳시 쿠싱

└ 바버라 쿠싱

맨해튼 프로젝트에 진력했던
주미 영국대사 핼리팩스의 백작
에드워드 우드 ———————— 찰스 우드
┌ 닐 프림로즈 ————————— 루스 프림로즈 ——— 스탠리 G. 모티머 주니어
키티 로런스

해외 무기대여 주석 행정관,
철도 부호, 소련 대사 ————————— 소련 카틴 숲의 학살 거짓 보고자
윌리엄 해리먼 ————— 캐슬린 해리먼

└ 앨버트 프림로즈 ——————
┌ 에바 브루스
└ C. 파멀라 브루스 ——————— 클린턴의 프랑스 대사
파멀라 딕비

에드워드 딕비 ——————

윌리엄 해리먼

— 맨해튼 프로젝트의 처칠 수상
윈스턴 스펜서 처칠 ——————— 랜돌프 스펜서 처칠 ——————

맨해튼 프로젝트의 숨은 조직(배후의 자본)

ROTHSCHILD.

- 나탄 로스차일드 ──────── 라이어널 로스차일드 ── ┌ 너새니얼 로스차일드
- 헨리에타 로스차일드 ─────── 세라 모지스 ───────── └ 레오폴드 로스차일드
- 에이브러햄 몬테피오레 ──┐   ── 호러스 조지프 ─────
- 세라 몬테피오레 ────────┐ 제이컵 조지프
                          ─ 조지프 시백몬테피오레 ──── 아서 시백몬테피오레 ──
- 솔로몬 시백 ─────────────
                          └ 쿤앤러브 사 창업자
                            솔로몬 러브 ────────── ── 거타 러브 ──────┐
                          ┌ 조지프 셀리그먼 ──────── 아이작 셀리그먼 ──┘
                          │ 제임스 셀리그먼 ──────── ┌ 플로레트 셀리그먼 ──┐
                          │   └ 패니 셀리그먼 ──────┘
                          ┌ 이스라엘 네이선 ──────── 로버트 네이선
                          ─ 조너선 네이선 ────────── 벤저민 구겐하임
                          └ 리베카 모지스

솔로몬 러브

리먼 브러더스 창업자
메이어 리먼 ─────────

┌ 네이선 스트라우스 ──────
└ 오스카 스트라우스 ──────

대니얼 구겐하임

── 맨해튼 프로젝트의 우라늄 지배자 광산
─ 대니얼 구겐하임

레밍턴 무기 회사 창업자   노먼 도지 ─────┐
마셀러스 하틀리 ──────   ── 마셀러스 도지 ───┐
                              에마 하틀리 ───┘
                          윌리엄 록펠러 ───────── 제럴다인 록펠러
                                                 로버트 패터슨
                                                 ┌ 엘리너 메딜
                          ┌ 윌리엄 매코믹   └ 캐서린 메딜
                          └ 사이러스 매코믹 ────── 로버트 매코믹
                                                 해럴드 매코믹
                          스탠더드오일 창업자
                          ─ 존 D. 록펠러 ───────── 이디스 록펠러

—— 찰스 로스차일드 ——————— 제2차 세계대전 중 런던 로스차일드은행 당주,
원자폭탄 스파이인 케임브리지 스파이 그룹
빅터 로스차일드

—— 라이어널 로스차일드 ——————— 나오미 로스차일드 ———
—— 시빌 조지프 ——————————
—— 윌리엄 시백몬테피오레 ——————

IAEA 의장, 우라늄 지배자
베르트랑 골드슈미트 ———

—— 모리스 팻맨 ———————
—— 세티 리먼 ——————— 엘리너 팻맨 ———

맨해튼 프로젝트의 재무장관
헨리 모건도 주니어

—— 어빙 리먼 ———
—— 시시 스트라우스 ———
—— 로저 스트라우스 ———

—— 글래디스 구겐하임 ———

—— 해리 구겐하임 ——————————

알베르트 아인슈타인

—— 조지프 패터슨 ——————— 알리샤 패터슨

구겐하임 부호 ⟶ 아서 컴튼
(아르곤국립연구소 이사장)

리먼브러더스 ⟶ 부사장 알렉산더 색스
(아인슈타인 서신 제출)

쿤앤러브 ⟶ 파트너 루이스 스트로스
(원폭 실험 AEC 위원장, IAEA 창립자)

레밍턴 무기 회사 ⟶ 플루토늄 제조 연구

⟶ 레밍턴랜드 회장 더글러스 맥아더 ———
(일본 점령군 최고 사령관)
부사장 레슬리 그로브스 ———
(맨해튼 프로젝트 총지휘관)

더글러스 맥아더

레슬리 그로브스

맨해튼 프로젝트의 지령 계통

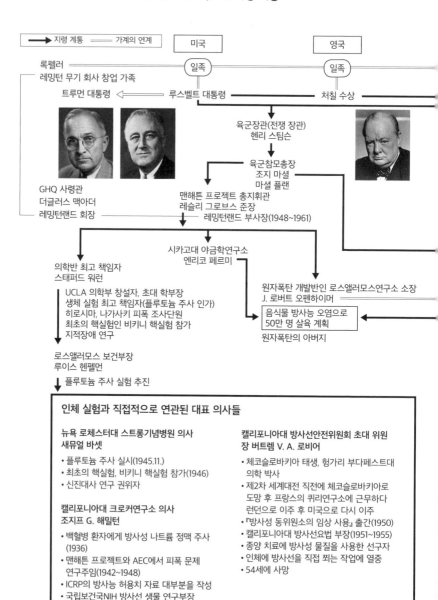

| ➡️ 지령 계통 ══ 가계의 연계 | 미국 | 영국 |

록펠러
레밍턴 무기 회사 창업 가족

트루먼 대통령 ⟵ 루스벨트 대통령   처칠 수상

육군장관(전쟁 장관)
헨리 스팀슨

육군참모총장
조지 마셜
마셜 플랜

GHQ 사령관
더글러스 맥아더
레밍턴랜드 회장

맨해튼 프로젝트 총지휘관
레슬리 그로브스 준장
레밍턴랜드 부사장(1948~1961)

시카고대 야금학연구소
엔리코 페르미

의학반 최고 책임자
스태퍼드 워런

원자폭탄 개발반인 로스앨러모스연구소 소장
J. 로버트 오펜하이머

UCLA 의학부 창설자, 초대 학부장
생체 실험 최고 책임자(플루토늄 주사 인가)
히로시마, 나가사키 피폭 조사단원
최초의 핵실험인 비키니 핵실험 참가
지적장애 연구

음식물 방사능 오염으로
50만 명 살육 계획
원자폭탄의 아버지

로스앨러모스 보건부장
루이스 헨펠먼
플루토늄 주사 실험 추진

인체 실험과 직접적으로 연관된 대표 의사들

**뉴욕 로체스터대 스트롱기념병원 의사
새뮤얼 바셋**

- 플루토늄 주사 실시(1945.11.)
- 최초의 핵실험, 비키니 핵실험 참가(1946)
- 신진대사 연구 권위자

**캘리포니아대 크로커연구소 의사
조지프 G. 해밀턴**

- 백혈병 환자에게 방사성 나트륨 정맥 주사
  (1936)
- 맨해튼 프로젝트와 AEC에서 피폭 문제
  연구주임(1942~1948)
- ICRP의 방사능 허용치 자료 대부분을 작성
- 국립보건국NIH 방사선 생물 연구부장
  (1946~1949)
- 방사성 물질을 스스로 섭취 후 49세에 사망

**캘리포니아대 방사선안전위원회 초대 위원
장 버트램 V. A. 로비어**

- 체코슬로바키아 태생, 헝가리 부다페스트대
  의학 박사
- 제2차 세계대전 직전에 체코슬로바키아로
  도망 후 프랑스의 퀴리연구소에 근무하다
  런던으로 이주 후 미국으로 다시 이주
- 『방사성 동위원소의 임상 사용』 출간(1950)
- 캘리포니아대 방사선요법 부장(1951~1955)
- 종양 치료에 방사성 물질을 사용한 선구자
- 인체에 방사선을 직접 쐬는 작업에 열중
- 54세에 사망

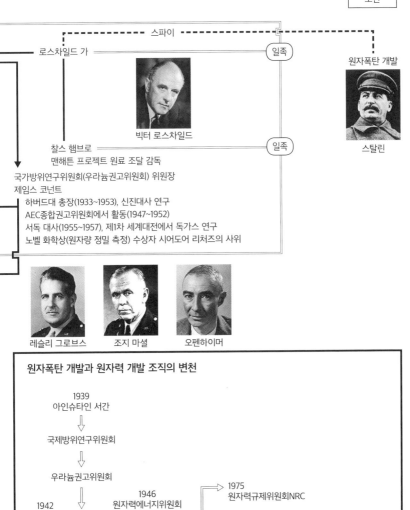

소련

스파이

로스차일드 가 ─────────────────── 일족

원자폭탄 개발

빅터 로스차일드

찰스 햄브로 ──────────── 일족
맨해튼 프로젝트 원료 조달 감독

스탈린

국가방위연구위원회(우라늄권고위원회) 위원장
제임스 코넌트
하버드대 총장(1933~1953), 신진대사 연구
AEC종합권고위원회에서 활동(1947~1952)
서독 대사(1955~1957), 제1차 세계대전에서 독가스 연구
노벨 화학상(원자량 정밀 측정) 수상자 시어도어 리처즈의 사위

레슬리 그로브스   조지 마셜   오펜하이머

원자폭탄 개발과 원자력 개발 조직의 변천

1939
아인슈타인 서간
⇩
국제방위연구위원회
⇩
우라늄권고위원회
⇩
1942   1946   ⤷ 1975
맨해튼 프로젝트 ──→ 원자력에너지위원회   원자력규제위원회NRC
                  AEC
                  ⇩   ⤷ 1975 ══════════⟹ 1977
로스앨러모스원자폭탄연구소   에너지연구개발국ERDA   에너지부DOE
아르곤국립연구소

모건과 록펠러가 지배했음을 알 수 있다. 독점률 65퍼센트란 그야말로 엄청난 수치다.

그 이후로도 이들 2대 부호는 계속해서 지배력을 넓혀갔다. 맨해튼 프로젝트가 진행 중이던 제2차 세계대전 당시에는 미국 군수산업의 모든 것을 장악하고 있었다. 특히 원자폭탄 제조에 직접적으로 관여했던 듀폰과 GE는 모건 가문의 손아귀에, 그리고 웨스팅하우스는 록펠러 가문의 영향하에 놓여 있었기 때문에 모건과 록펠러가 원자폭탄 제조로 얻는 이익은 상상을 초월하는 금액이었을 것이다.

모건의 GE가 오크리지 공장의 우라늄 농축을 담당했으며, 록펠러의 스탠더드오일과 모건의 듀폰 등에서는 핸퍼드의 플루토늄 공장을 맡았다. 맨해튼 프로젝트 기획 본부 의장이 스탠더드오일의 부사장 예거 머프리였던 까닭이 여기 있었다. 그리고 그 휘하의 위원들은 웨스팅하우스, M. W. 켈로그, 유니언카바이드, MIT로 이루어졌다. 우라늄을 조달하는 웨스팅하우스는 바로 록펠러의 전기電機 제조사였다. 유니언카바이드의 금고는 투자은행 센트럴하노버트러스트가 관리했으며, 이 은행의 중역에 웨스팅하우스의 사장 G. 프라이스와 모건의 광산 업체 펠프스도지의 회장인 루이스 게이츠가 있었다. 켈로그 사는 모건 가에서 철도 왕국을 구축하던 시대에 침대차를 개발한 풀먼 사에서 기술 개발을 담당한 자회사였다. 당시 MIT는 록펠러의 뉴저지스탠더드오일(지금의 엑슨모빌) 및 모건-듀폰 연합의 제너럴모터스GM의 자금으로 운영되고 있었다.

이렇듯 베일에 가려져 있던 이들은 인도적 차원에서 문제시될 '원자폭탄 방사능에 의한 육체적 피해'가 서서히 드러나자 사람들 눈에 띄지 않게 모습을 감추어야 했을 것이다.

그 배후에서는 엄청난 일이 벌어지고 있었다. 제2차 세계대전 발발 직전인 1937년 여름 IBM의 창업자 토머스 왓슨은 모건에 의해 미국 재계의 대리인으로 유럽에 보내져 베를린을 방문했다. 그곳에서 개최된 국제상공회의소 총회에서 그가 회장으로 선출된 것이다. 이후 그는 히틀러와 사이좋게 회담을 열었을 뿐 아니라 당시 독일 공업계를 지배하던 IG파르벤의 사장 슈뢰더 남작과 상호 협력할 것을 약속했다. 유럽 전역에서 아우슈비츠 강제수용소로 보내지는 유대인을 관리 및 선별하는 작업을 자처한 IG파르벤은 대량학살이 자행된 이 수용소에 군림했던 운영 기관 중 하나였다. 이 같은 회담에 참석한 사람들 중 한 명인 히틀러의 경제장관 할마르 샤흐트는 제1차 세계대전에서의 독일 배상금을 모건상사와 흥정했다. 왓슨과 샤흐트의 친분은 당시 신문에서도 상세히 보도된 바 있다.

왓슨이 히틀러와 만났던 1937년 여름은, 바로 전년도인 1936년 10월 19일에 나치스가 독일군으로 하여금 유럽 전역을 지배하게 하겠다는 취지의 '전쟁 준비 4개년 계획'을 발표하는 등 유럽에서 대전이 발발할 것이 확실시되던 시기였다. 나치스의 4개년 계획 실행을 위한 투자 총액의 3분의 2가 IG파르벤에 할당되는 등 IG파르벤의 나치스화化가 이루어진 이듬해에 둘의 만남이 있었던 것이다. 이렇듯 나치스 최고 간부에게 자금 원조를 약속한 모건의 대표자가 IBM의 토머스 왓슨이었으며, 당시의 공적으로 왓슨은 히틀러로부터 십자+字공로상을 받았다. 또 그로부터 1년 후에는 미국의 자동차왕 헨리 포드가 히틀러로부터 동일한 상을 받는다.

이렇듯 미국의 2대 부호는 미국 국민이나 루스벨트 대통령과는 달리 제2차 세계대전이 발발해도 1941년 말 진주만 공격이 있기 전까지 히틀러의 나치스를 적으로 여기지 않았다. 미국과 독일의 공업계는 상호 협력관계였던 것이다!

왜 그랬을까?

1931년 독일 선거에서 나치스가 제1당으로 약진했을 당시 선거 자금을 제공한 독일의 쿠르트 슈뢰더 남작은 나치스 당원 직책을 가지고 있었으며, 나치스 돌격대에서 간부를 지냈다. 그는 독일의 공업가를 부추겨 끌어모은 선거 자금을 곧바로 하인리히 힘러(이후 비밀국가경찰 게슈타포의 대장이 됨)에게 전달했다. 이뿐 아니라 슈뢰더는 미국의 월가에 진출해 지점을 개설하고 슈뢰더은행을 설립했으며, 석유왕 존 데이비슨 록펠러(178쪽 조직도의 왼쪽 아래)의 남동생 윌리엄의 손자인 에이버리 록펠러가 이 은행의 중역을 맡았다. 에이버리는 이름부터 범상치 않은 '슈뢰더·록펠러투자상사'를 설립하는 등 나치스와 협력하고 있었다.

한편 IBM, 즉 '국제사무기기International Business Machine'라 불린 이 회사는 제2차 세계대전 중에 미군이 고도의 기계 전쟁에 돌입함으로써 탄도무기 설계 등을 비롯한 거액의 수주를 받는다. 원자폭탄 제조와 관련해서는 모건의 전화 업체 및 맨해튼 프로젝트에 참가하여 무기 업체인 레밍턴랜드(178쪽 조직도의 가운데 왼쪽이 창업자)와 특허를 교환하는 등 점차 모건 산하의 군수산업으로 탈바꿈해갔다. IBM의 매출은 전쟁이 시작됐을 당시만 해도 4000만 달러에도 미치지 못했으나, 종전 후에는 1억 4000만 달러를 넘어서는 등 350퍼센트라는 경이로운 성장

률을 기록했다. 이익과 자산 규모 역시 확장되어 듀폰마저 압도할 수준에 이르렀다. IBM이라는 회사 이름에서도 엿볼 수 있는 '국제 비즈니스'란 다름 아닌 당시 미국 전역의 산업이 관여된 '전쟁'이었던 것이다.

2대 기업은 나치스가 일으킨 대규모 전쟁이 유럽 전역으로 확산되어감에 따라 유럽으로 군수품을 보낼 수 있도록 한 무기대여법(1941년 제정)에 힘입어 미국 내의 화약, 총포, 폭탄, 군함, 군용기, 탱크, 지프 등의 군수품 생산액이 급증하는 등 매출이 증가했다. 백악관 2층에 있는 '링컨 룸'에서 숙박을 하던 모건-록펠러의 대리인 해리 홉킨스는 무기 대여 조정관 역할을 하면서 런던으로 계속해서 무기를 보냈다. 미 대륙을 횡단하던 유니언퍼시픽철도 회장인 윌리엄 해리먼(177쪽 조직도의 오른쪽 아래)은 영국의 해외 무기대여 주석행정관으로 파견되면서 록펠러의 동지로서 계속해서 전쟁을 고무한다. 미국 2대 기업이 전쟁에 관여한 목적은 독일의 승리나 영국의 승리가 아니었다. 오로지 무기 산업에서의 막대한 수입이 목적이었다.

모건, 록펠러, 듀폰 등에서 운영한 전쟁 공장은 제2차 세계대전을 통해 대체 얼마만큼의 수익을 올린 걸까?

미국의 전쟁 비용 총액은 2450억 달러로 오늘날 화폐 가치로 약 12조5000억 달러에 달했다. 이 액수는 제2차 세계대전이 발발하기 전 **50년 동안** 미국 정부에서 사용한 국가 예산의 총액을 넘어선 것이었다. 반세기분의 자금을 초과하는 당시 총 지출액의 70퍼센트 정도를 모건과 록펠러의 매출액이 차지했다고 봐도 무방하다. 이들이 양손에 쥐고 있던 지폐 다발이, 전쟁 중에 전 세계적으로 나간 지출 총액의 약 7분의 1을 차지했다고 볼 수 있다.

누가 일본 원자폭탄 투하를 권고했는가?

일본에 원자폭탄 투하를 권고한 위원회 구성원은 다음 여섯 명이다.

- 헨리 스팀슨 육군장관·의장: 맨해튼 프로젝트를 담당한 대통령 보좌 관이기도 했다. 모건상사와 록펠러재단의 체이스내셔널은행을 단골로 맡 는 변호사 사무소를 경영하던 손꼽히는 자산가였다.
- 조지 해리슨·의장대리: 뉴욕생명보험의 사장이며 이 회사의 간부 중역 을 지낸 오언 영은 모건상사의 권위자였다. 1942년부터 1945년까지 모 건의 GE 회장으로 오크리지 원자폭탄 공장을 경영했다.
- 제임스 번스·위원: 모건상사의 광산회사 뉴몬트마이닝의 중역을 지냈 다. 뉴몬트마이닝은 금속 회사 계열로 아프리카 **광산**을 지배했으며, 초 대 석유왕의 손자 로런스 록펠러의 지배하에 있던 캐나다인터내셔널니켈 사장이 중역으로 있었다. 이 회사가 캐나다로부터 우라늄을 조달했다.
- 바네바 부시·위원: 록펠러 가의 스탠더드오일과 모건의 GM, 듀폰으로 부터 받은 헌금으로 운영되던 MIT의 간부였다. 일본, 독일, 이탈리아 의 선전포고가 있기 전부터 원자폭탄 개발을 시작한 우라늄위원회 의 장으로서 맨해튼 프로젝트의 기획 본부를 록펠러-모건 연합으로 조직한 인물이기도 하다.
- 칼 콤프턴·위원: 바네바 부시의 상사로 MIT 총장을 지냈다. 진주만 공 격 한 달 전 우라늄위원회가 과학국局으로 이관됐을 당시 위원장이었 으며 록펠러-모건 연합이 원자폭탄을 만드는 데 필요한 모든 계약을 담 당했다.

- 제임스 코넌트·위원: 핸퍼드 원자폭탄 공장을 좌지우지했던 죽음의 상인, 즉 모건의 듀폰 사 고문으로서 당시 모건 가로부터 막대한 자금 원조를 받아 모건상사를 재산 관리인으로 둔 하버드대 총장이었다. 또 로스앨러모스의 원자폭탄 제조 그룹을 지휘하는 그로브스 준장에게 직접적인 정치적 지원을 한 중요 조직인 국가방위연구위원회의 위원장이기도 했다. 그러나 사실 코넌트는 이보다 훨씬 더 이전인, **나치스가 이 세상에 나타나기도 전부터**, 1917년 9월 22일 제1차 세계대전 중에 머스터드가스 연구에 착수했던 살인 화학자였다. 그리고 루이사이트라 불리는 독가스가 머스터드가스보다 살인에 더 치명적일 뿐 아니라, 이를 살포하면 하루가 지나도 전장이 무인 지대인 채로 복구가 불가능할 만큼 무시무시한 위력을 지닌 무기라는 점도 알아냈다. 이듬해 1918년 5월 코넌트는 실험장에서 수차례에 걸친 실전 테스트를 진행했으나, 제1차 세계대전이 그로부터 반년 뒤에 끝나버렸고 미군은 루이사이트 독가스를 사용하지 못했다……

이 위원회 구성원들 외에, 엄청난 압력을 행사했다고 여겨지는 인물로 다음 세 명을 들 수 있다.

- 찰스 에디슨: 모건의 원자폭탄 제국 GE를 만들어낸 발명왕 토머스의 아들로, 모건 가의 지원하에 아버지가 남긴 해군연구소를 등에 업고 1940년 해군장관이 된다.
- 레슬리 그로브스: 맨해튼 프로젝트 리더를 맡은 준장이며, 전후 1948년 레밍턴 무기 회사(178쪽 왼쪽 가운데가 창업자)에서 비롯된 토

머스 모건 지배하의 군수산업 스페리랜드그룹의 부사장이 됐다. 맨해튼 프로젝트의 총지휘관으로 그로브스가 임명된 것은 육군성의 거대한 건물을 건설한 지휘관으로서의 실력을 인정받았기 때문이었다. 시간이 흘러 사람들이 국방부를 펜타곤으로 부르게 됐는데, 바로 이 건물의 건설 감독이 그로브스였다. 1943년 1월에 완성된 이 건물은 그 자체로 거대한 비밀 기지였으며 당시 비용으로 한 달에 6억 달러라는 천문학적인 공사 비용이 들었기 때문에 군사 예산에 관해서도 많은 비밀을 알고 있었다.

- 크로퍼드 그린월트: 맨해튼 프로젝트의 중심 인물이 된 위원으로 모건 듀폰 가의 마가레타 듀폰과 결혼한 무기업계 부호의 자제(177쪽 오른쪽 위)였다. 전후에 그는 듀폰 사의 사장 및 회장을 역임하며 핸퍼드 공장에서 원자폭탄을 제조하는 등 막대한 이익을 냈다.

이런 인물들의 직책 및 내력에서 추측할 수 있듯 원자폭탄이 일본에 투하된 이유가 부자들이 획득할 거액의 수입에 있었음은 부정할 수 없는 사실이다.

6장

✕

산업계의 끔찍한
인체 실험

일본의 패전과 냉전 시대부터 시작된 대대적 핵실험

1945년 8월 14일 일본이 연합국에 포츠담 선언 수락을 전하며 무조건 항복을 함으로써 8월 15일은 종전기념일이 된다. 그러나 이날은 일본인의 기념일이었다. 미국 및 유럽의 군수 부호들에게 8월 15일은 특별히 의미 있는 날이 아니었다. 군수 사업은 전쟁으로 비대화된 공장을 유지하기 위해 하루도 쉬지 않고 작업을 지속해야 했다. 핵무기 개발은 여기서 끝난 게 아니었다. 히로시마 및 나가사키에 떨어진 핵폭탄은 프롤로그에 불과했다.

역사를 전쟁 전후로 구획 지어버리면, 우리가 목격한 군수 부호들의 본모습을 놓치게 된다. 이들이 본격적으로 돈을 벌어들이기 시작한 것은 세계대전이 끝난 이후였기 때문이다.

종전 이듬해인 1946년 1월 1일부터 맨해튼 프로젝트 부대를 그대로 계승한 AEC의 활동이 시작됐다.(AEC가 정식 발족한 것은 미국 의회가 '원자력법'을 통과시킨 8월 1일이었다.) 그리고 같은 해에 미국 방사선방호위원회NCRP가 탄생하며 AEC 산하 의학 부문에 귀속된다. 이것이 국제방사선방호위원회ICRP의 전신이다!

네바다를 비롯한 각 지역에서 전후 핵실험을 총괄 지휘한 AEC는 일본에서 일반적으로 '원자력위원회'로 불리며 원자·수소폭탄 핵무기를 총괄했을 뿐 아니라 그 명칭에도 에너지를 의미하는 E가 사용됐다. 즉 AEC는 앞으로의 원자력발전(평화적 이용)을 위한 에너지 사용을 염두에 두고 있었다. 또한 전자가 원자핵 주변을 도는 그림을 로고로 채택했고, 이는 이후로도 '원자력의 평화적 이용'을 상징하는 그림으로 활용되었다. AEC는 GE, 웨스팅하우스의 전기 제품(TV, 세탁기, 냉장고)이 세계적으로 맹위를 떨쳤던 시대에도 막대한 이권을 초래할 원자력발전에 매진하는 조직이었으므로 이 책에서는 AEC를 원자력에너지위원회로 부르도록 하겠다.

AEC 발족 3주 후인 1월 24일에는 UN에 AEC를 그대로 빼닮은 원자력위원회가 설치됐으며 맨해튼 프로젝트 부대의 요구에 따라 미국의

AEC 로고

원자폭탄 독점을 인허했다.

이 같은 UN의 초안을 내놓은 미국의 위원회 구성원을 보면 일본에 원자폭탄을 투하하자고 권고한 위원회 구성과 거의 동일하다는 것을 알 수 있다. 그 구체적인 명단은 다음과 같다.

- 딘 애치슨·의장: 모건 가와 듀폰 가를 고객으로 하는 변호사.(이후 국무 장관이 되어 서측 군사 동맹 북대서양조약기구NATO를 설립한 인물.)
- 바네바 부시·의원: 우라늄위원회의 의장으로서, 맨해튼 프로젝트의 기획 본부를 록펠러-모건 연합으로 조직했던 인물.
- 제임스 코넌트·의원: 모건 가의 동지 듀폰의 고문 변호사.
- 레슬리 그로브스·의원: 모건 가가 지배한 레밍턴랜드의 부사장.
- 존 J. 매클로이·의원: 록펠러의 체이스내셔널은행 변호사였으며 이 은행의 후신인 체이스맨해튼은행의 회장을 맡은 인물. 메이저International Oil of Major로 불리는 7대 국제 석유 회사 세븐시스터스의 대리인으로서 록펠러 부호의 국제 석유 가격 카르텔을 보호한 인물. 1947~1949년 세계은행 총재를 역임했다.

그리고 이들 위원회가 결정한 의안을 UN에 제출한 미국 대표단 구성원은 다음과 같다.

- 버나드 바루크·수석: 모건상사에서 투자한 구겐하임 동광을 담당한 월 가의 투기꾼으로 모건상사의 특권자.
- 허버트 스워프·위원: 모건의 GE 사장인 제러드 스워프의 남동생.

나중에 이 대표단의 작업을 그대로 이어가는 강력한 UN의 대표가 록펠러재단의 이사장 존 포스터 덜레스, 바로 전후 일본의 재군비를 구체화한 인물이었다. 모건의 철광 트러스트와 스탠더드오일 트러스트를 만든 이 역시 록펠러재단의 덜레스였다. 같은 해 1946년 가을 존 데이비슨 록펠러 2세가 UN 본부에 뉴욕의 부동산을 여섯 블록이나 매수해 기증했고, 그곳에 UN 건물이 세워졌다. **전 세계가 잿더미가 된 전후 전 세계 경제력의 70퍼센트를 장악한 나라**가 미국이었으며, 당시 UN은 미국의 2대 군수 자본의 자금으로 활동을 시작했다. 이로써 모든 국가가 미국에 의해 좌지우지되는 전후세계가 탄생한다.

UN에 원자력위원회가 설치되고 한 달쯤 뒤인 1946년 3월 5일, 영국의 윈스턴 처칠(177쪽 왼쪽 아래) 전 총리는 미국 트루먼 대통령의 초대로 미주리주 풀턴의 대학에서 명연설을 했다. 연설 내용 중에 "발트해의 (폴란드) 슈테틴에서 아드리아해의 (이탈리아 항만 도시) 트리에스트에 이르기까지 유럽 대륙을 횡단하는 철의 장막이 드리워졌다. 중부 유럽과 동유럽의 유서 깊은 수도들은 모두 저쪽 편에 있다"라며 "공산주의 국가 소련이 초래한 철의 장막"을 언급했다. '소련은 적'이라는 폭탄 발언을 함으로써 전 세계를 도발한 것이다.

두말할 필요 없이 '전' 총리 처칠의 전쟁 사랑은 영국 내에서도 악명 높았다. 처칠은 군수장관일 적에 전장에서 탱크라는 움직이는 무기를 스스로 고안해내고 공군장관으로서 영국 공군의 시초가 되었을 뿐 아니라, 해군장관 시절에는 미증유의 해군 예산으로 군수산업에 막대한 자금을 투자하기도 했다. 그렇기 때문에 영국 국민은 독일이 항복한 이후 '더 이상 싸움꾼은 필요 없다'고 생각했다. 따라서 일본 패전 직전에 시행된 영국의 총선거에서는 노동당이 승리하고 '영웅' 처칠이 총리 자리에서 쫓겨나기에 이르렀다. 그랬던 처칠이 전후 또다시 전쟁의 주동자로 등장한 것이다.

처칠의 연설이 있은 지 1주일 뒤인 3월 13일, 소련의 독재자 스탈린은 공산당 일간지 『프라우다』의 기자 앞에서 "처칠은 전쟁 도발자"라고 비판함으로써 '동서 냉전 시대'의 막이 오른다.

1989년 11월 9일 동서 독일을 분리했던 베를린 장벽이 붕괴하기까지 43년간…… 이 같은 냉전 시대가 지속됐다. 그리고 일본 역시 이 냉전에 휘말리게 된다.

철의 장막 연설이 있은 지 얼마 지나지 않은 1946년 6월 30일 남태평양 마셜 제도의 비키니 환초에서 최초의 원자폭탄 실험인 에이블Able이 시행됐다. 마침내 결국 이곳에서 AEC는 '공포의 대기권 내 핵실험 시대'의 막을 연다.

이어서 7월 23일 비키니에서 두 번째 핵실험인 베이커Baker가 시행됐다. 그러나 이번에는 수중 폭발이 함선에 어느 정도의 영향을 줄 것인지, 또는 원자폭탄을 어뢰 등의 수중 무기로 이용할 수 있을지 여부를 검증하기 위한 최초의 '해저' 원자폭탄 실험이었다. 그 결과 195쪽 아래 사진처럼 도저히 이 세상의 것이라고는 믿기지 않는 엄청난 폭발이 일어났고, 예기치 못한 대규모 플루토늄 오염이 발생했다.

1946년 6월 30일 남태평양 비키니섬에서 실시된
최초의 원자폭탄 실험 에이블

1946년 7월 23일(현지 시간), 남태평양 비키니섬에서 실시된
최초의 해저 원자폭탄 실험 베이커(앞에 보이는 기둥)

ABCC, 일본의 피폭 후유증을 조사하다

미국은 피폭 문제에 대처할 필요성을 느꼈으며 1946년 11월 26일 트루먼 대통령은 실즈 워런 박사가 작성한 해군성 외교문서에 서명한 후 원자폭탄상해조사위원회ABCC, Atomic Bomb Casualty Commission를 설립한다. 그리고 히로시마와 나가사키의 원폭 피폭 생존자를 대상으로 방사선의 의학적·생물학적 영향을 조사하라는 지시를 내리는 등 일본 내 피폭자들에 대한 조사가 시작된다.

1947년 3월 히로시마적십자병원이 개설되고 1948년 7월 나가사키 의과대학부속병원(지금의 나가사키대학)에서 개설된 악명 높은 히로시마·나가사키 ABCC에서는 생존자뿐 아니라 아이에게 미치는 유전적 영향까지 염두에 둔 방사선의 장기적 영향에 관한 조사를 실시했다. 그러나 이들이 생각한 조사란 괴로워하는 피폭자들을 치료하는 것이라기보다 그들을 인체 실험의 대상으로 이용하는 것이었다……. 왜 그랬을까?

미국에서는 이미 히로시마 및 나가사키에 거주하는 피폭자들의 끔찍한 실상을 조사한 상태였으며, ABCC가 설립된 것은 일본인의 피폭 연구를 막고 이와 관련된 정보를 독점하는 등 방사능에 의한 피해를 은폐할 수 있는 권위자로 군림하기 위해서였다.

ABCC 창설을 주장했던 실즈 워런은 1947부터 1952년까지 AEC의 생물의학과를 이끌었고 1952~1958년에는 AEC의 의학 고문을 맡으면서 세인트조지 등에서 주민의 피폭被曝을 방임했으며, 1955~1963년에는 원폭의 방사선영향과학위원회의 UN 대표까지 역임했던 인물이다.

원폭 실험을 실시했던 AEC에는 맨해튼 프로젝트에 참가했던 사람들이 그대로 투입됐으며, 이들은 남태평양과 네바다주에서 시행된 원자·수소폭탄 실험을 총감독했다. 이들은 원자·수소폭탄 실험을 대대적으로 시행해야 했다.

핵실험에는 두 가지 목표가 있었다. 첫 번째는 엄청난 파괴력을 지닌 무기 제조를 위한 군사적 개발이다. 두 번째 목표는 핵폭탄을 한 발 터뜨릴 때마다 얻는 막대한 이익에 있었다.

1950년 1월 26일 활동을 개시한 미국은 한국과 군사 협정을 체결했다. 이렇듯 한국전쟁 준비를 마친 5일 뒤에는 트루먼 대통령이 수소폭탄 제조를 지시하는 등 새로운 산업에 시동을 걸기 시작했다. 그리고 결국 6월 25일, 한국전쟁이 발발한다. 일본도 이 전쟁에 관련돼 1953년 7월 27일에 이르기까지 '3년간의 대전쟁'이 이어졌다.

AEC는 머리끝부터 발끝까지 록펠러와 모건 기업이 꽂아놓은 인재로 가득했다. 결국 그들이 손에 넣고자 한 것은 소련 공산주의자들의 위기를 고조시킴으로써 국민의 지갑에서 빠져나올 금덩이, 곧 국방 예산이었다.

재무장관이 원자·수소폭탄에 할당한 예산을 보면, 원자·수소폭탄 업계로 흘러들어온 돈다발의 규모가 얼마나 컸을지 추측할 수 있을 것이다.

괄호 속 금액은 2011년 기준으로 환산한 가치.

1948~1951년 4년 합계: 26억 달러(1392억 달러).

1952년: 17억 달러(592억 달러).

1953년: 18억 달러(596억 달러).

1954년: 19억 달러(628억 달러).

대기권 내 핵실험 시대인 1950년대 10년 합계: 237억 달러(8082억 달러).

그러나 이런 엄청난 금액은 소위 1차 예산이라 불린 액수에 불과할 뿐, 추가 예산은 빠져 있다. 추가 예산은 해마다 차이는 있으나 대략 두 세 배에 달했다. 이 기간 동안 스탠더드오일의 대주주 및 모건상사의 투기꾼들은 잇달아 AEC의 상위 그룹을 점유하고 있었다.

인명록에 남겨진 히로시마·나가사키 ABCC의 창설자인 실즈 워런의 이력서에 의하면, 그는 "히로시마·나가사키의 원폭 피폭자들에 관해 조사했다"고 한다. 원폭 실험과 히로시마·나가사키의 원폭 피폭자들을 실험 대상으로 삼은 조사가 동일인에 의해 이루어졌던 것이다.

ABCC는 원폭 투하 5년 후 1950년 8월에 피폭 생존자만을 대상으로 한 조사를 실시했다. 이 말인즉, 원폭 투하 5년 이내에 사망한, 최대 피해자들은 조사 대상에서 제외시켰다는 말이다! 게다가 ABCC는 폭심지로부터 2.5킬로미터 반경 내의 사람들만을 대상으로 삼았으며, 사실상 이들과 피폭 정도가 크게 다르지 않았던 2.5킬로미터 지역 밖의 사람들은 피폭 대상에서 제외시켰다. 10킬로미터 이상 떨어진 곳에서도 대량의 피폭 증상이 발생했는데도 불구하고 말이다! 온갖 수단을 동원해 방사능 피해를 축소시키려 한 것이다.

ABCC가 실시한 피폭 조사에서 찾아볼 수 있는 결정적인 의학적 과오는 첫째, 히로시마와 나가사키 피폭자들의 체내에서 진행 중인 내부 피폭被曝을 무시한 점. 둘째, 방사능 오염지역 내 잔류 방사선의 영향을 완전히 무시한 점. 셋째, 피폭에 의한 후유증을 '암과 백혈병'으로 한정 지었다는 점에 있었다. 아니, 실제로 그들은 모든 가능성을 염두에 두고 조사했으나, 그 결과를 (의도적으로) 일절 공표하지 않았다.

게다가 실즈 워런은 1950년부터 60년에 걸쳐(전 세계에서 위험한 대기권 내 핵실험이 가장 많이 시행된 시기에) UN 방사선과학위원회의 미국 대표를 역임했으며, 그 이후에도 WHO의 요직을 맡는 등 '의료인의 거울'인 양 행세해왔다. 도대체 왜? 수많은 의문이 제기된다.

히로시마·나가사키 ABCC를 계승한
일본의 원자력 2, 3세대

한편 1975년 4월 일본은 히로시마·나가사키의 피폭자를 실험 대상으로 이용해 관찰을 지속해온 미국의 ABCC를 계승한 후 조직을 개편해 방사선영향연구소(방영연)로 탈바꿈시킨다. 약칭인 '방영연'은 방의연(방사선의학종합연구소)과 헷갈리기 쉬우니 주의하길 바란다. 조직이 개편된 시대는 중동 발 석유 위기인 오일 쇼크 직후였으며 전 세계적으로 원자력 붐이 일면서 미국은 대량의 원자로를 일본에 팔 기회를 엿보고 있었다. GE와 웨스팅하우스는 막대한 이익을 노리며 ABCC의 주도권을 일본인에게 쥐어주는 형식을 취했다. 이로써 일본의 원자력 2세대가 탄생한다.

당시 ABCC를 받아들인 것은 1948년 1월부터 ABCC의 조사 프로그램에 정식으로 참가한 후생성(지금의 후생노동성)의 국립예방위생연구소(지금의 국립감염증연구소)였다. 그러나 국립예방위생연구소에는 무슨 연유에서인지 전시에 세균·화학전 연구를 위해 생체 해부 등을 했던 대일본제국 육군 범죄자 '731부대'의 잔당이 대거 투입돼 있었다. 원자력 시대를 주도한 과학기술청 사무차관 우메자와 구니오미梅澤邦臣의 둘째 형인 우메자와 하마오梅澤濱夫도 바로 이 연구소에 있었다.(이들의 관계는 뒤에서 상세히 언급하겠다.)

전후 미군은 세균전 자료를 교환하는 조건으로 끔찍하기 짝이 없는 살인 부대의 범죄를 도쿄 재판에서 면책시킨 것이었다.

게다가 전후 히로시마·나가사키에서 의학자나 의사였던 다수의 일본인은 즉시 ABCC의 조사에 협력한다. 이들은 비극적이게도 미국인과 함께 모국에서 일본인 피폭被爆·피폭被曝 피해자를 은폐하기 위해 최선을 다했다. 이런 사람들의 후계자가 아직까지도 방사선은 무서운 게 아니라고 주장하고 있으며, 어떤 이는 나가사키대 교수가 됐다.

1978년 일본의 원자력위원회에서 비공식으로 마련한 '원자력 국제 문제 간담회'에 의심쩍은 인물이 나타났다. 바로 미국 ABCC를 계승하여 히로시마·나가사키의 피폭被爆자에게 미치는 방사선의 영향을 조사하는 '미일 공동 연구기관', 즉 방사선영향연구소의 이사장으로 1981년부터 군림한 시게마쓰 이쓰조였다. 국제역학협회 이사로서 약해藥害인 스몬병(아급성척수시신경증)과 카드뮴 오염 공해로 인한 이타이이타이병을 연구를 이끌기도 했던 그는 의학적으로 이러한 병을 일으킨 명백한 원인으로 보이는 물질에 대해 '관련이 없다'고 판정한 바 있다. 그야말로 피해자들의 고통을 짓밟는 중대한 역학 범죄를 저질러온 이가 시게마쓰 이쓰조였다.

1986년 체르노빌 원전 사고 발생 이후 IAEA가 조직한 체르노빌 원전 사고 피해 조사단의 단장을 맡은 범죄자 시게마쓰는 체르노빌 오염 피폭被曝지역을 방문한 뒤 국제 과학자 집단의 수장으로서 1991년 IAEA의 「국제 체르노빌 프로젝트 보고서」를 작성한다. 이때 그는 "주민에게 이렇다 할 방사능 피해는 전혀 없다"는 보고 내용과 함께 "원인은 방사능 공포증에 있다"는 식의 분위기를 조성해 전 세계의 빈축을 샀다. 그리고 오늘날까지 히로시마와 나가사키에 연구소를 둔 방사선영향연구소는 미국으로부터 자금을 제공받고 있다.

ICRP의 위원이기도 했던 시게마쓰 이쓰조의 체르노빌 현지 조사를 지원한 것은 사사카와재단이었다. 사사카와 료이치는 전시에 우라늄 조달을 위해 은밀히 활약했던 A급 전범 용의자로 우익 단체인 국수대중당國粹大衆黨 총재였다. 하지만 미국은 이들을 이용할 목적으로 전후 그를 비롯해 만주 침략주의자인 기시 노부스케(101쪽, 아베 신조의 할아버지)와 특별고등경찰特別高等警察의 주도자였던 쇼리키 마쓰타로 등의 전범자를 석방시킨다. 이런 사실을 감안할 때 사사카와 료이치에 의한 사사카와 체르노빌 의료 협력 사업에서 시게마쓰 이쓰조의 후원자 역할을 한 것은 어찌 보면 당연한 일이었다. 그리고 사사카와 체르노빌 의료 협력 사업 당시 작성된 허무맹랑한 검진 결과 보고서는 WHO와 IAEA로 보내지면서 '높은 평가'를 받은 것이다.

AEC-ICRP-IAEA에 걸쳐 길게 뻗어 있는 손길이 일본에까지 뻗쳐 원자력산업을 좌지우지하는 모습이 그려질 것이다. 시게마쓰 이쓰조는 후생노동성에서 은밀한 세력을 유지해왔다. 그리고 그는 후쿠시마 원전 사고가 일어난 이듬해인 2012년 2월 6일 94세의 나이로 세상을 떠났다. 그러나…….

1995년 사사카와 료이치가 세상을 떠난 후 사사카와재단은 일본재단으로 개칭한 후 소노 아야코曾野綾子에게 계승됐다. 바로 이 사사카와재단 산하에서 시게마쓰 이쓰조와 손을 잡았던 상대가 체르노빌 피폭被曝 현지 파견 전문가의 수장이던 나가사키대의 나가타키 시게노부와 야마시타 슌이치였다. 1장에서 언급했듯, 이들은 후쿠시마 원전 사고로 인한 방사능 피폭을 방치했다. 그리고 사사카와 료이치의 아들 사사카와 요헤이笹川陽平는 지금까지도 야마시타 슌이치를 칭송한다. 원자력 3세대의 등장이라고 할 수 있다.

나가사키대학의 나가타키 시게노부야말로 시게마쓰 이쓰조를 계승해 방사선영향연구소의 이사장을 지낸 인물이었다. 또, 나가타키는 전후 일본의 원자력산업을 이끌어나간 가야 세이지芽誠司가 원자력 추진을 위해 설립한 일본동위원소협회의 상임이사이기도 했다. ABCC와 가야 세이지 그리고 사사카와재단이라는 흐름을 꿰뚫고 있던 나가타키는 후쿠시마의 아이들에게 20밀리시버트는 무해하다는 주장을 펼치는 등 원자력안전위원회의 활동에 힘을 실어주었다. 그가 지금까지도 동일본 아이들에 대한 검진에 반대하고 있는 것 역시 배후에 이러한 인맥이 있기 때문이다.

앞서 1장에서 "4월 10일(일요일), 아직까지 사고로 인한 끔찍한 고농도 오염수가 태평양으로 유출되고 방사능구름이 동일본 전역을 뒤덮은 상황에서 회의가 열렸다. 이때 일본의 원자력안전위원회 소속 구스미 시즈요久住靜代 위원(방사선영향학)은 원자력발전소에서 반경 20킬로미터 영역 밖 동일본에 속하는 높은 방사능 수치를 보이는 오염지역의 연간 적산선량 허용치를 돌연 '20밀리시버트'로 하자고 제안했으며, 일본의 안전위원회는 이에 동의한다"는 내용을 언급한 바 있다. 여기서 말한 구스미 역시 방사선영향연구소에서 임상연구부 부㎖부장이던 시절부터 시게마쓰 이쓰조의 밑에 있었다.

플루토늄 인체 실험과
조직적 50만 명 살육 계획

전후 ABCC가 탄생한 시대로 되돌아가보자. 바로 그 당시에 이들의 배후에서 무시무시한 일들이 비밀리에 진행되고 있었으니까……. 아마 여러분은 보고도 믿기 어려울 것이다.

뉴멕시코주에서 최초의 원자폭탄 실험을 성공시킨 원자폭탄의 아버지 로버트 오펜하이머(177쪽 오른쪽 위)는 핵분열 연쇄반응을 최초로 성공시킨 엔리코 페르미에게 '**방사성 독극물 무기**'를 사용한 50만 명 살육 계획'에 관한 서신을 보냈다. 맨해튼 프로젝트가 한창이던 1943년 5월 25일의 일이다.

기밀 해제로 인해 만천하에 폭로된 공포의 살육 계획은 다음과 같았다.

엔리코 페르미께,

방사능에 의한 식품 오염 문제와 관련해 보고합니다. 저는 이미 몇몇 작업을 진행 중에 있습니다. (…) 50만 명을 사망에 이르게 할 정도의 음식물을 오염시키지 못할 시에는 계획을 시행해선 안 된다고 생각합니다. 균일하게 분포되지 않기 때문에 실제로 피해를 입는 이가 이보다 훨씬 더 적어질 것이 분명하기 때문입니다. (…)

_로버트 오펜하이머 드림

이렇듯 맨해튼 프로젝트의 수모자들에 의해 미국 전역에서 '플루토늄을 체내에 주사하는 인체 실험'이 시행됐다. 이 끔찍한 사실에 관해서는 1994년 퓰리처상을 받은 『플루토늄 인체 실험*The Plutonium Files*』에서 상세히 보고된 바 있다.(『플루토늄 인체 실험』에 등장하는 중요 인물들의 이

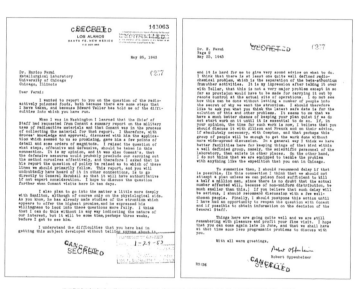

오펜하이머가 페르미에게 보낸 50만 명 대량 학살 계획에 관한 서신

로버트 오펜하이머　　　　　엔리코 페르미

력은 180쪽 왼쪽 하단에 표시함.)

히로시마, 나가사키에 원자폭탄이 투하되기 5개월 전인 1945년 3월, 맨해튼 프로젝트의 의료 담당자가 로스앨러모스연구소에서 회합을 가졌다. 이 회합에서 오펜하이머를 비롯한 관계자들은 환자에게 플루토늄을 주사할 계획에 협력해줄 것을 요구했다. 그리고 다음 달(1945년 4월 10일) 테네시주 오크리지의 맨해튼 프로젝트 병원에서 교통사고로 중상을 입은 흑인 남성에게 플루토늄을 주사했다. 이 첫 환자를 시작으로 가공할 만한 과학 실험이 전개되기 시작했다. 종전 후 1947년에 이르기까지 병실에서는 말기 암 환자처럼 살 수 있는 날이 얼마 남지 않았다고 여겨지는 열여덟 명의 일반 시민을 선별해 정맥에 플루토늄을 주사하는 인체 실험을 시행했다. 피험자들은 플루토늄 주사를 맞은 후 군이 그럴 필요가 없음에도 불구하고 내장 절제 수술을 받거나 사망

후 유해까지 연구에 이용되는 등 그야말로 실험 재료로 취급되었다.

플루토늄을 주사한 사람은 무명 의사가 아니었다. 의학계의 권위자로서 당시 히로시마·나가사키 ABCC를 좌우하며 방사능-생체 간의 영향관계를 결정 짓던 위원회 등에서 최고 지도자로 있던 이들이었다. 게다가 이들은 전부터 맨해튼 프로젝트와 관련이 있었다. 무슨 관계였을까……?

사실 맨해튼 프로젝트에서는 원자폭탄 개발부만 그 이름이 널리 알려져 있어서, 일반적으로 맨해튼 프로젝트라 하면 이 개발부를 떠올리기 쉽다.

그러나 이들뿐 아니라 사실 맨해튼 프로젝트의 제2부문으로서 인체 실험에 관여했던 '의학부'가 존재했다. 그들은 방사능의 위험성을 연구했던 부서였다. 맨해튼 프로젝트 종사자들이 원자폭탄 제조법을 연구했던 시절, 이미 로스앨러모스연구소에서는 피폭被曝에 의해 엄청난 수의 환자 및 사망자가 발생하고 있었기 때문에, 연구진은 일찍이 방사능의 위험성을 감지하고 있었다.

당시 플루토늄 생체 실험을 인가한 당사자는 의학부의 최고 책임자이자 의료주임인 스태퍼드 워런이었다.(앞서 언급한 히로시마·나가사키 ABCC 창설자는 실즈 워런이며, 이 둘은 성은 같으나 다른 인물이므로 혼동하지 않도록 주의할 것.)

스태퍼드 워런은 뉴멕시코주 앨라모고도에서 시행된 1945년 7월 16일 '최초의 원자폭탄 실험'에서 방사성 낙진(죽음의 재)을 관측했다. 그리고 원자폭탄이 작렬하는 모습을 관찰하던 이들 상당수가 **일시적인 실명**을 경험했을 뿐 아니라 대량으로 피폭된 점으로 미루어 볼 때

"방사성 낙진에 의한 잠재적인 위험성이 남아 있다"고 보고했다.

원자폭탄 실험 실시 5일 후에 워런이 당시의 관측 결과를 지휘관 그로브스에게 보고한 내용 중에는 다음과 같은 언급이 있었다.

실험 당일부터 이튿날까지 이틀에 걸쳐 방사성 물질이 낙하한 사실이 관측됐는데, 실험장으로부터 반경 120~160킬로미터 범위에 걸쳐 주민이 살고 있다는 점이 확인됐다. 다행히 고농도의 방사능이 검출된 곳은 무인지대뿐이었다.

관측반 소속 연구자들은 위험성을 알고 작업에 착수했으나, 그중 다수가 꽤 많은 양에 피폭됐다.

3.2킬로미터 이내에서 피폭된 사람 중에 **사망자나 중증 환자가 나올** 위험이 있다. 조사를 실시한 주택가 가운데는 경우에 따라 방사성 낙진에 의한 잠재적 위험성이 꽤 높은 곳도 있다.

여기서 언급하는 주민의 '잠재적 위험성'은 실제로 갑상선암을 비롯한 각종 암이 발생함으로써 증명됐다. 놀랍게도 2014년에야 미국 국립암연구소에서는 앨라모고도 인근 주민 피해 실태에 관한 조사를 시작했다.

어김없이 원자폭탄이 투하된 히로시마와 나가사키에 모습을 드러낸 스태퍼드 워런은 이후 ABCC와 공동으로 피폭자를 실험 대상으로 이용한 인물이기도 했다. 워런은 일본인과는 다른 시점에 히로시마와 나가사키의 피폭자를 생체 연구 대상으로 삼았으며 남태평양 비키니에서 시행된 원자폭탄 실험에도 참여했다. 그 목적은 언제나 인체를 관찰하는 데 있었다.

스태퍼드 워런은 1981년에 세상을 떠났으나, 의학자로서 그의 이력을 살펴보면 플루토늄을 주사했던 인체 실험을 인가했을 뿐 아니라, 지적장애 연구와 관련해 대통령 특별보좌관을 역임했고, 시각장애 연구에서도 권위자였음을 알 수 있다. 이들 모두 대표적인 방사능 관련 장애에 해당된다. 히로시마와 나가사키의 피폭자를 조사하면서 핵실험과 인체 실험도 수없이 이루어졌는데, 이때 인체 실험을 담당했던 의사들은 원자폭탄이 전쟁에 사용돼서는 안 될 만큼 위험한 무기라는 점을 알아챘을 것이다. 핵실험과 원자력의 가장 큰 특징은, 사람을 죽이는 데는 별다른 죄책감을 느끼지 못하면서도 자신이 희생해야 할 때는 도망쳐버리는 사람들의 과학론이라는 점이다. 이처럼 '특정 부류의 과학자'들이 맨해튼 프로젝트의 원자폭탄 개발 부대로 집결된 이후, 무기 개발 및 생체 연구 담당자들은 서로 밀접하게 연락을 취해가며 조직적으로 살인 계획을 추진해왔다.

우리가 이런 사실들을 '전시 중의 광기'로 치부해버릴 수 없는 이유는 그들이 전후에도 핵실험과 인체 실험에 매달렸기 때문이다. 그리고 이러한 인맥들이, 방금 언급했듯이 일본으로 계승되면서 원전 방사능 무해론無害論을 퍼뜨리고 다녔다. 전후에는 같은 이들이 더더욱 위험한 냉전을 도발함으로써, 수많은 무고한 사람의 죽음을 발판 삼아 거액의 이권을 챙겨온 것이다.

하버드대에서 행해진 조직적 인체 실험

앞서 언급했던, 뉴멕시코주의 지방 신문 『앨버커키트리뷴』이 보도한 플루토늄 인체 실험 외에도 잇달아 인체 실험 관련 보고가 나오면서 그 실상이 드러났다.

1947년 9월에는 캘리포니아주 스탠퍼드대 윌리엄 글루릭 교수가 ABCC와의 공동 작업을 위해 일본을 찾았으며, 히로시마, 구레, 나가사키, 사세보佐世保에서 일본의 어린아이 약 1000명에게 엑스레이를 쐬게 하여 원자폭탄 방사선의 영향력을 실증하는 끔찍한 실험을 했다. 생체 실험 전에 윌리엄 교수가 스탠퍼드 워런에게 상담을 했으나 워런은 "엑스레이의 피폭량은 미미하므로 괜찮다"며 이를 허가했다고 한다.(『도쿄신문』 2014년 8월 2일 석간.)

때마침 ABCC의 히로시마 원자폭탄 병원의 피해자를 조사하는 등 육군장관 직속 방사능 피폭 전문가로 활약하던 오스틴 브루스가 플루토늄 인체 실험 환자들의 증상을 추적하던 중이었다.

앞서 소개한 영화 「라듐 시티」에 의하면 1948년 원자력 프로젝트 때문에 일리노이주에 시카고대 관할 아르곤국립연구소 건설이 시작됐고, 여기에 6800만 달러가 투입됐다. 그리고 1920년대를 전후로 야광 시계에 형광 염료를 도포하다가 피폭된 여성 노동자 중 '생존자' 추적 조사에 착수했다. 이 역시 방사능 영향 조사의 일환으로 위험성을 확인하는 것이 목적이었다. AEC가 자금을 대고 생존자들은 아무런 보상이나 배상도 받지 못한 채 극심한 고통을 수반하는 골수 검사를 받았다. 이 검사를 통해 장기 및 종양에 관한 조사가 진행되었다. 이 조사가 끝날 때까지 생존한 오타와시 출신의 여성 공장 노동자 전원 205명 중 놀랍게도 80퍼센트가 암에 걸렸으며, 그중 50퍼센트가 끝내 사망했다.

전쟁이 끝난 뒤에도 인체 실험 환자들에게 플루토늄이 주사되었다. 도대체 맨해튼 프로젝트 부대는 무슨 생각으로 그런 일을 저질렀던 걸까?

스태퍼드 워런은 1947년 UCLA에 의학부를 창설하고 스스로 초대 학부장으로 취임했다.

이윽고 1950년대에 들어 한국전쟁 발발과 함께 서부 네바다주에서 대대적인 대기권 내 핵실험이 개시되었다. 워런은 그 기간 동안 방사능 관련 최고 책임자를 맡았으며 죽음의 재에 있어서는 '세계 제일의 권위자'로서 군림했다. 그리고 그가 안전하다고 정한 기준에 따라 핵실험이 시행됐으며, 이는 죽음의 재가 내려앉았던 풍하 지대 세인트조지를 비롯한 지역에서 생활해야 했던 엄청난 수의 주민을 죽음에 이르게 했다.

1960~1972년에 걸쳐 오하이오주 신시내티대학병원에서는 말기로 보이는 암 환자 82명에게 치사량에 달하는 방사선을 쬐게 했는데, 그중 70퍼센트인 61명이 저소득층 아프리카계 미국인이었다. 이들은 학교에 다닌 평균 연수가 5년 정도로 짧았는데, 이들에게 행한 시술에는 특이한 점이 있었다. 일반적으로 인간의 생명에 지장을 주는 피폭량은 200래드(오늘날 단위로 2그레이)부터인데, 이들 환자에게는 250래드에 달하는 엑스레이를 조사照射한 것이다. 그리고 이 실험 이후 60일이 채 지나지 않아 25명의 환자가 사망했다. 오크리지국립연구소에서도 똑같

은 실험이 행해졌다. 이와 같은 인체 실험을 주도했던 의사는 바로, 뒤에서 다시 언급할 조지프 해밀턴이었다. 이 이름을 기억해두길 바란다.

말기 암 환자들에게 엑스레이를 쐬게 했다고 한들 이는 마지막 치료 수단일 뿐 인체 실험으로 볼 수 없다며 의구심을 갖는 독자들도 있을 것이다. 그러나 엑스레이를 찍은 조사실 바닥은 목재로 엑스레이가 쉽게 투과되는 자재였다. 목재 바닥을 열면 플라스틱 전선이 종횡으로 뻗어 있었으며, 전선에는 실험용 쥐를 넣은 바구니가 족히 50개는 매달려 있었다. 환자는 치료를 위해 엑스레이를 쬔 것이 아니라 데이터 수집을 위해 다양한 측정기를 달고 침대에 눕혀진 것이었다. 의사들은 이 같은 인체 실험 도중에 바닥을 열어서 환자들 옆으로 피폭被曝된 쥐를 꺼내 들고 돌아다니며 물과 사료를 먹이기까지 했다. 환자들은 치료실에서 쥐똥과 동거를 한 셈이다.

1993년 이후 미국에서는 인체 실험과 관련된 기록이 대거 폭로됐는데, 그중에서도 특히 독가스 화학자 제임스 코넌트가 총장으로 있던 시절 하버드대에서 시행된 조직적인 인체 실험은 중요한 사실을 시사한다. 제임스 코넌트는 로스앨러모스의 원자폭탄 제조 그룹을 지도하는 그로브스 준장에게 직접 정치적 지시를 전하던 중요 조직인 국가방위연구위원회의 위원장이기도 했다. 또한 동부 마을에서 우유나 음식물에 방사성 물질을 넣어 지적장애가 있는 아이에게 먹이는 실험이 시행됐다는 사실이 밝혀지면서 공청회가 열리는 등 미국 전역이 충격에 빠졌다. 케네디 대통령의 남동생 에드워드 케네디 상원의원이 의장으로 있던 시절인 1994년에 열린 공청회에서는 수많은 인체 실험 사례가 밝혀졌다. 1940~1950년대의 방사성 물질을 사용한 인체 실험은 미국 전역의 600명을 대상으로 800회나 실시됐다고 알려져 있었다. 1990년대에는 그 숫자가 1200명으로 늘어났고, 족히 1만 명은 넘는 라듐 피해자에 관한 보고가 나왔다.

미국 항공우주국NASA 역시 인체 실험을 진행했다. 1963부터 1971년(또는 1973년) 사이에 NASA의 의뢰를 받은 AEC는 워싱턴주와 오리건주의 무기징역수 131명을 대상으로 대량의 방사선 조사 실험을 실시했다. 죄수들은 성기를 노출한 채 최고 600래드의 방사능을 쬐어야 했다. 국부 조사였기 때문에 이들은 곧바로 사망하지는 않았으나 전신 피폭량이 400래드인 경우 절반 이상이 사망한다는 점을 감안할 때, 이들에게는 그 1.5배라는 상상을 초월하는 대량의 방사능이 조사된 꼴이다. NASA에서는 이를 통해 얻은 데이터를 우주항공사의 아폴로 계획 등에 참조했다.

이와 같은 실험은 우주 공간에서 작업할 때 인체의 안전성 여부를 알아내기 위한 특수 분야 중 하나로 여겨져 의료 부문에 종사하는 소수가 책임져야 할 범죄라는 인상이 강했다. 그러나 실제로 연표를 따라 추적해보면 탄도미사일 개발 부대인 NASA가 맨해튼 프로젝트 전체 구조 내에 편입되어 시행된 대규모 인체 실험이었다는 점이 분명해진다.

인체 실험은 망상에 휩싸인 소수의 의사가 주도한 일이 아니었다. 맨해튼 프로젝트에 모여든 이들이 조직적으로, 심지어 미합중국 당국이 중심이 되어 원자·수소폭탄의 이권을 쟁취하기 위해 실험을 지속해온 것이다. 인체 실험의 목적은 피폭 데이터를 손에 넣음으로써, 제3자의 발언을 용납하지 않는 방사선의 권위자가 되어 '안전 기준치'를 자유자재로 휘두르는 데 있었다. 뒤에서 언급하겠지만 그들 자신이 ICRP와 UN 조직에 군림한 이후 벌어진 일들은 이러한 사실을 방증한다.

믿을 구석이라곤 없어 보이는 악이 득실대는 세계가 바로 여기 있었다. '권력을 좇아 온 이들'은 원자폭탄을 개발하려던 맨해튼 프로젝트의 애초 목적을 강제로 원자력 개발 쪽으로 바꾸었다. 그리고 AEC, ABCC, ICRP, IAEA, WHO, 원자력규제위원회NCR, 미국에너지부DOE 등의 조직을 만들어내면서 방사능의 안전성을 선전하기 위한 활동을 펼치며, 원자력의 권위자로 군림해왔다.

원자폭탄이 생기기 전인 제1차 세계대전 발발 당시 코넌트는 독가스 무기 개발에 종사했는데, 이 또한 본질적으로 살인 계획에 다름없었다. 독가스 무기→원자폭탄 제조 맨해튼 프로젝트→방사성 물질에 의한 50만 명 살육 계획→원자폭탄 투하→히로시마·나가사키의 ABCC 피폭자 조사→원자·수소폭탄 실험→플루토늄·엑스레이 인체 실험이라는 일련의 사건은 같은 인적 네트워크에 의해 벌어지고 있었다.

이와 동시대에, 비록 실패하긴 했지만 나치스 독일도 원자폭탄 개발에 도전했다. 아우슈비츠 강제수용소 등에서는 독가스를 대량으로 사용했고, '죽음의 천사'로 불린 의사 요제프 멩겔레 등은 끔찍하기 이를 데 없는 생체 해부를 자행했다. 일본의 731부대는 중국 대륙에서 중국인, 한국인, 몽골인, 미국인, 러시아인 등 살아 있는 사람 수천 명에게 페스트, 콜레라, 티푸스 등의 세균을 주입해 생체 해부를 하는 등 인체 실험을 한 뒤 그들을 죽였다. 이런 중죄를 저지른 전범이, 전후 미국 점령군에 의해 면책된 것이다.

바로 이 731부대의 잔당이 앞으로 언급할 원자력 네트워크다.

7장

✕

냉전 체제의
어두운 그림자

소련의 원자폭탄 개발을 성공시킨
이중 스파이 집단

소련도 원자폭탄 개발에 매진하고 있었다. 여기서부터 이 책의 중요한 부분이다. 전후 발족한 UN에는 자본주의 경제를 축으로 하는 자유주의 국가와 국가 통제 경제를 축으로 하는 공산주의 국가가 모두 가입해 있었다. 이때 대립하던 미소 양국은 모두 핵무기를 보유중이었고, 전 세계의 핵무기 보유 국가가 합심해 **'방사능 피폭의 위험성'을 국민에게 숨기는** 시대로 돌입하게 된다. 동서 국가들 간의 태도에서는 조금도 다른 점을 찾아볼 수 없었다. 이런 상황이 UN을 중심으로 피폭을 방치할 IAEA의 탄생으로 이어진 것이다.

그렇다면 소련의 원자폭탄 개발은 누구에 의해 어떻게 진행된 것일까?

전후 1946년 미국에 이어 본격적으로 원자폭탄 개발에 돌입한 전승국 영국은 독자적으로 옥스퍼드셔에 원자폭탄 연구소를 세웠다. 그곳에서 이론물리학 주임으로 임명된 이가 맨해튼 프로젝트에서 '모든 것을 알고 있던' 독일 물리학자 클라우스 푹스였다.

푹스의 아버지는 독일의 저명한 신학 교수였는데 나치스에 대항해 격렬한 반대운동을 하다가 강제수용소로 보내졌고, 그 딸은 남편을 독일에서 탈출시킨 후 자살하는 비극적인 삶을 살았다. 부모와 형제들의 운명을 눈앞에서 지켜본 푹스는 나치스 독일에서 프랑스로, 영국으로 탈출했으며 1941년 전쟁이 한창일 때 물리학자로서 영국 버밍엄대학의 원자폭탄 연구 개발 그룹에 참가한다. 자신이 얼마나 중요한 일을 하고 있는지 깨달은 푹스는 공산주의를 배웠던 청년 시절의 자신을 떠올리며 비밀리에 소련 정보기관과의 접촉을 시도했다.

제2차 세계대전 당시 미국, 영국과 소련은 모두 연합국에 속해 손을 잡은 상태였기 때문에 적이 아니었다.

미국은 제2차 세계대전 중에 대략 1만 대에 달하는 엄청난 규모의 전투기를 소련에 보냈고, 영국 역시 4000대 이상을 보내는 등 소련을 군사적으로 지원했다. 이렇듯 미국, 영국으로부터 공급받은 1만 대의 비행기는 그 자체로 우랄 지방의 소련 군수산업에 있어서 다른 어떤 설계도보다 더 중요한 기밀 자료로 사용되었다. 이를 통해 부품 교환과 수리, 개조를 비롯해 내부 설계 및 금속 재료, 설계 기술자 양성에 이르는 서방국의 기초 기술 대부분이 소련으로 넘어갔다. 이처럼 전쟁 중에 구축된 경로로 전해진 극비 자료들은 국가보안인민위원부NKGB(KGB의 전신)로 유입되었다.

이와 같이 연합국 간 교류 작업이 한창이던 시기에 푹스는 영국에서 온 뛰어난 물리학자로서 미국 사막 한가운데 위치한 로스앨러모스의 극비 원자폭탄 개발 센터로 파견되어 설계에서 제조에 이르기까지 모든 기밀을 알게 된다. 그 결과 맨해튼 프로젝트를 통해 푹스에게 입수된 정보는 그대로 크렘린의 수뇌부로 전해졌으며, 소련은 원자폭탄 제조법의 비밀을 통째로 입수한다.

이윽고 히로시마와 나가사키에 원자폭탄이 투하되고…… 이듬해인 1946년 푹스가 영국 원자폭탄 개발 주임이 되었을 무렵, 소련 과학자들은 원자폭탄 관련 기술의 기본 설계에 관해 거의 파악을 마친 상태였다. 한편 유명한 국제 스파이 사건의 주역이었던 영국에는 '케임브리지 스파이'라 불리는 이중 스파이 그룹이 있었다. 이 그룹은 영국의 정보기관에 소속된 네 명의 최고 간부 스파이 공작원(킴 필비, 가이 버거스, 도널드 매클레인, 앤서니 블런트)들이 명문 케임브리지대를 중심으로 만든 비밀 조직이었다. 이들이 소련의 스파이로 활동했다는 기상천외한 사실이 드러난 사건이 있었다. 이 비밀 조직의 네 번째 인물인 앤서니 블런트의 신분이 드러난 것은 1979년으로 전후 30년이나 지났을 무렵이었다. 그러나 케임브리지 스파이 그룹에 '다섯 번째 인물'이 존재한다는 의혹이 불거지면서, 1986년 멤버 네 명과 모두 친했던 한 사람이 국가기밀법에 따라 영국의회의 심문에 소환됐다.

소환된 사람은 바로 런던 로스차일드은행 회장인 빅터 로스차일드 남작이었다(179, 181쪽 위). 트루먼 대통령이 한때 "세계 최고의 스파이 적발 전문가"라고 극찬했던 빅터 로스차일드가 사실 소련과 내통하던 스파이였던 것이다…….

맨해튼 프로젝트를 개시한 베일에 가려진 정체

빅터 로스차일드는 세계 최대의 금융자본을 탄생시킨 나탄 로스차일드의 직계 자손(손자의 손자)으로 로스차일드은행 회장으로서 세계 금융의 정점에 있었다. 게다가 영국 BBC 사의 '그림자 총재'로서 국제적 통신 네트워크를 지배했을 뿐 아니라, 셸연구소 소장으로서 서쪽 지역의 원자폭탄 개발에 있어 중추에 있던 인물이다.

그리고 소련의 스파이였던 빅터 로스차일드의 6촌의 남편인 베르트랑 골드슈미트(179쪽 오른쪽 위)는 프랑스인으로 제2차 세계대전 중 맨해튼 프로젝트에서 개발을 이끌던 유대인이었다. 그는 나중에 UN의 IAEA 의장을 맡았으며 전 세계 우라늄, 플루토늄 원재료 부문을 좌우하는 '총지배인'이 된다.

로스차일드 부호의 알렉산더 색스는 1939년 8월 2일 자의 아인슈타인 서간을 루스벨트 대통령에게 직접 전달해준 인물이었다. 맨해튼 프로젝트의 기폭제 역할을 한 아인슈타인 서간에서 과학자들이 작성했다고는 믿기지 않을 만큼 '자금 조달'과 '우라늄 조달'에 중점이 놓여 있었던 까닭은, 뉴욕 월가의 머천트뱅크인 리먼브러더스 부사장이던 색스가 모든 것을 계획했기 때문이다.

2008년 전 세계를 덮친 리먼 쇼크를 기억하는가? 월가의 과욕이 초래한 세계적인 경제 붕괴가 바로 리먼브러더스에서 시작되었던 것이다.

1993년에 발간된 『(자료) 맨해튼 프로젝트』(오쓰키서점)라는 두툼한 서적의 내용 중에 '자료3: 알렉산더 색스가 대통령에게 보낸 서신, 1939년 10월 11일'을 보면 다음과 같은 내용이 있다.

대통령 각하께,

(…) 알베르트 아인슈타인 박사의 서간 및 물리학자 실험 관련 자료를 전달해드립니다. (…) 궁극적으로는 상상을 초월하는 힘과 잠재력을 지닌 폭탄이 제조될 가능성이 있습니다. 각하께 드린 서면에서 아인슈타인 박사가 언급했듯이, "이 폭탄 한 대를 배로 운반하여 홍콩에서 폭발시키면 그것만으로 홍콩 전체는 물론 주변 지역 일부까지 폭파시킬 수 있을 것입니다". (…) 독일의 벨기에 침공 위험성을 염두에 두고 (벨기에) 브뤼셀에 본사가 있는 (콩고의) 위니옹미니에르 광산개발회사와 협정을 맺는 등 가능한 한 외교 루트를 통해 미국이 충분한 우라늄 공급량을 확보할 수 있도록 하는 일이 시급합니다. (…)

이 내용을 작성한 리먼브러더스 부사장 색스는 당시 러시아령이던 리투아니아 태생 유대인 이주민으로, 집안 족보는 남아 있지 않지만 '팔레스타인에 **유대 국가(이스라엘)를 건설**하기 위한 잠정 위원회'의 설립자였다. 골드만삭스를 창업한 삭스 가문, 리먼브러더스를 창업한 리먼 가문(179쪽 가운데) 역시 로스차일드 일족의 근친 유대인이었다. 그리고 이들 직계 일족과 결혼한 헨리 모건도 주니어(같은 계보도 오른쪽 가운데)는 맨해튼 프로젝트의 모든 회계를 장악한 루스벨트 내각의 재무장관으로서 군림하는 한편 이스라엘 건국의 독립채권발행회의 의장이기도 했다. 이런 다양한 사실관계를 통해 알렉산더 색스가 로스차일드 가의 중요한 인척이라는 점이 분명해졌다.

로스차일드 가문이야말로 맨해튼 프로젝트를 움직이던 배후의 존재였던 것이다.

소련의 범죄 '카틴 숲의 학살'을 눈감아준 미국

소련의 범죄는 지금부터 시작이다. 전시 상황이던 1943년 10월 23일부터 전후 1946년 1월 24일까지 소련 대사로 있던 미국 철도왕 윌리엄 해리먼(177쪽 아래)은 록펠러재단과 모건의 중추 역할을 했으며 해외 무기대여 주석행정관으로서 연합국의 군사 물자를 유럽으로 조달하는 과정을 지배했던 '죽음의 상인'이었다. 그리고 철도왕의 딸 캐슬린 해리먼(같은 계보 우측 하단)은 소련이 제2차 세계대전 당시 폴란드 장교 수천 명을 대량 학살했던 악명 높은 '카틴 숲의 학살'의 현장 조사단원으로 파견된 바 있다. 그녀는 소련 측이 "이건 나치스 독일이 저지른 학살이다"라고 발표한 '거짓' 내용을 있는 그대로 전 세계에 보고한 문제적 인물이었다. 미국과 소련의 '연합국' 동지 간의 음습하기 짝이 없는 연고는 이런 곳으로까지 영향을 미치고 있었던 것이다.

지금까지 밝혀진 바에 의하면 카틴이라고 불리는 적막한 숲 속에서 벌어진 학살 사건의 개요는 다음과 같다. 이 사건의 상세한 내막은 『제1권력』에 밝혔으나, 이 책에서는 요점만 인용하도록 하겠다.

나치스 독일의 독재자 히틀러와 소련의 독재자 스탈린 사이의 독소불가침조약과 '독일과 소련이 폴란드를 분할하여 취한다'는 비밀 정서가 모스크바에서 체결됐으며, 소련 외무장관 몰로토프와 독일 외무장관 리벤트로프의 밀약이 성립된 것은 1939년 8월 23일의 일이다.

그로부터 9일 뒤인 9월 1일, 이 밀약을 기반으로 소련을 등에 업은 독일군은 서쪽으로부터 폴란드를 침공하면서 제2차 세계대전을 일으켰다.

이를 지켜보던 소련군은 약 2주쯤 지난 9월 17일 동쪽으로부터 폴란드를 침공하기 시작했다. 이 말인즉, 지금까지 '나치스가 폴란드를 침공하여 제2차 세계대전이 발발했다'고 쓰인 역사물의 절반은 거짓이라는 뜻이다. 소련과 나치스가 '폴란드 분할' 밀약을 체결함으로써 독·소 양국이 합심하여 제2차 세계대전을 일으킨 것이다. 그렇다면 지금까지 소련의 전쟁 범죄의 많은 부분이 은폐되어온 게 아닐까?

독일군과 소련군은 폴란드 수도 바르샤바로부터 서쪽으로 170킬로미터 떨어진 곳의 브레스트에서 만났으며, 폴란드 전역이 독·소 양군의 손아귀에 들어온 것을 축하했다. 그러나 이 상태로는 야수와 다름없는 독일군과 소련군이 점령지를 둘러싸고 분쟁을 일으키거나 충돌할 위험이 있었다. 따라서 그로부터 11일 뒤인 9월 28일 독일 외무장관 리벤트로프는 재차 모스크바로 날아가 양국의 세력 범위를 정하기 위한 회의를 열었다. 이로써 폴란드는 **공식적으로** 동과 서로 분할된다. 당시 그어진 분할선이 1990년대 소련이 붕괴할 때까지 '국경'으로 남아 있던 선이다. 지금은 벨라루스령으로 폴란드 국경선 부근에 위치한 지역이 바로 독일군과 소련군이 진군하다 만난 브레스트였다.

제2차 세계대전 당시 전역에서 저항을 계속하던 폴란드인은 국가가 새로 분할되면서 장교와 병사 약 20만 명을 비롯해 100만 명이 넘는 인구가 소련 영토로 보내졌다.

특히 폴란드 장교 등 중요 인물 약 1만5000명은 224~225쪽 지도에 표시했듯이 포로수용소 세 곳으로 이송됐다. 그 대략의 인구를 보면 제1그룹이 모스크바–상트페테르부르크의 중간 지점에 위치한 오스타시코프로 6500명…… 제2그룹은 키예프에서 동쪽으로 600킬로미터 떨어진 곳에 위치한 우크라이나 동부의 스타로벨스크로 3500명⋯⋯ 제3그룹은 키예프-모스크바 중간쯤에 위치한 코젤스크로 4500명⋯⋯ 의 포로가 보내졌다.

그런데 제2차 세계대전이 첫해를 넘기고 1940년 봄을 맞았을 때쯤 폴란드 장교들에 대한 소식이 갑자기 끊겼다. 그들에게 무슨 일이 생긴 것이 틀림없었다. 그러다 이듬해 1941년 6월 히틀러가 몰로토프-리벤트로프 간에 체결한 독소불가침조약을 깨고 소련 침공을 지시하면서 '바르바로사 작전'하에 소련 영토를 잠식해 들어간 이후에야 이들의 신상에 벌어진 일들이 밝혀진다. 제2차 세계대전 개시 약 2년 뒤인 1941년 6월 22일, 독일이 소련을 기습하면서 독소전戰이 시작된 것이다.

제3제국의 영토를 하나씩 차지하면서 유럽 전역으로 그 기세를 넓히려던 독일군의 맹공은 그해 여름과 가을에 걸쳐 점차 거세졌으며 1941년 10월에는 모스크바까지 진군하여 대공세를 펼친다. '태풍 작전'에 돌입한 것이다. 독일군의 모습을 본 우크라이나 사람들은 드디어 스탈린의 공포정치로부터 해방될 수 있다는 희망을 갖고, 그들의 등장에 환호했다. 그러나 독일군은 그들을 죽이려 들었다. 멋모르고 나치스와 손을 잡았던 우크라이나인은 나중에 이런 참혹한 상황을 목격하고 후회했으나 이미 엎질러진 물이었다.

수도 모스크바까지 나치스의 발길이 미쳤으며, 크렘린 성은 풍전등화의 상황에 놓였다. 그러나 악마는 히틀러가 아닌 스탈린의 손을 들어주었는지, 태풍 작전 개시 4일 후 모스크바에 첫눈이 내리기 시작했다. 추운 나라의 병사들은 이 '하얀 옷'을 휘감고 반격에 나섰다.

독일군의 퇴각이 시작됐을 때 모스크바의 온도계는 영하 36도를 가

카린 숲 학살 사건 지도

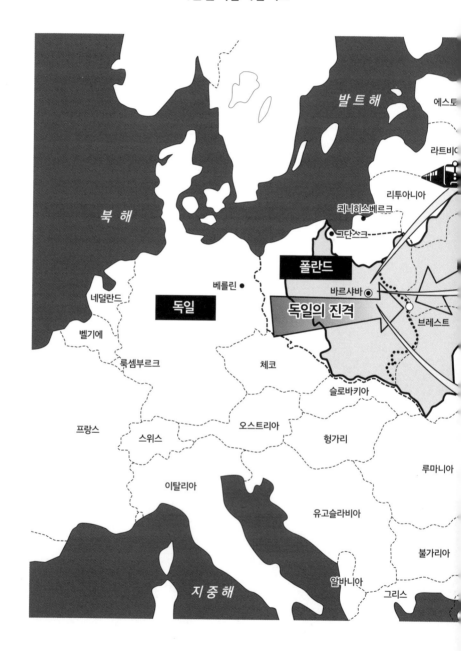

카린 숲
(시체 발견 장소)

소련

오스타시코프 수용소
(약 6500명)

미에도노이에
(시체 발견 장소)

● 스몰렌스크

● 모스크바

련의 진격

코젤스크 수용소
(약 4508명)

벨라루스
(백러시아)

예프 ●

우크라이아

하리코프
(시체 발견 장소)

스타로벨스크 수용소
(약 3500명)

몰도바

제2차 세계대전 이전의 폴란드 국경

●●●●●●●● 독일과 소련의 경계선(1939년 9월 28일)

- - - - - - - - 제2차 세계대전 이후의 폴란드 국경

흑해

카스피해

이스탄불

터키

리키고 있었다.

　그러나 독일군은 이런 혹독한 추위에 패했음에도 불구하고 포기하지 않았다. 이듬해 1942년에도 사투를 지속했으며 또다시 동장군이 찾아왔을 때는 '죽음의 스탈린그라드(지금의 볼고그라드) 공방전'을 펼쳤으나, 결국 1943년 초 독일군의 파울루스 장군 이하 9만 명의 병사가 항복하는 대참패를 경험한다. 하지만 히틀러 측은 대전이 끝날 때까지 400만 명 이상의 소련군 병사를 포로로 삼는 등 전투를 반복했다.

　1943년 4월 독일군이 봄을 기다리며 마지막 결전을 앞두고 있던 시기의 일이다. 폴란드 장교의 소식이 끊긴 지 3년도 더 지난 때였다. 나치스 부대는 얼어붙었던 땅이 녹기 시작한 러시아 숲 속에서 비참한 모습으로 학살당해 땅속에 묻혀 있는 대량의 폴란드 장교들을 발견했다. 그 숲은 카틴이라 불리던 곳이다. 악명 높은 나치스조차 치를 떨게 만든 이런 참혹한 살육을 자행한 범인이 누구인지 아는 자는 영문도 모르는 나치스, 그리고 직접 살육을 저지른 소련뿐이었다.

　독일은 곧바로 이 사실을 공표하면서 소련을 공격할 구실로 삼고자 거센 비난을 퍼부었다. 그러나 1940년 똑같이 폴란드 남부에 아우슈비츠 강제수용소를 건설하고 유대인 학살이라는 만행을 저지른 것이 독일이었다. 전 세계를 적으로 돌리고 싸우던 파시스트의 말을 믿는 이는 거의 없었다. 런던에서 이 소식을 접한 폴란드 망명정부의 외무장관 라친스키는 곧바로 이것이 소련의 행위임을 알아챘으나 당시 소련은 연합국에 속했기 때문에 나치스에게 유리한 행동을 취할 수 없었다. 모든 사정을 알던 이들은 나치스의 말을 듣고도 못 들은 척하고 있었던 것이다.

그러나 표면상으로 독일에게 누명을 씌울 수는 있더라도 세계 곳곳의 관계자가 보내는 의심의 눈초리를 무시할 수는 없었다. 크렘린 간부는 이듬해 1944년 1월 유명 작가 알렉세이 톨스토이 등으로 구성된 조사단을 현지로 보내 '억울함을 입증하고자' 했다. 오늘날 이 사건을 떠올릴 때 무심코 '스탈린의 범죄'라고 생각하기 쉬운데, 이는 다시 생각해볼 문제다. 소련이 붕괴한 후 1992년 10월 신생 러시아의 옐친 대통령 특사는 '어떤 문서'를 들고 바르샤바를 방문했다. 그 문서를 받아 든 폴란드의 바웬사는 사시나무 떨듯 몸을 떨었다고 한다. 「카틴 숲의 폴란드 장교 학살 명령서」에는 스탈린뿐 아니라 공산당 정치국 구성원 다수의 서명이 포함돼 있었던 것이다. 이후에 최고 간부 회의 구성원은 이들로 이루어졌다.

그리고 소련 정부는 '카틴 숲 학살은 나치스 독일에 의한 것'이라는 내용의 조사 결과를 발표했다. 연합군 미국과 영국 역시 이미 소련이 범인임을 보여주는 상황 증거를 파악했음에도 불구하고 그 위장 보고 내용을 묵인했으며, 미국 기업 대표 캐슬린 해리먼은 소련을 지지했다.

카틴 숲에서 사체로 발견된 장교들은 앞서 언급했던 제3단인 코젤스크 수용소에 있던 폴란드인이었다. 1990년대에는 제1그룹에 있던 사람들이 모스크바에서 북쪽으로 150킬로미터 떨어진 미에도노이에에서, 그리고 제2그룹의 사람들은 우크라이나 동부의 하리코프에서 잇달아 비참한 모습으로 발견되면서 러시아 국내에서 사건의 전모가 밝혀졌다. 제2차 세계대전이 한창이던 때뿐만 아니라 전후에도 이런 소련을 지지했던 것이 바로 미국 정부였다.

10만 명의 죄수를 활용한
소련의 원자폭탄 개발 부대

소련에서는 제2차 세계대전이 끝난 직후인 1945년부터 한때 공업지대였던 우랄 지방에서 새로이 무기 개발에 착수하라는 명령이 떨어진다. 독일인 스파이 클라우스 푹스가 전한 기밀 정보를 근거로 하여 스베르들롭스크(지금의 예카테린부르크)와 첼랴빈스크 사이에 위치한 키시팀에 원자폭탄 제조 공장을 건설하기 위한 계획이 극비리에 진행되기 시작했다.

1946년 미국이 남태평양에서 원자폭탄 실험을 시작했을 무렵 모스크바로부터 서남쪽으로 80킬로미터 떨어진 오브닌스크에서는 죄수들을 이용한 소형 원자로 건설이 진행됐으며, 이고르 쿠르차토프를 리더로 한 원자폭탄 개발반이 조직됐다. 물리학자 쿠르차토프는 스탈린의 70세 생일에 1949년 12월 21일까지 원자폭탄 1호를 완성시키라는 명령을 받고 맹렬한 기세로 그룹을 이끌어나간다. 제2차 세계대전 종전 2년 후 1947년 키시킴에 살던 사람들은 전원 난데없이 강제이주를 당한다.

대신 시베리아 등지의 강제 노역장에 수용돼 있던 죄수 약 10만 명을 그곳으로 불러들이겠다는 거대하고도 섬뜩한 프로젝트가 시작되었다. 약 10곳의 수용소에 수감돼 있던 죄수들은 키시팀으로 이송됨으로써 인생의 마지막 목적지에 도달한다. 키시팀으로 수송된 사람은 죄수뿐만 아니라 대부분의 과학자 및 연구자 들도 평생 그곳에서 빠져나올 수 없는 유폐 상태에 놓였다.

이 같은 '소련의 맨해튼 프로젝트'에서 인사를 담당하고 실행에 옮겼던 이가 비밀경찰 NKVD(KGB의 전신)의 최고 간부 장관이었던 유대인 베리야였다. 죄인 10만 명을 이동시키고 키시팀 주민을 강제 퇴거시킨 마을을 '첼랴빈스크40'이라는 암호명으로 부르며, 2700제곱킬로미터라는 광대한 면적을 감옥으로 탈바꿈시키는 작업이 '숙청인' 베리야의 지령하에 이루어졌다. 곧바로 철도가 깔리고 지하 수십 미터에 거대한 개발 공장이 생기고 나니, 시베리아 입구는 그야말로 '시베리아 공포의 마을'로 변해버렸다.

키시킴에 비밀 도시가 건설된 이듬해(1948년), 드디어 원자폭탄용 원자로 운전을 개시할 날이 왔다. 처칠로부터 '철의 장막'이라는 비난을 받고 트루먼이 '냉전'이란 선전포고를 한 상태에서 스탈린에게는 한시라도 빨리 미국과 똑같은 원자폭탄을 완성시켜서 한숨 놓고 싶다는 생각뿐이었다.

그리하여 1949년 8월 29일, 시베리아의 첼랴빈스크로부터 동남쪽으로 약 1400킬로미터에 위치한 카자흐스탄공화국의 세미팔라틴스크 핵실험장(지금의 카자흐스탄 동북부)에서 한줄기 섬광이 비쳤다. 소련이 최초의 원자폭탄 실험에서 성공을 거둔 것이다. 이는 나가사키에 투하된 미국의 팻맨을 그대로 모방하여 제조된 플루토늄형 원자폭탄이었다. 이듬해 클라우스 푹스는 스파이라는 사실이 발각되어 체포되었다.

핵실험이 시행된 일대에서 대량의 피폭자가 발생했고, 미국의 세인트조지가 그러했듯이 세미팔라틴스크 지방에서는 1990년대까지 적어도 수만 명의 사람이 죽음의 재를 뒤집어쓰고 죽거나 방사능 장애로 반세기 동안 고통받으며 지옥을 경험한다. 세미팔라틴스크에서의 핵실험은 1991년 폐쇄되기까지 총 498회에 걸쳐 시행됐는데 이중 100회 이상이 네바다에서와 같은 대기권 내 핵실험이었다. 이후 소련이 붕괴되고 1993년에 들어서자 이 지방에서 암 환자가 대량 발생했을 뿐만 아니라 아이들에게서 중추신경계이상질환이 보고되기도 했다. 2002년에는 국제 연구 그룹에서 '핵실험장 인근 주민의 몸속 DNA에서 돌연변이가 발생할 확률이 다른 지역에 비해 180퍼센트 높게 나타난다'는 조사 결과를 미국의 과학 잡지 『사이언스』를 통해 발표했다.

체르노빌 첼랴빈스크 40번지에서 일어난 처절한 참극

네바다 핵실험이 한창이던 B 기간 직후의 1960년, 소련 영공에 침입한 미국 U2 정찰기가 첼랴빈스크 부근 도시에서 추격당해 파일럿 프랜시스 파워스가 포로로 잡혔다. 도대체 그는 무엇을 알아내기 위해 그런 위험한 도시까지 비행을 감행했던 것일까?

1976년 11월 4일 자 영국의 과학 잡지 『뉴사이언티스트』에 발표되면서 유럽 및 미국에서 엄청난 반향을 불러일으킨 사건이 있었다. 바로 어느 소련인이 보고한 '소련에서의 방사능 대재해'에 관한 내용이었다. 그날 이후로 『로스앤젤레스타임스』 『인터내셔널헤럴드트리뷴』 『가디언』 『이브닝스탠더드』 『데일리텔레그래프』 『런던타임스』 『예루살렘포스트』 『타임』 등에서 잇달아 관련 내용을 상세히 보도하기 시작했다.

이 사건이야말로 지금의 일본인들에게 중요한 경고의 메시지를 시사한다.

미국 중앙정보국CIA은 사건의 진위를 둘러싸고 '소련의 불상사를 고발한 소련인'을 향해 집요하리만치 날카로운 반론을 펼쳤고, 전 세계의 원전 카르텔이 CIA의 편을 들었으며, 이에 대해 구미의 저널리스트가 응수하는 등 격론이 일면서 대대적인 논쟁이 이어졌다. 그러나 스리마일섬 원전 사고가 발생했던 1979년 이 소련인은 모든 사건의 경과를 한 권의 책으로 정리해 발표했다. 이렇게 낱낱이 파헤쳐진 데이터가 전부 공개되고 나니 더 이상 반론의 여지가 없어 보였다.

그 소련인은 바로 조레스 메드베데프다.

그는 모스크바대 생화학 학과장으로 있으면서 방사능과 생물의 연관성을 연구하던 최정상급 과학자였다. 그러나 위 사건에 대해 너무 많은 내용을 알게 됐으며, 그 밖의 다양한 숨겨진 사실을 지하 출판으로 알리고자 노력했다. 그 결과 1970년에는 '정신병자'라는 이유로 강제 수감됐다가 작가 솔제니친 등의 필사적인 구명활동으로 20일 뒤에 풀려난다. 그러나 그로부터 3년 후 영국으로 건너갔을 때 '비국민'이라는 이유로 소련 시민권을 박탈당해 귀국할 수 없게 된다.

메드베데프가 밝혀낸 사건이란, 소련의 체르노빌 첼랴빈스크 지역에 일어난 거대한 방사능 오염에 관한 것이었다.

그러나 정확히 언제, 어디서, 어떤 식으로 이런 대참사가 일어났는지에 관해 아는 이는 거의 없었다. 꽤 많은 수의 과학자가 동원되어 동물 및 식물의 오염 정도를 조사하는 작업을 했으나, 그 결과는 최고 기밀로 부쳐져 공표되지 않았기 때문이다.

메드베데프는 첼랴빈스크 현지에 세운 오염 연구소에서 연구실 실장을 해달라는 요청을 받는다. 그러나 '그곳에서 보고 들은 것은 누구

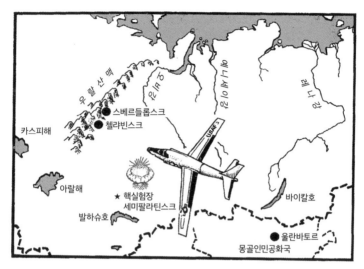

거대한 방사능 오염을 일으킨 소련 첼랴빈스크 지역

에게도 발설해서는 안 된다'는 비밀주의에 의심을 품은 그는 제안을 거절하고 본래 자신의 연구를 지속한다. 그는 평소 직업상 읽어야 했던 문헌으로도 그 지역의 방사능 오염이 매우 심각하다는 사실을 알아챌 수 있었으며 동료들의 비밀 대화를 통해 확신을 갖게 된다.

문제는 무엇이, 언제, 어디에서 일어났는가였다.

많은 과학자는 '이상한 방사능 오염 지대'를 추적하며 데이터를 발표했지만, 관련 데이터의 '장소와 시간'에 대해서는 함구했다. 게다가 "실험을 위해 방사능으로 오염시켜본 결과……"라는 언급과 함께 하나의 예로 거대한 호수를 오염시키는 등 상식적으로 생각하기 어려운 상황들이 인용되고 있었다.

'이것은 실험이 아니다. 엄청난 사고가 있었던 게 틀림없다.'

메드베데프는 본인의 일과 병행하면서 치밀하게 과학 문헌을 조사했고, 이 오염 사태의 전모를 밝혀내기 위한 작업에 심혈을 기울였다. 메드베데프가 찾아낸 첫 번째 단서는 수많은 데이터에서 공통된 하나의 거짓말을 발견한 데 있었다.

방사능 오염 단위를 천 배쯤 위조하여 훨씬 더 작은 수치로 옮겨 적어온 과학자 한 명이 어느 날 수치를 바꿔 적는 일을 깜박했는지 데이터를 있는 그대로 제출하여 이것이 공식 문서로 출력됐는데, 어떤 가설을 추적해나가던 메드베데프의 레이더망에 걸려 비밀이 밝혀진 것이다. 메드베데프가 배후에 드리운 커튼을 걷어 올리자 그곳에 있던 수상쩍은 과학자들 손에 들린 데이터들이 속속 드러났다. 이로써 밝혀진 사실들은 다음과 같다. 메드베데프가 밝혀낸 공포의 대참사의 무대는 우랄산맥 바로 뒤편에 위치한 첼랴빈스크 마을 부근이었다.

나중에 이스라엘로 망명한 소련 과학자 레프 트멜먼 교수가 1960년 이 인근을 자동차로 지나갔다.

그런데 그곳에는 "이곳으로부터 30킬로미터 지난 지점까지 절대 자동차를 멈추지 말고 최고 속력으로 통과할 것. 차에서 내리는 것을 금지함"이라고 적힌 팻말이 있었으며 도로 양측에는 부서진 집들만 보일 뿐 사람이나 동물의 모습은 코빼기도 찾아볼 수 없었다. 그 일대의 방사능 수치는 이상하리만치 높았으며 폐허가 된 면적은 수백 제곱킬로미터에 달했다. 수백 제곱킬로미터란, 예를 들어 도쿄 23구의 모든 면적을 합한 것과 비슷한 정도로 광활한 규모다.

인가를 파괴하고 태워버린 것은 방사능으로 오염된 가재도구를 가지러 오는 사람이 없도록 하기 위한 방책이었다. 가까이 위치한 공업 마을의 지면은 전부 아스팔트로 덮여 있었다.

트멜먼 교수가 통과한 오염 지대에 관해 메드베데프가 조사한 결과는 다음과 같았다.

이 지역의 오염도는 일본으로 치면, 도치기현의 주젠지호中禪寺湖 정도 크기의 호수 두 개에 상응하는 면적에서 방사성 물질 스트론튬90 등이 잇달아 검출되어 1억 톤의 호수가 완전히 방사능 범벅이 된 것과 다름없었으며, 서부 시베리아의 오비강에서 북극해에 이르는 수천 마일의 하천이 오염되어 있었다.

일대의 동물을 포획해보니 순록, 사슴 등 큰 동물부터 모피에 사용되는 족제비 유와 들쥐에 이르기까지 광활한 스텝steppe 지대의 생물체가 완전히 방사능에 오염되어 개구리, 장수풍뎅이, 거미 등은 거의 사멸한 상태였다.

호수의 잉어, 농어, 꽁치에서도 비정상적인 수치의 방사능이 검출됐는데, 더 끔찍한 사실은 호수 속을 유유히 헤엄쳐 다니는 물고기의 체내 방사능이 수중 방사능과 비교해 **평균 1300배**의 농축도를 보였고, 가장 높게는 **4200배**에 달하는 경우도 있었다는 점이다. 그럼에도 불구하고 지구 최초의 척추동물로 탄생한 어류는 살아남았다.

게다가 행동 반경이 넓은 조류에 속하는 까치, 찌르레기, 참새, 오리, 뇌조, 올빼미, 딱따구리, 개똥지빠귀 등도 오염되어 우랄 지방의 중부 및 남부 전역에서 조류 수렵이 몇 년에 걸쳐 금지되었다. 새가 그렇듯이 방사능구름 역시 바람에 따라 흘러다닌다. 미국에서 스리마일섬 원전 사고가 발생했을 당시, 하늘을 날던 새들이 푸드득거리며 추락했다. 새는 가장 피해를 받기 쉬운 동물 중 하나다.

수목의 경우 미루나무, 소나무, 전나무 등이 시들거나 잎이 떨어지는 모습을 보였으나 뿌리만 남아 있으면 다시 새로운 눈을 틔우는 놀라운 생명력을 보였다. 또 한 가지 불가사의한 점은 개미가 살아남았다는 점이다. 나무뿌리와 개미, 즉 땅속 생물들은 마치 마력이라도 지닌 듯 지옥 같은 우랄 지역에서 생존했다.

그렇다면 인간들은 어땠을까? 어디로 사라진 것일까?

자유세계로 도망가 살아남은 민간인 두 명의 증언에 따르면 오염 지대 인근 마을의 병원으로 진찰을 받으러 가서 의사로부터 들은 말은 그야말로 충격 그 자체였다고 한다. '방사능 오염'에 의한 희생자로 넘쳐났던 병원에서는 그들을 특수 병동에 격리시킨 채 한 발자국도 밖으로 나가지 못하게 했고, 다른 환자와의 대화도 금지시킨 채 누구도 특수 병동에 접근하지 못하게 했다고 한다. 증언을 해준 사람 중 한 명은 당시 임신 중이었는데, 어쩔 수 없이 임신중단 수술을 해야만 했다.

당시 병원에는 수백 개의 침대가 있었는데, 모두 사람으로 꽉 차 있었다. 근처 대도시에 있는 병원들도 똑같은 상황이었다. 2년이 지난 뒤에도 병원은 환자들로 넘쳐났으며, 결국 **수천 명의 환자 대부분이 목숨을 잃었다**고 한다.

일대의 강제 퇴거자는 수만 명에 달했고, 실제로 죽은 사람들의 숫자는 지금까지도 제대로 밝혀지지 않았다.

이곳은 본래 경치가 매우 아름다워서 러시아인의 사랑을 듬뿍 받았는가 하면 유동 인구가 많은 장소였으나 언제부터인지 인구가 급격히 감소하기 시작하더니, 메드베데프가 수용소에 감금됐던 1970년 당시에는 그로부터 삼십몇 년 전보다 더 적은 인구 수를 기록했다. 주위 도시에서는 인구가 세 배 가까이 증가하는 가운데 유난히 이곳의 인구만 줄고 있었다.

메드베데프가 밝혀낸 수수께끼의 답은 1957년 가을 겨울에 걸쳐 첼랴빈스크 40번지에서 대량의 방사능을 방출시킨 '대폭발' 사건에 있었다.

1957년이라면, 미국에서 네바다 대기권 내 핵실험이 끝나가던 시기다. 메드베데프가 밝혀낸 1957년 당시 지옥을 방불케 했던 우랄의 상황은 다음과 같았다.

제2차 세계대전이 끝난 다다음 해(1947년) 소련은 남우랄에 플루토늄 생산용 대형 원자로 운전을 개시했는데, 솔제니친의 『암 병동』에도 묘사되어 있듯이 모든 원자력 시설은 죄수들의 손으로 만들어진 것이었다. 일례로, 방사선생물학 **죄수**연구소라는 꺼림칙한 명칭의 기관도 존재했다.

남우랄은 소련 최초의 핵무기 제조 센터였으며 플루토늄 공장(일본 내 이바라키현의 도카이촌 및 아오모리현 여섯 군데에 있는 재처리공장과 같은 공장)이 이곳에 지어졌고, 연료봉에서 나오는 고위험군 폐기물은 순식간에 축적되어갔다.

이런 엄청난 참사에 대해 메드베데프는 다음과 같은 추론을 내린다. 중요한 사실은 원자폭탄의 원료 플루토늄이 아니라 **무용지물이 된**

고위험군의 '액체' 폐기물이라는 것이다. 폐기물 처리과정에서 새어나간 액체가 땅속으로 흡수되어 자연적으로 그 속에서 플루토늄 원자폭탄이 형성됐으며, 어느 날 그 양이 한계치를 넘어섰기 때문에 대폭발이 일어난 것으로 보인다는 말이었다. 이런 황당무계한 말을 누가 믿을 수 있을까?

그러나 이것은 이론적으로 가능한 현상이다.

지극히 소량이기는 하나 배수로 흘러들어가는 플루토늄을 완전히 차단하는 일은 지금도 기술적인 측면에서 완전하지 않다. 근대 과학에 의한 최고 수준의 기술력으로도 플루토늄의 '1000분의 5' 정도는 기술자들의 눈을 피해 어떻게든 그들의 레이더망을 빠져나간다. 그 양이 플루토늄의 0.5퍼센트라는 극소량일지라도 2015년 6월 당시 일본의 원자력 발전을 출력 4220만 킬로와트로 계산해보면 매년 나가사키급 원자폭탄을 열 개는 만들 수 있는 플루토늄이 폐기물에 포함돼 있는 셈이다.

이때 새어나간 액체가 지면으로 흡수되어 특정 깊이에 도달하면 이상하게도 특정 부분에만 플루토늄이 밀집되는 현상이 생긴다. 그렇게 밀집된 플루토늄이 하나의 덩어리를 이루어 일정한 양(연쇄반응의 임계량인 4킬로그램)에 도달하면 핵폭발을 일으키는 것이다. 플루토늄이 폐기물 속에서 응집하고…… 응집하면 과열되고…… 과열되면서 농축이 일어나고…… 농축이 한계치에 달하는 순간, 결국 땅속에서 원자폭탄이 터지면서 한겨울에 50센티미터 두께로 얼어붙은 땅을 뚫고 나와 공중으로 솟아오르며 분출한다.

이것은 메드베데프 가설 중 하나에 불과하다. 그는 이 밖에도 다양한 가능성을 주장했다. 그러나 고위험군 폐기물이 원인이라는 주장은 한결같았으며, 메드베데프는 이를 치밀하게 입증해 보였다.

이렇듯 인구 밀도가 높은 공업지대에서 순식간에 수백만~수천만 명을 죽음에 이르게 할 만한 방사성 폐기물이 하늘 높이 치솟더니 광대한 면적에 걸쳐 떨어져 내렸고, 이를 뒤집어쓴 주민은 패닉 상태에 빠졌다. 그러더니 이를 추격이라도 하듯 집이란 집은 다 불태워졌고 사람들은 입고 있는 차림새 그대로 쫓겨났으며, 젖먹이 아이를 안은 아기 엄마는 영문도 모른 채 병원에 수용되어 짧은 생을 마감했다는 말이다.

소련의 오염 지대가 현재 일본인에게 시사하는 네 가지 위험성

메드베데프가 밝힌 사건은 일본인이 예상하지 못한 두려운 상황들을 시사하는 듯하다. 그가 남긴 기록을 읽다 보면 원전 사고가 발생한 후쿠시마현도 이와 거의 똑같은 상황에 있음을 알 수 있다. 그의 기록과 후쿠시마현의 상황을 번갈아 살펴보도록 하자.

첫째, 방사능 오염의 확산을 방지하고 사건에 의한 패닉을 잠재우기 위해 가능한 모든 강행 수단을 취했는데, 이중에는 말 못하는 피해자들(환자 집단)도 포함됐다. 소련에서는 모두가 '현지 사람들을 빨리 사망에 이르게 할 조치'를 바랐고, 즉각 그러한 조치가 실행으로 옮겨졌다.

후쿠시마현에서도 패닉을 잠재우기 위해 대대적으로 '방사능 안전 캠페인'을 전개해왔다. 소련의 첼랴빈스크에는 "이곳으로부터 30킬로미터 지난 지점까지 절대 자동차를 멈추지 말고, 최고 속력으로 통과할 것. 차에서 내리는 것을 금지함"이라는 팻말이 있었는데, 후쿠시마현도 이와 같다. 후쿠시마 제1원전이 있는 후타바정과 오쿠마정뿐만 아니라, 인근의 나미에정, 도미오카정, 가쓰라오촌, 이타테촌 등 여섯 개 지역에서는 6만 명이 넘는 주민이 모두 다른 곳으로 피난하여 현재 아무도 남아 있지 않다. 오염 정도가 심각한 원전지역 인근 수십 킬로미터에 이르는 완전한 무인 지대의 유령 도시를 통과하는 국도 6호선과 조반常磐 자동차 도로가 2014년부터 개통되었으며, 그 위험 지대를 통과하는 자동차는 '차에서 내리면 안 된다'는 원칙에 따라 차에서 내리기라도 하면 경비원이 달려와 경고한다. 반세기 전의 첼랴빈스크와 완전히 똑같다. 게다가 그곳의 경비원 본인이 가장 위험한 처지임에도 불구하고 철저히 '안전 캠페인'에 세뇌되어 일본인 운전기사나 언론도 이를 이상하게 여기지 못할 정도다. 그야말로 근방 주민을 얌전한 피해자(환자 집단)로 만드는 죽음의 행진과 다름없다.

둘째, 오리 등 철새를 비롯한 동물과 하천을 통해 흘러나가는 물 때문에 첼랴빈스크의 오염을 막는 것은 불가능했다. 그로 인해 동물들에게서 다양한 이상 증세가 발생했다.

일본 '들새모임野鳥の会' 구성원의 말에 따르면, 후쿠시마 원전 사고가 발생한 해의 여름에 후쿠시마현에서 대부분의 새가 모습을 감추었다고 한다. 이 같은 이상 현상의 원인 중 하나로 새의 먹이가 되는 작은 곤충들의 급격한 감소를 들 수 있을 것이다. 하지만 사고 직후 조류에 관한 정확한 통계 자료는 찾을 수 없었다. 그런데 미국의 사우스캐롤라이나대학의 생태학자 티머시 무소 교수 등이 사고가 있던 2011년 7월부터 후쿠시마현의 방사선량이 높은 나미에정 및 이타테촌 등에서 조사

를 실시한 결과, 2013년까지 조류 수가 계속 감소했으며 그 수준이 체르노빌 오염 지대의 두 배라는 점이 밝혀졌다. 또 류큐대에서 실시한 조사에 의하면 오키나와현과 비교했을 때 후쿠시마현에서 이상 증세를 보이는 바지락이 다수 발견되었다. 이를 통해 방사능의 영향이 제1세대부터 2세대까지 이어진다는 점을 알 수 있다. 그리고 일본수의생명과학대학이 실시한 조사에 따르면, 후쿠시마현의 야생 일본원숭이의 세슘에 의한 체내 방사능 수치가 비정상적으로 높으며 내부 피폭被曝된 일본원숭이일수록 적혈구 및 백혈구 수가 적고 면역력이 반감됐을 뿐 아니라 어린 원숭이들도 그 영향을 받고 있었다. 게다가 도쿄농공대학 등의 조사에 의하면 원전에서 40킬로미터 떨어진 니혼마쓰二本松시에 있는 개구리 중에는 체내 방사능이 1킬로그램당 최대 6700베크렐이 넘는 개체도 있었다. 특기할 만한 일이지만, 조류 및 토끼 등을 조사해온 후쿠시마현 친수렵모임猟友会에 따르면 땅속 채소 및 작은 생물을 먹는 멧돼지는 '먹이사슬(생물농축순환)의 상위'에 있기 때문에 체내 방사능 수치가 유독 높았으며, 이는 시간이 흐르면서 계속 높아져 사고 발생 2년 뒤인 2013년에는 1킬로그램당 6만 베크렐이라는 엄청난 수치를 기록했다. 그러나 자연계에서 시행되는 조사는 수십 년이 지나야 결론을 얻을 수 있기 때문에 진정한 공포는 다음 세대 이후의 사람들이 겪을 일이다.

셋째, 메드베데프의 '폭발 가설'과 완전히 똑같은 사태가 미국의 핸퍼드 재처리공장에서도 발생했다. 저장 탱크에서 유출된 나가사키 원자폭탄 100개 분량의 플루토늄이 지표에 축적되어 핵폭발이 일어나기 일보 직전인 위험천만한 상태에 놓였던 것이다. 또 1986년 9월 29일에는 핸퍼드에서 플루토늄 임계 사고가 발생하여 핵폭발 직전에 막은 적도 있다. 고위험군의 폐기물을 대량으로 지니고 있는 전 세계의 재처리 공장이야말로 예측 불가능한 위험성을 항상 안고 있다고 볼 수 있다.

이바라키현의 도카이촌과 아오모리현의 여섯 곳에 있는 재처리공장에 축적된 대량의 고위험군 방사성 '폐기 액체'는, 후쿠시마에서처럼 대지진이 발생하기라도 하면 정전과 함께 냉각 불능 상태에 빠질 것이다. 그렇다면 이 수소를 발생시키는 폐기 액체는 언제 폭발할지 가늠할 수 없는 매우 위험한 상태에 있다고 볼 수 있다. 그런 불안정한 액체가 지닌 방사능의 양은, 세슘으로 환산하면 원자력안전·보안원이 추정한 후쿠시마 원전 사고로 방출된 양의 각각 80배(도카이촌), 35배(여섯 곳)에 이른다. 순식간에 일본 전역이 파멸하고도 남을 '첼랴빈스크와 똑같은 외줄타기 상황'과 다를 게 없다. 또 하나의 대지진이 다가오고 있다는데 일본인은 도대체 무슨 생각으로 지내는 것일까?

넷째, 소련의 첼랴빈스크 40번지는 세인트조지와 비교할 수 없을 만큼 끔찍한 참사가 있었던 곳임에도, 우랄에서의 수수께끼는 아직껏 풀리지 않고 있다.

왜냐하면 소련에서 방사선 피폭 관련 유전 연구를 금지했기 때문이다. 스탈린과 그 뒤를 이은 흐루쇼프 수상은 소련 내에서 유전학을 금지시켰다. 유전학이 금지되기까지 악명 높은 농학자 리센코가 주장한 학설에 기대는 부분이 컸다. 리센코는 근대 유전학에서 세계적으로 잘 알려진 염색체 유전 법칙에 관해 '부르주아의 사기'라며 비난을 퍼부은 바 있다. 그리고 멀쩡한 학자들을 비밀 경찰에 밀고하여 수많은 유능한 과학자가 고문을 당하고, 시베리아 수용소에서 살해되었다. 이런 식으로 그는 소련 농업을 좌지우지하는 제왕의 자리까지 올랐다.

한편 일본에서 역시 후쿠시마 원전 사고에 의한 피해 내용 중 유전적인 영향에 관한 언급은 대부분 금기시되고 있다. 멘델의 유전 법칙에 따르면 당연히 세대가 바뀔수록 증상이 뚜렷해지는 비율이 높아져야 하는데 이와 같은 대규모 피해 실상은 해명되지 않는다. 지금도 여전히 이런 피해는 피폭被曝 지대에 사는 아이들의 몸에 전해져 축적되고 있다.

추측건대, 첼랴빈스크 일대 주민 중에 엄청난 수의 암 환자와 백혈병 환자가 발생했음에 틀림없다. 미국은 이 사고에 주목하여 조사를 실시했으며, 군부가 많은 기밀 문서를 지니고 있다고 전해진다. 문서 중에는 '죽음의 부대'라 불리는 죄수들이 첼랴빈스크로 동원되어 참사 뒤처리에 종사한 전말에 관한 기록도 있었다고 한다.

당시 죄수들은 어떤 복장으로 현장에 들어갔으며 작업을 끝낸 이후의 말로는 어땠을까? 소련의 과학자들은 그들의 모습을 지켜보았을 것이다. 미 군부와 CIA, AEC 역시 많은 사실을 알고 있음에 틀림없다. 그러나 진실은 공표되지 않았으며, 오히려 서방 제국은 메드베데프의 추리를 반박하며 격렬한 공격을 가해왔다. 영국의 원자력위원회 의장 존 힐 경은 이를 단순한 공상 과학에 불과하다고 치부했으며, 미국의 로스앨러모스연구소는 연못에 투기한 폐기물이 건조되어 분산됐거나 화학 반응에 의한 폭발일 것이라고 추론하는 등 메드베데프의 견해를 필사적으로 부정했다.

소련의 반체제 활동가였던 메드베데프는 모국에서 쫓겨났으나, 어디까지나 일반적인 시민의 입장에서 활동했다. 반체제적이라 할지라도 반소련적인 측면은 없었다. 그는 오히려 소련을 사랑했다. 이랬던 과학자가 고국의 비극을 전하려 할 때, 어째서 서방국의 원자력 관계자들은 메드베데프에게 공격을 가한 것일까?

메드베데프 자신도 여기에 의문을 가지고 다음과 같은 답을 내렸다. "동서양을 불문하고 이는 불편하기 짝이 없는 사건이다. 안 그래도 원자력발전으로 생긴 폐기물이 대대적으로 문제시되던 시기에 폭발 사고에 관한 내용이 폭로된다면, 상황이 더 악화될 것이기 때문이다."

이를 증명해줄 사실 중에 다음과 같은 일도 있다. 미국 대통령 아이젠하워의 손녀딸 수전은 소련 붕괴 직전인 1990년 2월 소련의 물리학자 로알드 사그데예프와 결혼했다. 사그데예프는 우주 계획 전문가라는 탈을 쓰고 있었지만, 모스크바대를 졸업하자마자 소련의 원자폭탄 개발에 종사했던 위험 인물이었으며, 흐루쇼프에서 브레즈네프 서기장에 이르는 냉전 시대 10년 동안 일급 비밀 기관인 시베리아핵물리학연구소 소장을 지냈다. 특히 중요한 사실은 1957년 '첼랴빈스크 40번지'에서 대폭발이 발생한 후 미국 CIA에서는 곧바로 이 일의 진상을 알았음에도 불구하고 미소 양국이 이를 몇 년 동안이나 은폐했는데, 그가 당시의 책임자였다는 점이다. 1957년은 아이젠하워가 대통령이었던 냉전(네바다 실험) 시대였다. 이와 같은 이력을 지닌 사그데예프라는 남자와 아이젠하워의 손녀딸이 결혼을 했다는 말이다.

여기까지 언급한 모든 내용은 『우랄 지역의 핵재앙*Nuclear Disaster in the Urals*』에 수록된 사실에 바탕해 고찰한 것이다.

ICRP가 탄생하면서
방사능의 위험성을 숨기기 시작하다!

자유세계의 맹주를 자처했던 미국의 원자폭탄 산업은 이처럼 소련의 원자폭탄 산업과 내통하면서도 소련과 대적하는 듯한 모양새를 취해왔다. 그런가 하면 국제적인 입장에서는 공산주의 국가 소련이 1949년 최초의 원자폭탄 실험에 성공한 것에 대한 대처 방안을 세워야 했다.

이듬해 1950년에는 방사능의 위험성을 추궁해온 국제엑스선및라듐방호위원회IXRPC의 명칭을 국제방사선방호위원회ICRP로 변경했다. 그리고 이들은 인간이 쐬어도 되는 방사능 허용치를 개정한다(145쪽 'ICRP 연혁'을 참조). 이로써 ICRP가 지금까지 주장하는 '안전론'이 탄생한다.

이러한 조직 변화는 네바다주에서 핵실험이 개시되기 '전해'에 있었던 일이다.

어째서 이렇게 조직을 바꾸거나 방사능 허용치를 변경해야 했던 것일까?

당시는 남태평양 비키니에서 시행된 핵실험으로 엄청난 오염이 발생하여 주민에게 고스란히 피해를 입혔던 시기로, 그 이듬해에는 네바다에서 대기권 내 원자폭탄 실험이 막 시작되려던 찰나였다. 그렇기 때문에 당시 방사선의학과 방사선유전학 전문가들에게 피폭 문제를 맡겨둘 수 없었으며, AEC 원폭 개발 부대의 산하 조직인 미국방사선방호위원회NCRP가 ICRP의 위원으로 가세하기 시작하면서 방사선 피폭을 정당화하려는 거대한 군사 세력이 ICRP 위원회를 완전히 장악한다. 그 결과 이 시기를 거치며 위원회는 '방사능의 위험성을 은폐하는 조직'으로 완전히 변질되어버린다.

이해하기 쉽게 설명하자면 ICRP는 NCRP의 알파벳 N(National, 미국)을 I(International, 국제)로 바꾸었을 뿐인 조직이었다.

ICRP의 주 목적은 인체에 관한 의료·예방의학이라기보다는 원자폭탄 제조의 이권 유지에 있었던 것이다. 바로 이 시대부터 ICRP는 전 세계의 방사선 '안전' 기준의 결정자가 되어 활개를 치기 시작했다. 동서 간의 긴장이 고조될수록 핵무기 개발은 더 용이해졌다.

그리고 원자폭탄 이권이 원자력발전 이용으로 넘어가던 시기에 그들에게 필요했던 것은 '방사능 안전론'이었다. 그들이 수많은 인체 실험을 해온 과학자들의 데이터에 관심을 보인 이유다.

ICRP로 조직이 바뀐 이후로 핵실험 및 원자력 이용에 있어서 일반인에게 적용되는 기준이 정해진다. 1954년에는 잠정 선량 한도 15밀리시버트, 1958년에는 선량 한도 5밀리시버트를 권고했는데, 이 역시 안전론을 지지하는 데 목적이 있었다. 알베르트 슈바이처 박사는 일반인을 대상으로 한 기준이 새롭게 설정됐다는 소식을 듣고 '누가 그들에게 이런 기준을 만들도록 허락한 것이냐'며 분개했다…….

이에 관여해 강력하게 주도한 이가 조지프 G. 해밀턴(180쪽 아래)이었다. 바로 앞서 언급한 플루토늄 인체 실험에서 중심 역할을 했던 의사다. 해밀턴은 캘리포니아대학의 방사선의학 권위자로서 백혈병 환자에게 방사성 나트륨 정맥주사를 맞혔는데 이는 **원자폭탄 제조 계획이 실시되기 3년도 전인** 1936년의 일이었다. 이 사건은 '방사성 물질을 인체에 주사한 세계 최초의 사건'으로 알려져 있다.

그리고 전시 중 오펜하이머가 주도한 '50만 명 방사능 살육 계획'에서는 해밀턴이 실질적인 작업의 중심에 있으면서 맨해튼 프로젝트의 연구 프로젝트 주임을 맡았다. 한편 해밀턴은 핵무기와 상관없는 분야인 미국국립보건원NIH에서 방사선생물연구부장이라는 중요한 직책에 있었는데, 그의 사후 다음과 같은 사실들이 밝혀졌다.

언제까지 살인 의사의 데이터에
아이들의 목숨을 맡길 것인가

현재 체르노빌 원전 사고 및 후쿠시마 원전 사고로 인한 피해자 문제를 비롯해 국제적으로 문제시되는 원자력발전에 있어서 방사능 피폭被曝량은 ICRP가 정한 안전 기준, 즉 역치閾值라 불리는 암과 같은 질병이 발생하는 한도치를 기반으로 그 위험성이 논의되어왔다. 이때 히로시마, 나가사키에서의 분석에 따른 피폭被爆량이 산정 기준에 크게 적용됐다고 이야기돼왔으나, 사실은 인체 실험을 주도한 의사였던 해밀턴의 지도 하에 캘리포니아대학 크로커연구소로부터 대부분의 데이터를 제공받고 있었다. 즉 해밀턴은 핵실험을 주도했던 AEC와 ICRP의 방사능 한도치와 관련된 데이터 대부분을 작성하고 방사능의 '안전' 기준을 만들어냈으며, 수많은 피폭자가 죽어가는 것을 지켜봐온 것이다.

해밀턴과는 UC버클리 동료이자 엑스선 등에 의한 외부 피폭被曝 문제의 권위자였던 버트렘 V. A. 로비어(180쪽 왼쪽 아래)는 ICRP가 생겨난 1950년 이 분야에서 선구적인 내용이었던 『방사성 동위원소의 임상 사용』이라는 책을 썼다. 이때 '임상'이라는 의학 용어는 환자에 대한 조치를 병상에서 직접 취함을 의미한다. 사실 이 책을 집필하기 3년 전 흑인 환자의 병상에 갑자기 모습을 드러낸 그는 플루토늄을 주사할 때 그 자리에 있었으며 겨우 네 살 된 소년까지 플루토늄 인체 실험의 대상으로 삼기도 했다. 그리고 1951년 네바다주에서 핵실험이 시작됨과 동시에 UC버클리의 방사선안전위원회 초대 위원장으로 취임하는 등 대량의 피폭자를 만들어낸 데 막중한 책임이 있는 자가 바로 버트렘 로비어였다.

해밀턴과 함께 1936년 백혈병 환자에게 방사성 나트륨을 정맥주사한 의사 로버트 스톤 역시 캘리포니아대학에 방사선과를 설립하여 1964년까지 방사선연구소 소장을 지낸 중요 인물이었다. 게다가 그는 방사성의 안전 기준을 정한 ICRP의 간부였을 뿐 아니라 WHO에서 방사능 피폭被曝 분야의 최고 고문이었다. 물론 이 사람 역시 핵실험이 한창이던 시대에 AEC의 요직에 있으면서 유타주의 주민을 죽음으로 몰고 간 인물이었다.

지금 인류는 이런 살인 의사들이 만든 데이터에 아이들의 목숨을 맡기고 있다는 얘기다!

8장

거대 악의 본거지,
IAEA의 정체

수소폭탄의 등장과 '원자력의 평화적 이용'

이렇듯 원자폭탄 산업이 피폭에 의한 피해를 은폐하기 위한 노력을 이어가던 시기, 전후 7년째 되던 어느 날 남태평양 하늘이 불타올랐다. 이번에는 이전과 스케일이 완전히 달랐다.

1952년 10월 31일 인류 최초의 수소폭탄 '마이크Mike'가 남태평양의 에니웨톡섬을 날려버린 것이다. 종래의 원자폭탄은 킬로톤으로 폭발력을 표현했는데, 이번에는 그 1000배에 해당되는 메가톤이라는 단위가 사용됐다. 마이크는 10.4메가톤이었다.

히로시마 원자폭탄 700여 발에 해당되는 무지막지한 규모의 폭발력이었다.

게다가 이듬해, 독재자 스탈린 사망 5개월 후인 1953년 8월 12일에는 미국에 이어 소련도 시베리아에서 최초의 수소폭탄 실험에 성공했다.

수소폭탄의 폭발 구조는 여러 측면에서 설명할 수 있는데, 기본적인

인류 최초의 수소폭탄 마이크, 1952년 10월 31일

구조는 다음과 같다. 폭탄 내부에서 기폭재인 우라늄, 플루토늄 원자폭탄을 폭발시키면 내부에 엄청난 고온의 열이 발생함과 동시에 대량의 중성자가 튀어나온다. 이를 활용해 대량의 플루토늄 원자폭탄을 연쇄적으로 만들어낸 후, 이들이 발생시키는 2억 도 이상의 고열로 '수소 핵융합'을 동시에 일으키는 것이다. 이처럼 원자폭탄 → 원자폭탄 → 수소폭탄이 한번에 잇달아 폭발하기 때문에 수소폭탄은 천문학적인 에너지를 내뿜는다.

　핵융합 발전 역시 이와 같이 엄청난 고온에서 생겨난 거대한 핵융합 에너지를 실험로 내에 가지고 있으면서 전력을 뽑아내는 구상인데, 이는 정말이지 말도 안 되는 이야기다. 반세기가 지난 아직까지 성공하지 못하고 있는 게 당연하다. 수소폭탄은 (무책임하게) 단순히 폭발만 시키는 것이기 때문에 핵융합이 가능한 것이다.

미국에서는 맨해튼 프로젝트에 참가했던 에드워드 텔러가 수소폭탄 개발의 중심 인물이었다. 소련에서는 원자폭탄 실험에 성공한 이후 안드레이 사하로프라는 젊은 학자가 등장한다. 나중에 고르바초프 서기장의 페레스트로이카와 정보 공개를 비롯한 개혁·개방의 움직임 속에서 민주화 운동의 영웅처럼 떠받들어진 사하로프이지만, 실은 수소폭탄이라는 인류최대의 흉기를 독재자 스탈린에게 바치고자 혼신을 다한 이였다.

드디어 IAEA가 등장하는 시대로 접어든다. 원자력 이야기의 본격적인 단계로 돌입한 것이다. 소련이 수소폭탄 개발에 성공하면서 이로부터 4개월 후인 1953년 12월 8일에 미국의 아이젠하워 대통령은 UN 총회 연설에서 '원자력의 평화적 이용Atoms for Peace'을 선언했으며 UN을 주축으로 한 국제 기구의 창설을 주장한다. 군사적 대립을 구실로 내세워서 핵무기에 막대한 예산을 투입해온 미국과 소련이, 이번에는 '원자력의 평화적 이용'이란 연설을 계기로 원자력발전 시대를 주도해나가고자 한 것이다. 이들은 그 이면의 거대한 이권을 노리고 있었다. 이로써 '원자력발전의 시대'가 화려한 막을 올린다.

한편 이런 상황이야말로 맨해튼 프로젝트 부대를 계승한 AEC와 2대 부호의 입장에서는 끝없는 이익을 담보해줄 빛나는 미래였다. 왜냐하면 대량의 우라늄을 채굴 및 정련精鍊하고, 원자력발전소의 대규모 공장을 건설하기 위한 기계 및 토목 비즈니스를 활성화하며, 전력 회사에서 전국의 전기 요금을 대대적으로 가로챌 명분이 생기는 에너지 산업이 탄생되는 것이었기 때문이다. 그야말로 새로운 암흑 시대의 시작이었다.

원자력의 군사적 이용을 은폐하기 위해 열린 UN 총회에서 '원자력의 평화적 이용'을
연설 중인 아이젠하워 미국 대통령, 1953년 12월 8일

비키니에서 다이고후쿠류마루를 피폭시킨 '수소폭탄 참치'의 공포

이렇듯 속이 빤히 들여다보이는 평화 연설이 있은 지 석 달 뒤인
1954년 3월 1일, 마셜 제도 비키니 환초에서 수소폭탄 '브라보'의 실험
이 이루어졌다. 미국에서는 두 번째 실험이었다. 이번 것은 첫 수소폭탄
보다 더 거대했으며 히로시마 원자폭탄의 1000배에 달하는 15메가톤
의 폭발력을 보였다.

100만 킬로와트 출력의 평균 원자로는 1년간 히로시마 원자폭탄의
1000배에 달하는 죽음의 재를 내뿜는다. 그리고 이 1년 치의 양을 한

비키니섬의 두 번째 수소폭탄 실험 브라보, 1954년 3월 1일

순간에 작렬시킨 것이 비키니에서 터뜨린 한 방의 수소폭탄이었다.

마셜 제도의 롱겔라프섬 주민은 태양처럼 빛나는 방사선 섬광에 직접 노출되고 머리 위로 쏟아져 내리는 죽음의 재에 대량으로 피폭됐다. 미군은 비키니섬 동쪽 바다에 있던 미국 함정 측에는 풍하지역을 피해서 80킬로미터 남쪽으로 이동하게끔 만전의 조치를 취했던 반면, 마셜 제도의 주민에게는 어떤 경고도 하지 않은 채 무방비 상태로 방사능구름에 뒤덮이도록 그들을 방치했다. 이렇듯 끔찍한 피폭이 있고 난 뒤, 강제 이동을 하라는 말에 주민이 피난을 가기 시작한 것이 3월 3일이었다. 직접 섬광에 노출되고 피폭被爆된 주민은 그 이후 마실 물과 음식물을 통해 죽음의 재를 흡수했고, 그로 인해 지속적인 체내 피폭被曝이 이루어졌다. 이들은 그 이후에도 제대로 된 치료를 받지 못한 채 핵실험의 대상이 되어 태평양을 떠돌아야 했으며, 지금까지도 갑상선암을 비롯한 각종 질병으로 고통받고 있다.

이 수소폭탄은 직경 100킬로미터에 달하는 거대한 버섯구름을 만들어냈다. 100킬로미터면 도쿄역에서 후지산에 이르는 거리다. 우리로서는 이런 엄청난 규모의 버섯구름을 가늠하기조차 쉽지 않다. 한편 그 거대한 버섯구름이 하늘을 뒤덮던 순간, 시즈오카현 야이즈어항焼津漁港 소속의 참치잡이 어선 '다이고후쿠류마루第五福竜丸'는 남태평양 원양으로 고기를 잡으러 나가 있었다. 어선은 비키니 환초에서 동쪽으로 160킬로미터 인접한 곳에 있었다. 선원들은 어김없이 섬광에 직접 노출됐으며, 눈처럼 하얀 죽음의 재를 뒤집어쓰는 끔찍한 피폭을 당했다.

그로부터 2주가 지난 3월 16일, 신문에서 "다이고후쿠류마루가 수소폭탄 방사능의 피해를 입었다"는 뉴스를 보도했다. 이날 도쿄 쓰키지築地의 어시장에서는 다이고후쿠류마루가 잡아 올린 참치에서 높은 수치의 방사능이 검출되어 곧바로 폐기 처분됐다.

이 뉴스가 보도된 이후 도쿄와 오사카의 중앙 어시장에서는 방사능에 오염된 물고기가 잇따라 발견되면서 일본 전역으로 수소폭탄 참치에 대한 공포가 확산됐다. 홋카이도 최북단에 위치한 소야宗谷곶에서 규슈 최남단에 이르기까지 정사각형이 그려지는 태평양의 광대한 범위가 전부 '어업 위험 해역'으로 지정됐다.

수소폭탄 실험 당시 비키니 주변 해역에서 상당 수의 어선이 조업을 하고 있었는데, 실제 오염이 발견된 어선은 약 900척이었다. 당시 출어했던 어선이 잡아 올린 물고기에 대해 방사능 검사를 실시한 결과 폐기시킨 양만 수백 톤에 달했다. 조사를 해보니 물고기 내장이 방사능에 심하게 오염돼 있었다. 이로 인해 일본인의 주된 동물성 단백질 원이던 수산물에 대한 공포심이 급격히 확산돼 많은 이가 경계심과 거부 반응을 보였고, 물고기 가격은 반값 이하로 폭락했으며 결과적으로 수산업뿐 아니라 식품 업계에도 막대한 손해를 입혔다. 파장은 장기간 지속됐으며 참치 어업은 참담할 정도의 피해를 입는다.

미국 측은 AEC에서 수소폭탄에 의한 방사능 오염을 조사한 뒤 이듬해 보고한 모든 내용을 기밀로 다루었다. 그뿐 아니라 AEC는 일본인의 반미 의식이 고조되는 것을 막기 위해 "해수 방사능은 모두 무해하다" "다이고후쿠류마루 선원의 피부에 나타난 증상은 방사능 때문이 아니며, 산호에 의한 것이다" "미국에서는 태평양에서 잡힌 물고기 중 방사능에 오염된 것은 단 한 마리도 발견되지 않았다" 등의 비과학적인 망언을 공표하기 시작했다.

그러나 미국의 통조림 수입업자들은 자국 정부가 거짓말을 하고 있다는 사실을 알아챘고, 일본이 수출하는 참치에 대해 엄격한 검사를 실시했다.

이런 시대에 국제적인 조직 ICRP와 나란히 일본에도 각종 방사능 연구 조직이 생겨났다. 당시만 해도 전쟁이 끝나고 얼마 지나지 않은 시기였기에, 일본은 히로시마·나가사키 피폭被爆국이었고, 따라서 모든 일본인은 방사능에 의한 피해가 얼마나 무서운 것인지 잘 알고 있었다. 당시 초등학생이었던 나조차도 방사능의 위험성을 상식으로 알고 있었고, 미국과 소련을 미워했을 정도였다. 비키니 피폭 사건이 발생하기 3년 전인 1951년 5월 1일, 현재의 9사社 전력 체제 발족일과 같은 날에 일본방사성동위원소협회가 설립됐다. 이 협회는 1954년 비키니 피폭 사건 이후 '원자·수소폭탄 실험 반대운동'의 선구자로 활약하는 등 세계적으로 한 발 앞서 방사능의 위험성을 고발했다.

게다가 1954년 5월 9일에는 도쿄 스기나미구의 한 여성을 중심으로 원자·수소폭탄 금지를 위한 스기나미협의회가 결성되면서 원자·수소폭탄을 반대하는 전국적인 대규모 서명운동이 시작됐다. 특히 후쿠시마현 하라마치시(지금의 미나미소마시)에서 태어난 가메이 후미오亀井文夫 감독은 1957년에 제작한 다큐멘터리 영화 「공포에 떠는 세계: 죽음의 재의 실체」에 일본의 양심적인 과학자를 등장시킴으로써 경고의 메시지를 전하기도 했다.

세계 최초의 원자력발전

그러나 비키니 수소폭탄이 터진 1954년 6월 27일, 소련은 모스크바로부터 서남쪽으로 100킬로미터 떨어진 곳의 오브닌스크 원자력발전소에서 '세계 최초의 원자력발전'을 개시한다! 전력 출력은 5000킬로와트로 오늘날 기준으로 보면 지극히 적은 규모였지만, 그 의미는 매우 컸다. 동서 간 군수산업이 냉전을 이용해 배후에서 손을 잡았고, 원자력발전을 둘러싼 국제적인 거대 이권이 우라늄 카르텔을 중심으로 움직이기 시작한 것이다.

이와 같은 카르텔에는 동서 국경도 존재하지 않았다. 각국은 평화이용이라는 명목하에 막대한 국가 예산을 남용했으며, 암중비약을 시작한다. 소련에서 원자력발전에 큰 공헌을 한 이는 1930년대 스탈린 공포정치의 주역이었던 안드레이 비신스키 검찰총장이었다. 그는 '소련 건국의 아버지' 레닌의 측근으로서, 러시아 혁명에 참가했던 지노비예프 및 카메네프를 스탈린 대숙청 때 처형하는 데 일조했던 인물이다. 이런 이력을 지닌 비신스키 검찰총장이 외무장관이자 UN의 수석대표로서 전 세계를 주무르는 한편, 소련 내에서는 원자력발전에 몰두했던 것이다.

비키니 수소폭탄 사건 반년 후인 1954년 9월 23일, 피폭한 다이고 후쿠류마루의 무선無線장이던 구보야마 아이키치 씨는 급성 백혈병으로 40세라는 젊은 나이에 사망했다. 일반적으로 4시버트가 피폭되면 사망률이 50퍼센트라고 알려져 있는데, 구보야마 씨가 피폭된 것으로 추정되는 피폭선량은 5시버트에 달했다. 이는 현재 연간 한도치인 1밀리시버트의 5000배에 해당된다. 마지막에 그의 목숨을 앗아간 직접적인 사인은 간기능장애였으나 간기능장애로 인한 황달 증상은 명백한 방사선 장애 중 하나였다. 그는 "원자·수소폭탄의 피해자는 내가 마지막이었으면 좋겠다"는 유언을 남기고 눈을 감았다. 이 사건은 일본 전역을 넘어 전 세계로 일파만파 퍼져나갔으며, 12월 16일 원자·수소폭탄 금지 서명운동 전국 협의회는 "원자·수소폭탄 금지 서명자가 2008만 명을 넘어섰다"고 발표했다. 당시 일본 인구가 8800만 명 정도였으므로 대략 국민 네 명 중 한 명 꼴로 서명을 한 사상 초유의 놀라운 숫자였다.

핵실험으로 아이들의 암에 의한
사망률이 6배로 상승하다

1972년 도호쿠대학 의학부 공중위생학부의 초대 교수 세기 미쓰오瀨木三雄 씨가 일본암학회에서 발표한 내용에 따르면(260쪽의 그래프를 보면 알 수 있듯이) 전 세계적으로 시행되는 핵실험으로 일본 전국의 5~9세 아이들의 암에 의한 사망률이 여섯 배(600퍼센트)나 증가했다. 그리고 소아암에 걸릴 확률은 1970년대부터 2000년대 현재에 이르기까지 여전히 여섯 배의 높은 비율을 보였으며 5세 이상의 아이들의 질병으로 인한 사망 원인 1위도 암이었다. 대기권 내 핵실험과 원전 사고로 인해 '자연계에 흘러넘치는 방사능'의 규모가 점점 더 커지면서 일본에서도 수없이 많은 아이가 암에 걸리게 된 것이다.

미국과 소련이 적대관계에 있던 동서 냉전 시대에 세계 곳곳에서 시행된 대기권 내 핵실험은 528회였다고 한다. 그리고 미국 브루킹스연구소의 분석에 따르면 이와 같은 핵실험에서 방출된 방사능에 의해 암으로 사망하는 사람은 최대 240만 명에 달할 수 있으며, 그들 중 대부분은 이미 사망했다고 한다. 이런 내용을 숨기고 발표하지 않은 미국의 지성 집단 브루킹스연구소가 1998년 말에 밝힌 조사 결과인 만큼 신빙성은 높다고 볼 수 있다. 그러나 240만 명이라는 숫자에 '원자력발전소에 의한 피폭 사망자'까지 포함시킨 건 아닐까 하는 의심도 든다.

연합국이 핵실험을 시작한 연도를 정리하면 다음과 같다.

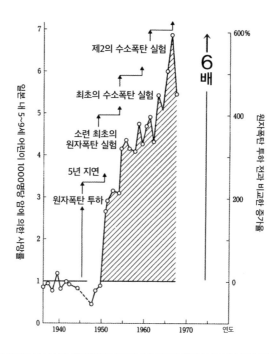

1972년 세기 미쓰오 교수가 일본암학회에서 발표한 「전 세계의 핵실험으로 인한 일본 어린이의 암에 의한 사망률 증가율」의 그래프(『식품과 생활 안전』 2015년 4월 호, 원전 사고로부터 5년 후 방사능 오염 '특집 호'로 간행)
출처는 『인간과 환경에 대한 중저위 방사능의 위협』(랄프 그라에우프 지음, 히다 슌타로·다케노우치 마리 옮김, 아케비쇼보, 2011)(Ralph Graeub, *Der Petkau-Effekt: Katastrophale Folgen niedriger Radioaktivität. Tatsachen und Befürchtungen*, Zytglogge, 1990의 일역본—옮긴이)

- 1945년 7월 16일: 미국, 뉴멕시코주에서 최초의 원자폭탄 실험 성공.

- 1949년 8월 29일: 소련, 세미팔라틴스크에서 최초의 원자폭탄 실험 성공.

- 1952년 10월 3일: 영국, 몬테벨로섬에서 최초의 원자폭탄 실험 성공.

  11월 1일: 미국, 남태평양에서 최초의 수소폭탄 실험 성공.

- 1953년 8월 12일: 소련, 시베리아에서 최초의 수소폭탄 실험 성공.

- 1957년 5월 15일: 영국, 하와이 남부의 크리스마스섬에서 최초의 수소폭탄 실험 성공.

  10월 26일: IAEA 설립.
- 1960년 2월 13일: 프랑스, 북아프리카 알제리의 사하라사막에서 최초의 원자폭탄 실험 성공.
- 1964년 10월 16일: 중국, 신장위구르 자치구 타클라마칸사막에서 최초의 원자폭탄 실험 성공.
- 1967년 6월 17일: 중국, 최초의 수소폭탄 실험 성공.
- 1968년 8월 24일: 프랑스, 남태평양에서 최초의 수소폭탄 실험 성공.

미·소·영·불·중(제2차 세계대전 당시 연합국) 5개국에서 시행한 대기권 내 핵실험은 총 528회에 달한다. 그런데도 그들에게 UN의 안전보장이사회를 조직할 만한 자격이 있다고 말할 수 있을까?

어째서 뉴욕, 모스크바, 런던, 파리, 베이징에서는 원자·수소폭탄 실험을 하지 않는 것인가!

1964년 중국이 소련의 스파이였던 클라우스 푹스에게 전수받은 기술을 도입해 원자폭탄 실험에 처음으로 성공한 그해, 스탠리 큐브릭 감독이 「닥터 스트레인지러브」라는 영화를 공개했다.

영화 말미에 미국과 소련은 핵전쟁을 일으키는데, 그 과정에서 광기 어린 핵전쟁을 선도하는 '수소폭탄의 아버지' 에드워드 텔러 박사를 모델로 한 인물이 등장하는 등 풍자적이고 희극적인 패러디 작품이다. 텔러는 맨해튼 프로젝트에 참가했으며 전후에는 로스앨러모스 소장 오펜하이머를 밀어내고 수소폭탄 개발의 중심이 된 이였다. 영화는 핵전쟁에 들어가는 대목에 이르러 전 세계에서 시행된 원자·수소폭탄의 실제 실험 영상을 잇달아 보여주면서 베라 린의 감미로운 노래 「또 만나요We'll meet again」를 들려준다. 이 장면을 본 관객들은 오싹함에 치를 떨었다(유튜브 영상 http://www.youtube.com/watch?v=wxrWz9XVvls).

또 만나요.
어디인지, 언제인지는 모르지만.
우리는 어느 화창한 날 다시 만날 거예요······.

마침내 IAEA가 탄생하고, WHO를 지배하다

일본의 원자·수소폭탄 반대운동이 전 세계로 확산되는 가운데 소련에서 원자력발전이 시작됐다. 그야말로 두 번째 혁명이 일어난 것이다. 이러한 움직임에 민감하게 반응하듯, 전 세계 원자·수소폭탄 반대 세력을 통제할 목적으로 1957년 10월 26일 미국 AEC의 주도하에 IAEA가 UN의 자치 기구로서 출범한다. IAEA는 '원자력의 평화적 이용을 추진하고 군사적 전용轉用을 방지하기 위한 국제기구'라는 명목으로 설립되었다.

군사적 전용을 방지한다는 말은, 이미 '원자·수소폭탄을 보유한 미국과 소련, 영국'(그리고 그로부터 3년 후에 원자폭탄을 지니게 되는 프랑스, 7년 후에 원자폭탄을 보유하는 중국)이 원자·수소폭탄을 독점한다는 의

미였다. UN 안전보장이사회의 상임이사국 이외의 국가는 원자·수소폭탄을 가져서는 안 된다는 말이다.

유타주 세인트조지에서 대량의 사망자가 발생하기 시작한 무렵이었다.

말할 필요도 없이, 이런 과정에서 탄생한 IAEA는 UN 안보리에 종속된 '군사적' 조직이었다. IAEA 로고가 원자·수소폭탄 실험을 반복했던 AEC 로고(191쪽 그림)와 똑같은 원자 모양이라는 점도 그 정체를 보여준다. 즉, 이들은 제2차 세계대전의 전승국이 자본주의 국가든 공산주의 국가든 동서양을 불문하고 오로지 핵무기 개발 독점을 목표로 하는 국제 신디케이트 조직이었던 것이다. UN이라는 명칭은 'United Nations'의 약자다. 이는 본래 제2차 세계대전에서 '연합국'이라는 의미로 쓰인바, 국제연합이라는 의미가 아니다. 그래서 안보리 상임이사국에 전승국인 미국과 소련(러시아), 영국, 프랑스, 중국이 포함되면서 이들이 자기 멋대로 UN 결의에 대한 '거부권'도 가지게 된 것이다.

UN은 위기 상황을 부추기는 것을 즐기며 핵무기에 비정상적인 애정을 가지고 있다. UN의 유니세프는 텔레비전을 통해 '기아 아동 구제'

IAEA 로고

캠페인을 전개하는데 그런 위선을 베풀기 전에 기아를 부추기는 핵무기 단속에나 신경 쓰라고 말하고 싶다. 일본 평론가나 정치가 역시 대체적으로 위기를 부추기는 것을 즐긴다. 위기감이 고조될수록 냉전 시대에 대립하던 당사국 미국과 소련의 권위가 확립되기 때문이다. 이들은 자본주의나 공산주의에는 아무런 관심도 없다. 현재 IAEA가 내세우는 '원자력의 평화적 이용'이라는 찬양 문구야말로 동서가 손을 잡아야 하는 공통의 이유로 그 역할을 톡톡히 해내고 있다.

그로부터 2년 뒤인 1959년 5월 28일, 전 세계 인류의 건강을 지켜야 할 의무가 있는 WHO가 새로운 조직 IAEA와 발 빠르게 협정을 맺는 노련함을 보여주었다. 이 협정에 따라 IAEA는 독점적으로 원자력산업의 세계적 권위 기구로 자리매김했으며, WHO는 원자력 분야와 독립적으로 의학 조사를 실시할 수 없게 되었다.

이때부터 원자력발전 추진 기구인 IAEA가 방사능 위험성과 관련된 모든 실권을 장악하기 시작했다. 당시 체결된 IAEA-WHO 협정문은 다음과 같다.

IAEA-WHO 협정(제1조 3항)

Whenever either organization proposes to initiate a program or activity on a subject in which the other organization has or may have a substantial interest, the first party shall consult the other with a view to adjusting the matter by mutual agreement.

한 기구에서, 또 다른 기구가 관심을 가지고 있거나 가질 만한 분야에서 어떤 프로그램이나 활동을 개시하고자 할 때는 항상 상호 합의하에 문제를 조정하도록 전자는 후자와 논의해야 한다.

즉, WHO는 IAEA의 허가 없이 멋대로 행동해서는 안 된다는 원칙을 못 박은 것이다. 이렇듯 IAEA의 수하가 된 WHO는 ABCC 창설자 실즈 워런과 인체 실험 의사 로버트 스톤, 그리고 일본의 후쿠시마현 주민 피폭 책임자인 야마모토 슌이치와 그의 제자 다카무라 노보루 등을 포섭한다. 그리고 아무런 근거도 없이 현재 후쿠시마현 주민의 피폭 추정량을 과소평가했는데, 여기에 일본의 대형 신문사가 합세하면서 '안전 캠페인'을 전개해온 것이다.

도대체 누가 이런 억지스러운 일들을 꾸몄는가?

IAEA 창설을 주도했던 미국의 루이스 스트로스는 아이젠하워 정권 시절에 맨해튼 프로젝트의 잔당이 집결한 AEC의 위원장으로 취임하여 네바다의 대기권 내 핵실험을 강행함으로써 대량의 피폭자를 발생시키고 서부의 주민을 죽이는 데 앞장선 최고 책임자였다. 이런 사람이 원자력발전을 대대적으로 선전하기 위해 분주히 뛰어다닌 것이다. 뿐만 아니라 루이스 스트로스는 로스차일드 일족의 머천트뱅크인 '쿤앤러브상회'(178쪽 가운데 위가 창업자)의 동반자라 불렸던 최고 간부이기도 했다.

이런 환경에서 인사 선발이 이루어졌으며, 앞서 언급했던 '살인 인체 실험 의사'인 해밀턴과 함께, 1936년 백혈병 환자에게 방사성 나트륨을 정맥 주사했던 의사 로버트 스톤이 방사능의 안전 기준을 지정하는 ICRP의 간부가 됐고, WHO가 방사능 피폭被曝 문제 관련 최고 고문을 맡는다.

그뿐 아니라 이런 움직임의 연장선상에서 운스키어UNSCEAR는 체르노빌 원전 사고 때부터 후쿠시마 원전 사고가 발생한 현재에 이르기까지 세계적으로 피폭을 용인하는 조직으로서 그 모체가 되어왔다.

이렇듯 ICRP를 위한 조성금은 IAEA로부터 투입됐으며 경제협력개발기구OECD의 원자력기구를 비롯하여 WHO, 국제방사선방호학회 IRPA, International Radiation Protection Association 등의 방사선학회 그리고 영국, 미국, 유럽공동체(지금의 EU), 스웨덴, 일본, 캐나다 등 각국의 원자력 마피아가 주도하는 기구에서 갹출되었다. 특히 주로 서방 제국이 자금을 지배했고, ICRP는 그야말로 피폭 안전론을 전파하는 광고탑으로 자리 잡는다.

원자력산업, '원자력의 평화적 이용'이란 문자 그대로 핵무기 산업에 다름 아니었다.

일본 내 피폭 사실을 은폐한 의료계와 731부대

지금까지 살펴본 역사적 사실들로 엿볼 수 있듯이 AEC, ABCC, ICRP, IAEA, WHO, 그리고 원자력규제위원회NCR와 미국에너지부DOE 등 AEC를 계승한 거대 조직이 미국에서 잇달아 생겨나면서 이들은 방사능의 안전성 선전활동의 '권위자'로 군림한다.

지금까지 우리는 한 세기를 넘나드는 피해자들의 목소리를 통해 과학적·의학적 측면에서 방사능에 안전이라는 단어란 있을 수 없다는 사실을 살펴보았다. 그러나 이 '권위자'라는 이들은 방사능의 '위험성'을 의학적으로 근거도 없이 '안전성'이라는 단어로 포장하면서 대중을 속여왔다. 여전히 일본의 텔레비전과 신문에서 같은 상황이 펼쳐지고 있다는 사실이 두려울 따름이다.

IAEA-ICRP와 손을 잡고 눈앞에서 '안전성'을 주장하는 일본 내 조직들을 살펴보자. 경제산업성(옛 통산성)은 명백한 '원자력 추진관료 그룹'이므로 에너지 이론을 전면에 내세우며 산업적인 측면에서 원자력산업을 육성 및 통괄해왔다.

그러나 그 밖의 다음 조직들에 대해서는 그다지 알려져 있지 않다.

방사선의학종합연구소(방의연), 일본동위원소협회, 일본재단(옛 사사카와재단), 방사선영향연구소(방영연), 문부과학성 등이 여기 해당된다.

이들은 어떤 집단인가?

일본의 원자력산업은 어떤 수법으로 ICRP와 IAEA를 일본에 끌어들였으며, 어떻게 그들과 똑같은 유의 조직들을 만들어낼 수 있었던 걸까? 이에 대한 답을 찾기 위해서는 개개의 인물을 추적해가는 방법이 가장 정확하다. 구체적으로 말하면 다음과 같다. 모두 마음의 준비를 단단히 해두기를 바란다.

사실 제2차 세계대전 중 일본 역시 원자폭탄 개발에 착수했다. 패색이 짙었던 대일본제국 군부 입장에서는 원자폭탄 개발이야말로 하늘이 내려준 기사회생의 기회였다. 군부 내에서는 두 가지 유형의 원자폭탄 개발 계획이 진행 중이었다. 육군의 '니호룽 연구'와 해군의 'F호룽 연구'가 그것이다. 1941년 4월 육군항공본부에서는 이화학연구소理研에 원자폭탄 개발을 위탁했으며 곧바로 '원자핵물리학의 아버지'인 니시나

요시오仁科芳雄에게 원자폭탄 제조와 관련된 연구를 지시했다. 이것이 바로 니시나라는 이름의 머리글자를 따서 명명한 '니호 연구'였다. 이화학연구소는 니시나 요시오가 중심이 되어 그 수하로 도모나가 신이치로朝永振一郎(훗날 노벨물리학상 수상)를 비롯한 다수의 물리학자가 집결했으며, 도쿄데이고쿠대, 오사카데이고쿠대, 도호쿠데이고쿠대의 연구자들도 참가했다. 그러나 맨해튼 프로젝트의 규모가 45만 명이었던 데 비해 일본의 원자폭탄 개발에 실제 동원된 인원은 고작 20명 정도에 불과했다. 1943년쯤부터 본격적으로 우라늄 채굴 및 농축 실험을 하고 나치스 독일에 우라늄 수송 의뢰를 하는 등 연구를 진행시켰으나, 1945년 3월 10일 도쿄대공습으로 인해 이화학연구소가 전소되면서 모든 것은 한순간에 물거품이 되어 사라졌다.

한편 해군장관 산하의 간세이艦政 본부에서는 교토데이고쿠대 교수에게 '원자폭탄 개발 가능성에 관한 연구'를 위탁하면서 핵분열fission의 머리글자를 따서 'F호 연구'라 명명했다. 교토데이고쿠대 그룹에는 유카와 히데키湯川秀樹(훗날 노벨물리학상 수상) 등의 연구자가 속해 있었다. 그리고 우라늄을 조달하기 위해 우익 국수대중당 총재인 사사카와 료이치(훗날 A급 전범 용의자)의 중재로 고다마 요시오児玉誉士夫가 해군 항공본부 촉탁을 했으며, 상하이에 군수물자를 조달하기 위한 조직 '고다마기구'를 설립한다. 고다마 관련 산업은 당시 조선에 있는 우라늄에 관심을 보였으며, 1944년 상하이에서 우라늄을 손에 넣는다. 곧이어 원심분리기로 농축을 시도했으나 결국은 아무런 결실도 맺지 못한 채 실패로 끝이 난다.

패전 9년 뒤인 3월 2일, 개진당 국회의원 나카소네 야스히로中曾根康弘를 주축으로 보수 3당은 3억 엔이라는 원자력 예산안을 중의원에 제출해 통과시킨다. 1954년 3월 1일 비키니 환초에서 거대한 수소폭탄이 솟아올랐던 이튿날의 일이다. 예산 내역에는 우라늄235의 숫자를 딴 원자로 건설비 2억3500만 엔 이외에 우라늄 자원조사비, 자원 및 이용 개발을 위한 비용 등이 포함되어 있었다. 이 예산안은 참의원에서도 자연성립(일본 국회 용어로, 중의원에서 안건이 의결된 후 일정 기간이 지나 참의원 의결에 상관없이 안건이 자동으로 성립되는 상태—옮긴이)되어 일본에서도 본격적으로 원자력 개발이 시작된다. 처음으로 국회에서 원자력 예산이 상정된 이 오래전 이야기를 뇌리에서 완전히 지워버려도 괜찮은 걸까?

예산이 편성된 지 4개월 뒤인 1954년 7월 1일 방위청(지금의 방위성)이 만들어지면서 전후 일본에서는 처음으로 실질적 군대로서 위험한 무기를 손에 넣고, 자위대가 발족했다. 즉 '1946년 처칠의 철의 장벽 연설→냉전 시작→남태평양 원자·수소폭탄 실험 개시→1950년 한국전쟁 발발→미군, 한국전쟁에 병사 33만 명 투입→네바다 핵 실험 개시'라는 흐름에 편승하여, 미군 및 AEC와 발맞추며 걷기 시작한 국가가 일본이었다. 한국전쟁으로 인한 사망자 수는 여러 추정치가 있는데, 1953년 7월 27일 휴전하기까지 3년이라는 기간 동안 약 100만~500만 명이 사망한 것으로 보인다.

이렇듯 첩첩이 쌓여가는 시신을 발판 삼아 미군은 일본 산업계의 '한국전쟁 특수朝鮮特需'를 노린 군수품 발주를 추진했다. 이는 전후 일본 경제 부흥의 기폭제 역할을 했으며, 점령지 오키나와에 있는 미군

기지의 위험성을 방치하는 결과를 초래했을 뿐 아니라, 일본이 스스로 대량의 근대 무기를 사들여 제조하게 된 발단이 되었다.

일본 국회에 처음으로 원자력 예산이 상정되었던 1954년, 사사카오 료이치, 기시 노부스케 등과 함께 A급 전범 용의자로 스가모巢鴨 교도소에 수감되었던 쇼리키 마쓰타로가 『요미우리신문』의 사주로 복귀한다. 세계 곳곳에서 대기권 내 핵실험이 시행되고, 이와 더불어 핵실험 반대운동이 전 지구적 규모로 확산되던 시기에 이들이 일제히 복귀할 수 있었던 것은, 일본인 전쟁 범죄자를 군사적으로 이용하려는 점령군 미국 측의 속셈이 있었기 때문에 가능했다.

한국전쟁을 승리로 이끌기 위해 전력을 다한 일본 점령군 연합군본부GHQ는 1951년 9월 8일 대일강화조약(샌프란시스코 조약)과 미일안전보장조약을 체결하고, 형식적으로는 '일본의 독립'과 일본국 헌법의 '전쟁 포기'를 인정한다. 미국은 이로써 안전보장조약에 의거하여 점령지 오키나와에 주둔해도 된다는 일본의 약속을 받아내고, 오키나와를 통해 전 세계로 출격할 수 있는 후방 기지를 확보하는 데 성공한다. 그리고 네바다 핵실험의 연장선상에서 '일본의 수많은 전쟁 범죄자를 면책시키고, 이미 해체된 전시 중 군수자본을 부활시킨다'는 일련의 거래를 한다.

이 같은 거래를 전후로, 살아 있는 중국인들에게 세균 실험을 했던 이시이 시로石井四郎를 비롯한 '악마의 731부대' 소속 범죄자들이 면책됐다. 미국 군부는 세균 전쟁 및 독가스 관련 데이터를 입수하기 위해 731부대를 통해 비밀리에 뽑아낸 일본의 세균 관련 자료를 미국으로 가지고 돌아갔다. 그리고 이를 계기로 731부대 잔당들은 원자력발전에 관여하기 시작한다. 전범자 면책을 기회 삼아 힘을 얻은 쇼리키는 중의원 의원으로 나섰으며 초대 원자력 위원장에 취임하면서, 전전에 존재했던 은밀한 세력을 부활시키는 데 성공한다. 일본의 원자력 개발은 미국 AEC의 숨결이 미쳐 있는 인맥을 타고 급속도로 진행됐다.

그리고 1954년 비키니 환초에서 다이고후쿠류마루 피폭 사건이 발생한 이튿날, 야당의 개진당 나카소네 야스히로, 사이토 겐조 등 두 명의 국회의원은 학계 및 여론을 무시한 채 원자력 예산안을 중의원에 제출한다. 그리고 이 예산안이 여야당 3당(자유당, 일본자유당, 개진당)의 공동 수정안으로 중의원을 통과하면서 일본 원자력개발에 박차를 가하게 된다. 그러나 당시는 수력발전 및 석탄 화력발전을 위주로 겨우 석유 화력발전에 눈을 돌리기 시작한 무렵이었기 때문에, 전력 회사에서는 급격히 늘어난 전력 수요에 대응하는 데 급급해 원자력에는 거의 관심이 없었다.

비키니 수소폭탄 실험에 의한 '다이고후쿠류마루 피폭 사건'을 계기로 일본에서 원자·수소폭탄 금지를 외치는 운동이 대대적으로 전개되던 1957년 7월, 방사선의학종합연구소放医研가 설립됐다. "방사능이 인체에 미치는 영향, 방사선에 의한 인체 장애 예방, 진단 및 치료, 방사선의 의학적 이용에 관한 연구 개발 등의 업무를 종합적으로 시행하며 방사선의학 관련 과학기술의 수준 향상을 도모한다"는 명목이었다.

한때 원자력의 평화적 이용을 주장하던 물리학자 다케타니 미쓰오武谷三男 씨는 『원자·수소폭탄 실험原水爆実験』(1957), 『안전성에 관한 사고방식安全性の考え方』(1967) 등을 출판하는 등 미국의 원자·수소폭탄 실험에 따른 방사능 오염 방치를 통렬히 비판했으며 『원자력발전原子力

發電』(1976, 이상 모두 이와나미신서)에서는 원자력발전의 위험성을 강조했다.

1957년 가메이 후미오 감독이 제작한 다큐멘터리 영화 「공포에 떠는 세계」에는 일본방사성동위원소협회의 양심적인 과학자들이 등장한다. 한때 이렇게 열정적으로 방사능의 위험성을 전 세계에 알리려 했던 일본의 과학자들은 무슨 연유로 나카소네가 원자로 예산을 국회에 제출한 이후 갑자기 원자력에 협조하게 되었을까? "꾸물거리는 학자는 돈다발로 따귀를 때려 정신 차리게 만들어라"라는 나카소네의 한마디에 구성원들이 대거 교체됐고, 양심적인 과학자는 학계에서 추방되었다고 한다. 천재 물리학자 다케타니 미쓰오가 이렇듯 아슬아슬한 상태로 폭주하는 원자력 정책에 다른 목소리를 내다가 그들과 결별을 고한 것도 이때였다.

핵실험에 의한 방사능 오염을 추적해온 과학자 집단인 일본방사성동위원소협회는 1971년 명칭을 일본동위원소협회로 바꾼다. 이 협회에서는 엑스레이 및 의료용 방사성 물질을 '좋은 것'으로 포장하는 등 교묘한 방식으로 일본 전역에서 원자력에 대해 장밋빛 미래를 꿈꾸게 만드는 데 일조한다. 이러한 국민 세뇌 기술은 미국과 유럽에서 성공을 거둔 방법을 그대로 차용한 것이었다.

이때 그 중심에 있던 인물은 GHQ의 선택을 받은 가야 세이지였다. 1949년 일본학술회의가 발족해 많은 학자가 원자력 연구에 맹렬하게 반대했음에도 불구하고 가야 세이지는 1952년에 부회장으로서 '원자력 연구에 매진해야 한다'는 제안을 낸다. 그리고 그 연장선상에서 1954년 나카소네가 원자력 예산을 제출한다. 사실 그해부터 가야 세이지는 일본학술회의 회장으로 군림하면서 학계의 주력을 원자력에 두었으며, 1957년 도쿄대 총장이 된 후로는 대학 자체를 원자력 연구를 위한 학문의 장으로 키워나가기 시작했다.

이런 움직임과 병행하여 1956년 첫날에 원자력위원회가 발족하고 초대 위원장으로 전전 특별고등경찰을 움직여온 내무성 경찰 출신 쇼리키 마쓰타로가 취임했다. 이어서 5월 19일에는 과학기술청이 발족하는데 초대 장관으로 또 쇼리키가 취임한다. 그러나 이들의 강제적이며 비과학적인 방식 때문에 일본인 최초의 노벨상 수상자(물리학상) 유카와 히데키는 원자력 위원 자리를 사직하고 만다.

가야 세이지는 최초로 원자력발전 지상주의 이론을 구축한 일인자였다. 그렇게 하면 일본 내의 학자들을 원자력 추진 쪽으로 동원하는 일이 훨씬 더 수월했다. 모든 대학에서 교수를 선임할 때는 주로 교수회에서 결정한다. 사립대학은 그 정도까지는 아니지만 특히 국립대학에서는 교수회 자체를 교수들이 결정함으로써 이것이 상호 연쇄반응을 일으키며 권력 기구의 성격을 지닌다. 이때 학자들에게 관록을 붙여주는 기구로서 학술회의가 숨은 힘을 발휘했던 것이다.

원자력 예산을 통과시킨 정치계를 비롯해 산업계와 학계가 상호 제휴함으로써 일본 내 원자력발전소 운전 개시 계획은 궤도에 올랐고, 1966년 7월 25일 전력회사 9곳에서 출자하여 원자력 전문 기업인 일본원자력발전주식회사를 설립한다. 이 회사에서 이바라키현에 있는 일본 최초의 상업용 원자로 도카이 발전소가 원전을 개시했고, 이어서 1970년 3월 14일 오사카 만국박람회 개회일에 맞춰 후쿠이현 쓰루가 원전 1호기도 화려하게 운전 개시를 알렸다.

같은 해 1970년 11월 28일 전력 회사의 원자로로는 최초로 간사이 전력의 후쿠이현 미하마美濱 원전 1호기가 운전을 개시했으며, 1971년 3월 26일 도쿄전력의 후쿠시마 제1원전 1호기가 운전을 개시한다.(40년 뒤에 폭발한 바로 그 원전이었다.)

역사에 무지한 사람들은 이 시대를 '고도 경제성장 시대'라고 부르지만, 실상은 미나마타병과 끔찍한 대기오염 등으로 수많은 피해자가 존재했던 시기다. 바로 이런 피해자들을 발판으로 원자력발전소가 생겨났다. 지금 고도 성장 중인 중국도 이와 똑같은 상황이라고 할 수 있다.

당시 우메자와 구니오미라는 남자가 있었다. 그는 도카이 원전에서 쓰루가, 미하마, 후쿠시마, 오이, 시마네, 겐카이, 하마오카, 이가타 등 거의 모든 원자력발전소가 계획되고 착공되던 시대에 과학기술청 원자력 국장에서 사무차관에 이르기까지 최고위 관직에 올랐던 사람이다. 그뿐 아니라 나중에 과학기술청-원자력청(지금의 문부과학성)을 만들어낸 그야말로 순수하게 원자력발전과 관련된 경력을 고스란히 거쳐온 관료였다. 이들 관료 그룹이 현재 원자력발전 정책을 주도하고 있다.

그의 큰형 우메자와 스미오梅澤純夫는 미생물화학연구회의 회장을 역임한 저명한 학자였다. 이때 우메자와 스미오와 함께 활동한 미생물화학연구회 이사였던 야기사와 유키마사八木澤行正는 만주에 '악마의 731부대 식물 연구반' 반장이었다는 기록이 남아 있는 사람이었다. 이후에 야기사와는 우메자와 스미오의 남동생 우메자와 하마오가 있는 국립예방위생연구소予研로 근무지를 옮긴다. 그리고 야기사와의 아들들은 우메자와 하마오 소장의 '미생물화학연구소'에서 근무하게 된다.

우메자와 형제와는 전시 중 '731부대에서의 연구 동료'였기 때문이다. 바로 이 국립예방위생연구소가 미국 ABCC를 승계한 시게마쓰 이쓰조-나가타키 시게노부의 방사선영향연구소를 수용하게 되는 것이다.

미국에 목줄이 매인 가엾은 시종들

이렇게 갈팡질팡하는 가운데 일본에서 원자력 시대의 막이 오른다. 그러나 일본의 원자력 관련 인맥은 하나같이 일본인의 '전쟁 중 범죄 자료'를 쥐고 있는 미국(AEC)의 지배하에 미국에 목줄이 매인 가엾은 시종에 불과했다. 원자력 예산을 제출한 나카소네 야스히로 역시 예산을 제출하기 전년도에 미국으로 건너가서 네바다 핵실험이 한창이던 미국의 원자력 연구 시설을 시찰한 후 인체 실험에 몰두한 의사들이 모여 있던 캘리포니아대학을 방문한 이였다. 2000년 말 공개된 외교 문서에도 나와 있듯이, 1969~1973년 닉슨 정권 당시 국방장관을 역임했고, 아시아인 학살이 자행됐던 참혹한 베트남 전쟁을 전개하는 데 앞장선 멜빈 레어드는 1970년 9월 14일 당시 미국을 방문한 방위청 장관 나카소네 야스히로와 회담을 열었다. 그는 "우리는 미일안보조약에 근거하여 일본 방위를 위해 어떤 무기라도 사용할 것을 공식적으로 약속한다"고 발표했다. 일본 국민이 알게 모르게 핵무기를 일본(오키나와)에 반입하겠다는 약속을 한 것이다.

레어드는 1984년부터 군수 기업 마틴마리에타의 중역으로 취임한다. 이 회사는 록히드를 비롯한 제너럴다이나믹 군용기 부문, GE 항공

우주 부문과 합병하여 현재 세계 제일의 군수 기업 록히드마틴이 된다. 즉 이처럼 국방부를 점령한 미국의 거대 군수기업이 **손가락 하나로 대통령을 움직임으로써**, 현재 오키나와현 주민이 격노하는 헤노코辺野古의 신기지 건설 계획 및 위험한 오스프리 배치가 이루어진 것이다. 게다가 조부의 전쟁범죄 때문에 미국에 목덜미를 잡힌 아베 신조는 '주일 미국대사' 역할을 하면서 백악관을 향해 꼬리를 흔드는 속국 메커니즘을 계승 중이다. 오스프리의 위험성뿐만 아니라 오키나와 및 일본 전역의 하늘을 날아다니는 미군 전투기, 헬리콥터 추락 사고 역시 셀 수 없이 많다. 오키나와 지방 잡지 『류큐신보琉球新報』의 카메라맨과 함께 오키나와 본섬 북부에 있는 미군의 게릴라전 훈련장에 조사 차 들어갔다가 '람보'를 연상시키는 총을 든 미군 병사들에게 둘러싸였을 때의 공포는 지금도 잊히지 않는다.

오키나와현의 주민은 하루하루 그러한 공포를 느끼며 살고 있다.

다시 돌아와서, 1971년 8월 1일은 방사능 위험성을 추적하던 일본방사성동위원소협회가 일본동위원소협회로 개칭하여 양심적인 과학자들을 추방하고 '방사선의 유효한 이용'을 내세우며 원자력발전 추진을 위한 조직으로 변모하기 시작한 날이다. 이날은 후쿠시마 제1원전의 운전이 개시된 날이기도 하다. 여기서 중심인물은 도쿄대 총장 가야 세이지였는데, 그는 일본동위원소협회 회장으로 취임하여 일본원자력산업회의(지금의 일본원자력산업협회)의 이사를 맡으며 맹렬한 기세로 원자력발전을 추진했다. 방사선의학종합연구소 역시 이 시기부터 원자력발전을 추진하는 조직으로 변모하기 시작한다.

2011년 후쿠시마 원전에서 유례없는 엄청난 사고가 발생하고 약 10일 뒤인 3월 24일 후쿠시마 제1원전 3호기의 터빈 건물 지하실에서 일하던 작업자 세 명이 대량의 방사선에 노출되어 후쿠시마현립의과대학병원으로 옮겨졌으며 또다시 지바현의 '방사선의학종합연구소'로 이송됐다는 뉴스가 방영된 적이 있다. 파란색 시트에 가려진 채 걸어가던 대량 피폭 피해를 입은 작업자가 원자력발전 추진 그룹인 방사선의학종합연구소로 옮겨진 이후의 상황을 보도한 신문은 없었다. 지금까지 피폭 노동자 대부분이 방사선의학연구소로 보내졌고, 그곳에서 피폭자들 장애 상태의 실태를 감추고 있다는 의혹이 농후하다.

현재까지 이런 일본동위원소협회를 방패막이 삼아 원자력산업에 의해 추진돼온 '방사선의 유효한 이용' 캠페인 때문에 일본은 엑스선, 컴퓨터단층촬영CT 검사 횟수가 연간 수백만 건에 달하는 등 세계적으로 많은 건수를 '자랑하는' 비정상적인 병원 내 피폭 국가가 됐다. 유방엑스선촬영, 혈관조영촬영, 전자방사단층촬영 등 방사선에 의한 의료 피폭被曝이 선진국 평균과 비교해 2배 더 높다. 이는 일본 의료계가 "방사선에 의한 '검사비'가 병원 수입을 지탱하는" 구조를 만들어낸 탓에 의료계나 의학계, 즉 대부분의 대형 병원 의사가 방사선·방사능의 위험성을 언급하지 않게 되었음을 의미한다. 따라서 현재 일본의 상황은 의사들이 원자력발전 반대운동을 주도하는 독일과는 정반대인 것이다. 이것이야말로 가야 세이지가 노린 의학계를 둘러싼 일본동위원소협회의 목표였다. 후쿠시마 사고로 인한 피폭 아동을 방치해온 나가사키대학의 나가타키 시게노부가 일본동위원소협회의 계승자다. 지금까지 소개한 역사적 사실들은 맨해튼 프로젝트 부대가 자행한 인체 실험과 일맥상통한다고 볼 수 있다.

머리끝이 쭈뼛해지는 방사능 폐기물의 피해

그러나 또 다른 엄청난 문제 하나가 원자력산업의 앞길을 막고 있었다. 세계적으로 처분이 불가능하다고 여겨지는 방사성 폐기물이 그것이다. 이 공포의 오염물은 후쿠시마 원전 사고로 인해 방출됐으며 동일본 전역에 걸쳐 지금까지 방치되어왔다. 특히 후쿠시마현에는 후쿠시마 원전에서 와르르 쏟아져 나온 방사성 물질이 그대로 떨어져 내리면서 두텁게 쌓여버렸다. 후쿠시마현에서는 오염물이 내려앉은 논밭 및 주택지 토양의 표면만을 제거하여 방사성 폐기물로 따로 모아왔는데, 사실상 지하나 산림으로도 침투했기 때문에 오염물을 완전히 제거하기란 불가능하다. 일단 오염 물질을 제거할지라도 방사성 물질이 산림에서부터 흘러들어와 또다시 고준위 방사선량으로 되돌아가기 때문이다.

이때 토양 표면에서 제거해낸 오염물은 크고 검은 주머니같이 생긴 플레콘백flecon bag에 가득 채워져, 논밭 한복판이나 집 앞 등 여기저기에 산더미처럼 쌓아올려졌다. 이렇게 쌓아올려진 곳만 해도 2015년 3월까지 후쿠시마현에서만 8만 곳을 넘어섰으며 하나의 장소에 수백~수천 개에 달하는 플레콘백이 쌓여 있다. 그러나 이런 플레콘백은 길어야 3년을 사용할 수 있으며, 벌써 여기저기 찢어지기 시작했다. 게다가 제거한 흙 속에 들어 있던 풀, 나무 등의 씨앗이 싹을 틔우는 바람에 플라

후쿠시마현 내에 오염물이 산처럼 쌓여 있는 모습

스틱 플레콘백을 뚫고 나오기 시작했다. 이런 광경을 보면 정말이지 온몸의 털이 거꾸로 솟는 느낌이다.

　게다가 후쿠시마현 이와키시 서쪽에 위치한 울창한 자연이 어우러진 사메가와촌鮫川村에서는 주민 허가도 없이 고준위 오염물을 연소시켜 방사성 가스를 흩뿌리는 결과를 불러왔다. 이처럼 절대 해서는 안 될 무모한 행위를 한 주범은 다름 아닌 환경을 지켜야 할 환경성이었다. 구제 자금을 야금야금 빼먹어가며 세월을 보낸 일본 관료들의 악행은 도를 넘은 광기 그 자체다. IAEA의 앞잡이가 원전 사고 배상도 제대로 받지 못한 채 자택과 토지를 빼앗겼으며 원전 사고 관련 사망자가 1500명을 넘어선 후쿠시마현 주민의 불안감을 불식시킬 목적으로 후쿠시마에서 다양한 '안전 캠페인'을 조직적으로 전개하고 있는 것이다. 이런 상황에서 도대체 국회는 무엇을 위해 존재하는가! 결국 당국은 2015년 5월 오염물 제거도 제대로 마치지 않은 위험 지대에 내렸던 피난 지시를 모두 해제하더니 주민을 강제 귀환시켰을 뿐 아니라, 자민당은 주민에 대한 배상금 지급을 중단한다는 방침을 내놓았다. 길거리를 헤매며 '죽음의 행진'을 해야 했던 후쿠시마현 주민은 이에 대응하고자 5월 24일 '원전 사고 피해자 단체 연락회'를 결성하여 활동 중이다.

후쿠시마현 이외에도 고준위 방사능에 노출된 미야기현, 이바라키현, 도치기현, 군마현, 지바현, 니가타현, 도쿄도, 이와테현 일부에도 나날이 제거된 방사성 물질이 늘고 있다. 2014년 9월 말에는 합계 2만 4000톤을 넘어서는 등 고준위 오염지역 다섯 곳에서 임시 저장소가 모자라는 상황에 몰렸다. 3장에서 언급했듯이, 도쿄 23구의 하수처리장에서는 폐기물 연소로 대량의 고준위 세슘 연소재가 발생한 바 있다. 이런 오염물이 초래할 운명을 암시하는 듯한 사건이 미국에서 일어났다.

나이아가라 폭포는 배우 메릴린 먼로가 '먼로 워크'로 데뷔한 작품 「나이아가라」의 무대로 사용됐는데, 이 폭포에서 북쪽으로 15킬로미터 떨어진 지점에 루이스턴이란 도시가 있다.

이 도시의 환경 문제를 담당한 사람이 캐빈 슈츠였다.

그는 아버지를 폐공기증肺空氣症으로 잃고 어머니 역시 암으로 떠나보냈으며, 스스로도 이상 증세를 발견했다. 이 일대에 대한 조사는 1980년에서야 시작됐는데 주변의 집들을 조사해보니 다섯 가구에서 암 환자가 여섯 명에 달하는 지대가 발견됐으며, 조사 개시 후 4~5년 만에 해당 지역에서 암으로 사망한 이가 십몇 명으로 늘었다.

미국의 북동부에 있는 나이아가라는 네바다 핵실험장에서 멀리 떨어진 곳에 위치해 있다. 그곳에 세인트조지와 똑같은 방사능 피폭이 있었을 리 없다. 그러나 캐빈 슈츠는 하나둘 죽어나가는 가족을 조사하는 과정에서, 장의사 엘마 피킷이 느꼈던 것과 똑같은 공포에 사로잡힌다.

게다가 나이아가라가 있는 뉴욕주 남쪽에 위치한 펜실베이니아주의 캐넌즈버그에서도 똑같은 피해가 발생했고, 더 남쪽에 있는 뉴저지주의 미들섹스에서도 대규모 피해가 확인됐다. 이곳은 교회 목사관에서 매우 높은 방사능이 검출됐는데, 폐암 발병률이 300퍼센트에 달했다. 동부에 인접한 뉴욕, 펜실베이니아, 뉴저지 등 세 개 주에서 서부 세 개 주의 상황과 너무나도 유사한 일이 벌어지고 있었다. 방사능의 저주가 서쪽에서 동쪽으로 번지면서 세인트조지의 분노가 수도 워싱턴의 백악관을 덮치기라도 하듯 동부를 강타했다. 피해 형태는 세인트조지와 유사했는데, 동부 세 개 주에서 기이할 정도로 급증한 암 사망자 수의 '수수께끼'는 아직까지 전체적인 상황이 파악되지 않은 채 초기 단계에 머물러 있다. 앞으로 실제 피해자 숫자를 파악하는 데만 몇 년은 족히 걸릴 것이다. 이로 인한 피해는 향후 몇 년, 몇십 년에 걸쳐 표면화할 것으로 예측된다.

지금까지의 조사에 의하면 루이스턴, 캐넌즈버그, 미들섹스의 세 개 도시가 미국의 방사성 폐기물 처리 장소였다고 한다. 예를 들어 나이아가라 부근의 루이스턴에서는 폐기물에서 발생하는 엄청난 방사성 가스가 콘크리트 건물에서 새어나오거나 폐기물 자체가 유출되면서 그 일대를 오염시켰다고 볼 수 있다. 이렇게 암을 일으키는 방사성 가스는 어떤 방법과 수단을 동원해도 완전히 봉쇄하기 쉽지 않다. 대량의 기체는 결국 유출되기 마련이다.

루이스턴에서 방출된 방사성 가스는 안전 기준치의 **4만 배**에 달했다. 원자력발전의 주된 이용자가 대도시에 집중돼 있는데 아직까지 아무도 이러한 방사성 폐기물의 저주에서 벗어날 수 있는 방안을 제시하지 못하고 있다. 이렇듯 동부 몇몇 주의 실례를 통해 지구가 폐기물로 넘쳐나는 시대를 향하고 있음을 예측할 수 있을 것이다.

그렇다면 도대체 일본의 광역자치단체 47개 도도부현 중 어디에 방사성 폐기물을 묻어야 하는 걸까?

체르노빌 원자력발전소 사고로 정체가 드러난 IAEA가 숨긴 엄청난 피해

군사 조직으로서 IAEA의 정체가 노골적으로 드러난 것은 1986년 4월 26일 소련 체르노빌 원전 4호기의 원자로를 날려버린 최악의 폭발 사고가 발생했을 때부터다.

이듬해인 1987년부터 1988년까지, 독일이 아직 동서로 분열돼 있던 시대에 엄청난 사건 하나가 발생했다. 바로 1989년 베를린 장벽이 붕괴되고 1990년 독일이 통합되기 직전에 있었던 일이다.

서독에서 발생한 교통사고로 인해 기묘한 사건이 발각된 것이다. 핵물질을 수송하던 트럭이 뒤집어지는 사고가 일어났는데, 경찰이 당시 실린 짐들을 조사하는 과정에서 수송 허가를 받지 않은 원자폭탄 물질이 국경 너머로 운반되고 있던 사실이 밝혀졌다.

1988년 서독의 잡지 『슈테른』에서 이 사건을 집요하게 파고든 결과 놀라운 사실이 드러났다. 1월 21일 호 표지의 콜라주 사진을 보면, 우

핵물질 밀매 사건을 특집으로 보도한 『슈
테른』지의 1988년 1월 21일 자 표지

측에 그려진 신사 셔츠의 커프스단추에 AEC 및 IAEA의 로고와 똑같은 원자력의 평화적 이용을 보여주는 원자 마크가 새겨져 있다. 그리고 그 배경에는 원자폭탄이 작렬하는 사진이 있으며, 신사 둘이 마주 잡은 손 사이에는 도이체 마르크 지폐가 오고가는 모습이 보인다. 도대체 『슈테른』은 원자력의 평화적 이용, 그리고 원자폭탄과 대금을 조합시킴으로써 무엇을 암시하고 싶었던 것일까?

『슈테른』에서 사건 관계자를 추궁한 결과, 서독에서 '원자력의 평화적 이용'을 추구한다면서 핵물질을 취급해온 화학 회사 뉴켐에서 서방 제국이 '테러 국가'라고 비난한 파키스탄, 수단, 리비아 3개국을 대상으로 원자폭탄 재료인 우라늄 및 플루토늄을 밀수함으로써 수백만 마르크의 대금이 유통된 사실이 드러났다. 당시 1마르크는 약 80엔으로 수억 엔에 달하는 핵물질이 밀매된 것이다. 놀랍게도 서독에서는 체르노빌 원전 사고가 일어난 1986년 원자폭탄 70개분, 그 전년도는 188개분의 핵물질이 행방불명됐다. 1987년 7월과 12월에는 이 사건으로 취조를 받던 용의자 두 명이 자살했다. 사건의 진상을 풀어줄 비밀 열쇠를 쥔 중요한 증인들이었기 때문에 '사건이 발각되어 암살당했다'는 소문이 끊이지 않았다.

그렇다면 밀매 대상국인 3개국은 어떤 국가들인가?

파키스탄은 1998년 이슬람 최초로 원자폭탄 실험을 시행한 국가였다.

아프리카의 수단은 이집트 남쪽에 인접하여 나일강 상류에 위치한다. 1998년 케냐 등 아프리카대사관이 폭파되는 테러 사건이 있은 후, 그 배후에 미국이 테러리스트로 지탄했던 오사마 빈라덴이 연루돼 있다고 판단한 미국이 미사일 공격을 가했던 국가가 바로 수단이었다.

당시 리비아는 미국의 미사일 공격에 격노해 카다피 대령의 선도하에 격렬한 반미 시위를 벌였는데, 결국 테러 국가로 지정되고 경제 제재를 받았다.

서방 국가의 원자력 업계는 이와 같은 성격을 지닌 3개국을 대상으로 위험하기 짝이 없는 핵물질을 밀매했던 것이다.

독일 언론 『슈피겔』 『슈테른』이 폭로하듯 이런 밀매를 조장한 것은 다름 아닌 리비아와 이란을 사찰한 IAEA의 인맥에 있었다. '적의 진영'으로 핵무기가 확산되지 않으면 서방 원자력산업이 핵무기를 보유할 동기가 없어지기 때문이다.

원자폭탄과 동일한 '핵폭주'로 인해
플루토늄을 분출한 후쿠시마 제1원전 3호기

그뿐만이 아니다. 여기에는 일본의 원자력산업도 관여돼 있었다.

서독의 원전에서 발생하는 사용후핵연료를 혼자 떠맡았던 것은 바로 핵물질 밀수에 관여했던 뉴켐 사였다. 뉴켐에서 사용 출처가 불명확한 자금이 당시 환율로 약 십수억 엔에 달했다는 사실도 밝혀졌다. 당시 서독에서는 소련 체르노빌 사고 직후 맹렬한 기세로 원전 반대운동이 전개되면서 플루토늄 추출을 위한 바커스도르프 재처리공장 건설 계획이 난관에 부딪혔기 때문에 뉴켐은 큰 고민에 빠져 있었다. 그래서 비밀리에 원전에서 나오는 사용후핵연료를 벨기에 몰의 국립원자력연구센터CEN, Centre d'Etude de l'Energie Nucléaire로 운반하여 플루토늄과 우라늄 추출(재처리)을 의뢰했다.

비밀리에 이런 일을 진행한 것은, 벨기에 공장이 재처리공장으로 플루토늄 추출 허가를 받지 못한 불법 공장이었기 때문이다. 그러나 CEN은 마치 SF 영화에서처럼 재처리를 하면서 플루토늄을 추출한 후 뉴켐과의 밀거래로 폐기물 및 원자폭탄 재료를 반환했다.

그리고 CEN에 기술적으로 관여한 주체는 역시 벨기에에 있는 핵연료 제조사였다. 바로 도쿄전력이 MOX라 불리는 플루토늄·우라늄 혼합 연료 제조를 이곳에 의뢰해 문제시 됐던 벨고뉴클리어라는 회사다.

플루토늄 MOX 연료로 가동된 것이 다름 아닌 후쿠시마 제1원전 3호기였다. 동일본 대지진 발생 후 4일째 되는 2011년 3월 14일 엄청난 폭발을 일으켰던 바로 그 3호기 말이다. 이 3호기 폭발 이틀 전에 발생한 1호기의 수소폭탄 때와 달리, 3호기에서는 핵연료가 하늘 높이 솟구쳐 오르더니 오른쪽의 사진처럼 까만 덩어리가 하늘에서 떨어져 내렸다. 이와 같은 폭발 영상을 본 많은 일본인은 '핵폭발로 추정된다'는 말에 엄청난 충격에 휩싸였다. 실제로 하늘에서 떨어져 내린 것은 어마어마한 양의 플루토늄을 포함한 연료였다.

스리마일섬 원전 사고 조사단의 일원이던 미국 과학자 아니 건더슨은 다음과 같이 지적한 바 있다. 수소폭발이 일어난 3호기에서는 극심한 진동으로 인해 사용후핵연료 저장소에서 냉각 중이던 연료봉들 사이의 거리가 좁아졌으며, 이로 인해 원자폭탄과 똑같은 핵폭주가 발생하면서 폭발이 일어났을 가능성이 높다는 것이다.

일본은 당시까지 프랑스로 보낸 사용후핵연료에서 추출된 플루토늄을 다시 벨기에로 보내 MOX 연료 제조를 의뢰했다. 그러나 애당초 일본과 벨기에 간에는 원자력 협정이 체결돼 있지 않았기 때문에 이 역시 국제법에 위반되는 불법 거래였다.

벨고뉴클리어의 자회사 중에는 트랜스뉴벨이란 회사가 있는데 그 회사 주식의 20퍼센트를 보유한 곳이 뉴켐의 자회사 트랜스뉴클리어라는 수송 회사였다. 이 회사의 트럭이 앞서 언급한 사용후핵연료와 플루토늄 폐기물을 수송하던 중에 교통사고를 당해, 그 안에 실린 짐의 정체가 들통 난 것이다. 이처럼 원자력 기업들은 독일과 벨기에 양국에 걸쳐 있으면서 하나의 자본처럼 움직였다.

사실상 뉴켐 주식의 35퍼센트, 10퍼센트, 10퍼센트를 각각 데구사(독일), 메탈게젤샤프트(독일), 임페리얼스멜팅이 보유했는데, 이들 지분

2011년 3월 14일, 후쿠시마 제1원전 3호기
폭발 영상, 후쿠시마중앙TV

을 모두 합친 55퍼센트를 지배한 게 바로 로스차일드였다. 이들 기업은 모두 하나의 거대 기업에 속해 있었던 것이다. 이 같은 사실관계는 1988년 당시 서독에서 가장 공신력 있는 잡지 『슈테른』과 『슈피겔』에서 상세히 보도된 바 있다.

로스차일드 가는 유대인 부호 가문이었고, 유대 국가 이스라엘의 건국자이기도 했다. 그렇다면 '이슬람에서 가장 위험한 테러리스트'라며 그들이 비난하던 적국에 자진해서 원자폭탄 재료를 유출시켰다는 말이 된다.

게다가 더욱 경악할 만한 사실이 발각된다. 이 수송 사건에 관여한 스위스인 루돌프 로메치는 직접 자신의 승용차로 플루토늄을 운반하다가 발각되면서 독일에서 대대적인 스캔들에 휩싸였다. 그도 그럴 것이, 로메치는 '핵무기 확산을 방지한다'는 IAEA의 간부였다. 그리고 체르노빌 사고 직후 사고 원인 및 피해를 논의한 IAEA 총회에서 의장을 맡고 피폭으로 인한 피해를 은폐하고자 했던 원자력 마피아의 우두머리였다. 그는 또한 일본의 과학기술청(지금의 문부과학성)과도 밀접한 관계에 있어서 일본에서 강연도 했던 인물이다.

플루토늄을 자가용으로 운반하던 로메치가 주도한 체르노빌 사고 직후에 열린 IAEA 총회야말로 사실 '원전 사고 장애는 끝났다'는 국제적인 선언을 한 것과 다름없었다.

29년이 지난 뒤에도 200만 명이 고통받는 체르노빌 사고의 현실

우크라이나의 야누코비치 대통령이 "현재도 체르노빌 사고로 인해 200만 명이 방사능 피폭에 고통을 받고 있다"고 언급한 것은 사고 발생 후 27년 뒤인 체르노빌 원전 사고 기념일 2012년 4월 26일이었다. 바로 후쿠시마 사고가 발생한 이듬해다.

체르노빌 사고로 인한 피해 실상을 소개한다.

미국 소아과아카데미학회지 2010년 3월 22일 호에 따르면 2000~2006년에 우크라이나의 저선량 피폭被曝 지대인 리우네 지방에서 태어난 9만6438명의 신생아 중 기형아 발생률이 10만 명당 222명으로 유럽 전역에서 가장 높았다. 이 지방은 체르노빌 원전에서 250킬로미터 이상 떨어진 곳이었다. 250킬로미터면 도쿄역에서 후쿠시마 제1원전까지의 거리보다 훨씬 더 먼 거리다.

소련 붕괴 후 독립한 우크라이나와 벨라루스의 국내 피해는 백혈병과 소아갑상선암에 국한되지 않는다. 실명에 이르는 백내장, 심근경색, 협심증, 뇌혈관장애, 기관지염 등 셀 수 없이 많은 질환이 급증했다. 현재도 진행 중인 이런 엄청난 피해를 마치 전무한 듯 포장하려던 조직이 IAEA와 일본의 방사선영향연구소였다.

2013년 4월 26일에 출판된 『체르노빌 피해의 전모』를 보면 러시아 과학아카데미 고문이자 유럽방사선위험위원회ECRR의 위원이기도 한 알렉세이 야블로코프 등 고명한 저자들이 '체르노빌 원전 사고에 의한 사망자는 2004년을 기준으로 거의 100만 명에 달하는 것으로 추정된다'며 눈이 번쩍 뜨일만한 의학적 데이터를 제시해 사실을 입증했다. 이 책의 내용을 둘러싸고는 지금도 인터넷에서 국제적인 네트워크를 형성한 (일본인 포함) 어용학자들을 동원한 IAEA가 아무런 근거도 없이 비열한 중상을 펼치고 있다. 우크라이나와 벨라루스 국민은 사고 후 29년이 지난 현재까지도 고통을 받고 있다. **인구밀도가 그보다 훨씬 더 높은 일본**에서도 후쿠시마 원전 사고로 인한 엄청난 규모의 피해가 소리 없이 진행 중임에 틀림없다.

그 이후로도 IAEA는 개의치 않고 체르노빌 원전 사고로 인한 건강 피해는 지극히 한정적이라는 결론을 퍼뜨려왔다. 그러나 1999년 체르노빌 피폭국 벨라루스의 고멜의과대학 초대 학장인 병리해부학자 유리 반다제프스키 교수가 '돌연사와 방사성 물질의 체내 섭취 간의 인과관계'를 주제로 세슘심근증이 계속 발생하고 있다는 명백한 의학적 사실을 발표한다. 그 직후 반다제프스키 교수는 이유도 없이 비리 혐의로 체포됐고, 2001년 물적 증거도 없이 8년간의 강제노동 형을 받는다. '소량의 방사성 물질이면 안전'하다는 정부 발표를 완전히 뒤집는 논증을 제기했다는 이유로 끔찍한 누명을 덮어쓴 것이었다. 그로부터 6년 후 반다제프스키 교수는 많은 과학자의 도움으로 구제됐으나, IAEA는 국제적 네트워크를 동원해 데이터를 날조해 반다제프스키가 밝힌 과학적 사실을 쥐도 새도 모르게 없애버리려 했다.

지금 후쿠시마현 주민과 도쿄 등 동일본 전역 주민의 체내에서는 반다제프스키가 실증해 보인 방사성 세슘이 근육에 농축되어 일어나는 심근경색 및 협심증 등 심장질환이 급속하게 진행 중인지도 모른다. 체르노빌 사고로부터 16년 후, 벨라루스 피해자들의 심근경색 발병률은 사고 전과 비교해 10배 가까이 증가했고, 23년 후인 2009년에는 벨라루스 전체 사망원인 중 54퍼센트가 심장병이었다. 같은 해 사망 원인 중 13퍼센트가 암이었다는 점과 비교하면 가히 치명적이라 할 수 있다. 그리고 잠복기를 거쳐 사고 5년 후부터 벨라루스의 인구 증감을 살펴보면, 증가(+)에서 감소(-)로 큰 폭으로 돌아서 2010년까지 20년간 7퍼센트의 인구 감소율을 보이고 있다.

전신에 혈액을 보내는 '심장'과 호흡을 담당하는 '폐'는 인간이 살아 있는 동안 한시도 쉬지 않는 기관이다. 심장과 폐는 생명 유지 운동을 지속하는 근육 덩어리로 이루어져 있다. 이때 반다제프스키는 병으로 사망한 수많은 이를 해부함으로써 세슘이 가장 농축되기 쉬운 곳이 바로 근육이라는 점을 밝혀냈다. 당시만 해도 반세기 동안 방사능 장애를 연구한 조사의 대부분이 '증상의 발생률'을 추적하는 역학적 통계 해석에 의지하고 있었으나, 그는 달랐다. 특히 성인과 달리 알코올 및 니코틴의 영향을 전혀 받지 않은 아이들의 심장 세포를 조사하여 방사성 세슘이 근육세포와 주변 조직을 파괴한다는 사실을 세포학적으로 확인했으며, 해부학적 소견으로는 세슘이 체내에서 어떻게 작용하는지를 최초로 실증했다. 향후 일본인에게도 발생할 심장병을 비롯해 근육에 세슘이 농축되어 생기는 전신의 악성종양 역시 대단히 우려되는 상황이다.

한편 이바라키현 호코타시에서 2015년 4월 10일 돌고래 150마리가 집단 폐사하는 사건이 있었다. '자연계의 이상현상' 혹은 '지진의 전조현상'이라며 세간이 떠들썩했는데, 그곳이 바로 후쿠시마 제1원전에서 조류를 타고 대량의 오염수가 약 150킬로미터 떠내려간 해역에 인접한 해안이었다. 실재로 죽은 돌고래를 해부해보니 전문가들도 이런 현상은 처음 본다고 말했을 정도로 거의 모든 돌고래의 폐가 새하얗게 변해 혈액도 흐르지 않는 상태였다. 인간과 똑같이 폐호흡을 하는 포유류인 돌고래에게서 심근경색과 같은 증상이 나타난 것이다.

식품 업계의 수장이 IAEA의 정체였다

일본에서 후쿠시마 사고가 있은 지 4년 차에 접어들었다. 체르노빌 사고로 인한 피해가 표면화하기 시작한 것은 사고 발생으로부터 4년 뒤인 1990년이었다. 당시 백러시아(지금의 벨라루스)의 수도 민스크에서는 15세 이하 아이들 중 70명이 백혈병 치료를 받았으며 곳곳에서 백혈병이 발병하면서 아이들이 픽픽 쓰러지기 시작했다. 그때 식탁에 올라오던 고기 및 채소의 평균 방사능 수치는 식품 '1킬로그램당 370베크렐'로 매우 높았다. 이 사실은 백러시아의 방사선학 전문가인 바실리 네스테렌코에 의해 고발됐다.

그러나 체르노빌 사고 직후 유럽공동체EC는 영유아기 아이들이 먹는 유제품을 비롯한 식품의 '안전 기준' 수치를 이와 똑같은 370베크렐로 정했다. 이런 EC의 기준에 의학적인 근거는 전혀 없었다.

370베크렐이라는 숫자가 나오게 된 경위는 다음과 같다.

인체 세포에 대한 인공 방사선의 영향은 의학적으로 10피코퀴리 단위부터 시작된다고 볼 수 있다. 피코퀴리란 '1조 분의 1'퀴리라는 극미량을 나타내는 단위다. 1퀴리는 370억 베크렐이므로 그 영향이 미치는 10피코퀴리는 0.37베크렐에 해당된다.

1킬로그램당 3.7베크렐인 식품을 100그램 먹으면 0.37베크렐이 체내로 들어온다. 그렇다면 인간이 그 **100배의 농도**인 370베크렐의 오염된 식품을 **10배 분량**인 1킬로그램 섭취하면 어떻게 될까? 뻔한 말이지만 꽤 위험한 수치에 달하게 된다. 영유아기부터 청소년기까지 한창 자랄 나이라면, 1년간 섭취량을 1킬로그램으로 따질 수 없게 된다. 이럴 수도 저럴 수도 없게 된 유럽 식품 업계가 나서 될 대로 되라는 심정으로 그 기준을 100배로 늘인 결과, 370베크렐이라는 위험한 수치가 나온 것이다.

그렇다면 이런 상황을 초래하는 데 앞장섰던 식품 업계의 범인은 누구였을까?

사실 IAEA 의장을 맡은 로스차일드 가문의 베르트랑 골드슈미트와 함께 IAEA에서 사무국 '차장'으로서 이 UN 조직을 키운 사람은 폴 졸스였다. 그는 체르노빌 사고가 발생했을 당시 세계적인 유제품 업체들 위에 군림하던 네슬레의 회장이었다. 현재 일본은 이 기준을 후쿠시마 사고 직후에 500베크렐, 이듬해부터는 100베크렐로 정해놓았는데, 대부분의 일본 국민은 이런 수치를 안전하다고 믿는다. 이처럼 맹목적으로 IAEA의 터무니없이 높은 기준을 따라가는 일본 정부의 말을 있는 그대로 믿어도 괜찮은 걸까? 어째서 1킬로그램당 1베크렐이라는 단위를 제시하지 않는 것인가!

원자폭탄과 원자력발전이라는 '두 얼굴의 악마'

IAEA는 우크라이나의 수도 키예프에 전全소련방사선의학종합센터를 설립하고 소련(현재 오염지인 러시아, 우크라이나, 벨라루스) 전역의 피해 데이터를 총괄하게 됐다. 그리고 센터의 컴퓨터를 통해 체르노빌의 엄청난 피해 정도를 철저히 관리하면서 부적절한 데이터들을 말소시켰다. 당시 이런 상황이 위성방송으로 한 시간에 걸쳐 방영됐을 때, 텔레비전 화면에 비친 그들의 모습은 어딘지 모르게 섬뜩했다.

'동물에게서 이상 증상은 발견되지 않았다……. 원래부터 우크라이나는 오염돼 있었다……. 아이들에게서 보이는 이상 증세는 스트레스에 의한 것이며, 방사능과는 아무런 관계도 없다……. 쿠바로 간 체르노빌 피해지역의 아이들은 휴양을 하러 갔을 뿐이다……. 임신 관

런 장애는 철분 부족으로 생긴 빈혈 증세와 공포증이 원인이다…….'
IAEA는 상황을 모면하기 위해 말도 안 되는 변명을 쏟아냈다. 현지에
서는 치료를 위해 쿠바로 간 아이들이 병원에서 백혈병으로 고통받는
상황이 보고되던 상황에, 이런 망언을 내뱉었던 것이다.

이들은 우크라이나의 키예프소아과·산부인과연구소의 의사 이리나
고덴코를 초청해 '소련에서는 어떠한 피해도 일어나지 않았다'고 말하도
록 지시하기도 했다. 이미 백혈병과 갑상선 장애 때문에 아이들이 픽픽
쓰러지고 있는 상황에서, 정반대의 증명을 하게 한 것이다. 그러나 그
방송은 의도와 달리 오히려 IAEA와 원자력산업의 구조를 증명해 보이
는 꼴이 됐다. 같은 연구소에서 일본을 방문했던 보건성 의사 앙드레
야콥레프가 이미 뻔히 보이는 거짓말을 떠들어대고 귀국한 뒤였기 때
문이다.

키예프의 같은 연구소로부터 일본을 방문한 이 둘의 공통점은 전
세계 언론이 취재했던 '체르노빌 동맹'이라는 시민 그룹과 깊은 연관이
있을 뿐 아니라 IAEA와 끊임없이 접촉해왔다는 점에 있었다.

그 이후 후쿠시마 원전 사고가 발생한 일본에서도 후쿠시마현에서
시민 단체 및 대학교수의 이름을 사칭하며 '방사능과 함께 생활하기 위
해서는 어떻게 해야 할까'라는 식의 안전론을 확산시키는 등 이런 방식
은 IAEA의 상투적 수단이었다. 후쿠시마현에서 동일본 부흥을 미끼로
던지며, '원전에 반대하지만 이 방사능은 크게 문제될 게 없다'는 식의
분위기를 조성해 위험을 확산시키는 IAEA의 수하의 인물들이 활동하
고 있음은 매우 잘 알려진 사실이다. 이런 행위나 일삼는 가없은 대학
교수들의 목적은 오로지 제 밥그릇을 챙기는 데 있을 것이다.

원자폭탄과 원자력발전이 쌍둥이 악마였다는 점은 역사적 사실을 통해 살펴본 그대로다.

그렇다면 현재 전 세계의 원자폭탄 무기 산업과 원자력산업은 어떤 관계에 놓여 있을까?

9장

세계 곳곳으로 유출되는
원자폭탄 재료

마지막으로 평화적 이용이라는 가면을 쓰고 활동 중인 전 세계의 원자력산업과, 살육 전쟁을 위한 원자폭탄 산업이 서로 어떠한 관계로 얽혀 있는지를 살펴보고자 한다. 독자들이 미래를 직시하고 판단하는 데 큰 도움이 되리라고 생각하기 때문이다. 또한 일반적으로 잘 알려지지 않은 아시아 및 중동 국가들의 원자력발전 현황도 정리해보았다.

　지금 눈앞에서 진행 중인 현실이야말로 독자들의 생활과 직접적으로 밀접한 관계에 있다. 어쩌면 지금 무심코 지나치기 쉬운 일들이 내일의 충격적인 뉴스가 될지도 모른다.

　지금 많은 일본인이 두려워하는 것은 중동 이슬람 제국의 위기일 터이다. 또는 인접국 중국이 원자력발전에 몰두하는 모습일 수도 있다. 모든 핵무기 보유국에 대해 상세하게 언급하기에는 지면이 부족하므로, 일단은 일본의 원자력발전소에서 발생한 물질이 원자폭탄의 재료로서 세계 곳곳으로 유출되는 현실부터 살펴보자.

5조 엔을 시궁창에 버린
일본의 원전 정책

미국의 GE로부터 원자로를 수입한 것은 일본원자력발전주식회사原電, 도쿄전력, 주부전력, 도호쿠전력, 호쿠리쿠전력, 주고쿠전력, 그리고 제조업체 도시바, 히타치제작소다. 웨스팅하우스로부터 원자로를 수입한 것은 일본원자력발전주식회사, 간사이전력, 규슈전력, 시코쿠전력, 홋카이도전력, 그리고 제조업체인 미쓰비시중공업이다. 2006년에는 도시바가 웨스팅하우스를 매수했다. 이들 일본 기업은 모두 미국의 모건 및 록펠러에 기술 사용의 대가로 막대한 비용을 지불해왔다. 이 기업들은 AEC와 손을 잡은 일본인이 세계 곳곳의 방사능 피폭 사망자를 발생시켰다는 역사적 사실을 직시한 후 과거 자신들이 저지른 과오를 스스로 되물을 필요가 있다.

한편 프랑스와의 관계에도 심각한 문제가 있다.

원자력발전소를 가동하면 발생하는 사용후핵연료는 프랑스의 핵연료공사 코제마COGEMA(핵물질 종합 회사를 의미하는 Compagnie Générale des Matiéres Nucléaires)에서 운영하는 라아그 재처리공장에서 화학 처리되는데, 2013년 말 기준으로 원폭 재료가 될 10톤 이상의 핵분열성 플루토늄이 추출됐다. 일본은 이것만으로도 나가사키에 떨어졌던 원자폭탄을 1만 발이나 만들어낼 수 있는 양의 플루토늄을 보유한 셈인데, 이와 똑같이 재처리를 맡긴 영국과 일본 내의 양을 합하면 그 두 배에 달하는 플루토늄을 보유하고 있다는 계산이 나온다. UP2라는 프랑스 재처리공장은 군사용 공장으로 핵무기용 플루토늄을 추출했다.

이들을 총괄해온 프랑스의 원자력청은 일종의 기업으로 관공서가 아니다. 이곳에서는 남태평양에서의 핵실험을 지휘하는 한편으로 핵연료 공사 코제마를 자회사로 두고 미국 등의 우라늄 광산을 소유하며 원자력산업을 통괄해왔다. 이렇듯 요직을 민간 금속 기업의 주요 인물들이 차지하면서 원자력청은 세계적인 우라늄 카르텔의 총본산이 되었다.

프랑스의 원자력산업은 1980년대 초부터 외국의 사용후핵연료를 받아 재처리를 해왔다. 하지만 문제가 속출해 제대로 운용되지 않았으며, 결국 일본과 독일의 자금에 기대 새로운 공장 설비인 UP3를 건설했다. 일본 도카이촌의 재처리공장도 이와 똑같이 문제가 끊이지 않아서 처리능력이 거의 없었기 때문에, 일본은 프랑스가 요구하는 대로 순순히 막대한 비용을 지불해야 했다. 당시 일본의 전력 회사에서 코제마에 지불한 계약금은 어마어마한 액수였다.

이와 동시에 일본은 프랑스의 위험천만한 공장을 모델로 삼아 코제마의 자회사 SGN(신기술 종합 회사를 의미하는 Société Générale pour les Techniques Nouvelles)에 대금을 지불해 기술을 도입했으며, 아오모리현의 여섯 곳에 반강제적으로 재처리공장을 건설하기 시작했다. 그리고 이 프로젝트를 유치한 아오모리현 지사 기타무라 마사야北村正哉가 유럽으로 시찰을 갔을 때 방문했던 공장은 바로, 뒤에서 언급할 파키스탄의 '원자폭탄의 아버지' 압둘 카디르 칸 박사가 근무하던 알멜로 공장이었다. 당시 아오모리현의 여섯 곳에서는 이 공장을 '안전론의 근거'로 들면서 대대적으로 선전했다. 당국은 뻔뻔한 얼굴로 자연 식품 광고에 출현한 아오모리현 출신의 스모 선수 마이노우미舞の海 등을 내세워 핵연료미사일을 선전했으며, 재처리공장에 2조 엔 이상의 건설비를

투자했다. 고속증식로 몬주에도 3조 엔에 가까운 개발비가 투자됐는데, 이들 시설은 전부 지금까지 운행되지 않고 있다. 결국 5조 엔이 넘는 돈을 시궁창에 갖다 버린 셈이다.

그러나 전력 회사는 공익사업이라는 이유로 비용이 얼마가 들더라도 사업 경비를 모두 계산해 거기에 일정 이익을 덧붙이는 '총괄원가방식'으로 전기료를 결정해왔다. 이 이익률은 1988년에는 7.2퍼센트였으나 점차 떨어지기 시작해 2008년 이후 현재까지 3퍼센트의 이익을 보장받고 있다. 따라서 전력 회사는 거액의 쓸모없는 지출을 하면 할수록 높은 전기료를 징수할 수 있는 것이다. 이것이 일본의 전력 회사가 고비용이 드는 원자력발전에 목을 매게 만드는 악의 근원이다. 후쿠시마 원전 사고 이후 이런 시스템을 즉각 폐지시키자는 전력 개혁의 움직임이 각 분야에서 일어났으나, 전력 회사의 목줄에 매여 있는 아베 신조 정권과 '경제산업성 산하의 딱한 지식인들'은 이를 등한시했다. 결국 프랑스와 영국에 무의미한 거금을 지불해야 했던 당사자는 전력 소비자, 즉 일본 국민이었다.

일본 원자력발전소에서
프랑스의 핵탄두가 만들어지다

한편, 프랑스-일본 원자력 협정에 의하면 일본의 핵물질은 "평화적으로 '비폭발' 목적에 한하여 사용된다"고 규정돼 있다. 그럼에도 불구하고 일본이 재처리를 요청한 사용후핵연료에서 추출된 플루토늄은 프랑스 핵탄두로 유용되어왔다. 공장의 수송관이 같기 때문에 군사용과 평화적 이용을 구분할 수 없기 때문이다. 이렇게 일본 원전에서 나온 플루토늄은 프랑스에서 남태평양 주민을 방사능에 피폭시킨 원자폭탄으로 빼돌려져 사용되었다. 이는 명백한 일본-프랑스 원자력 협정 위반이다.

플루토늄은 총량으로 관리되므로, 어느 국가의 플루토늄이 어디에서 사용되는지를 작업상 분리하거나 구분하기란 불가능하다. 핵무기 보유국에 재처리를 요청하면 100퍼센트 이런 사태가 초래된다. 프랑스에서 추출된 플루토늄은 핵탄두에 사용되어온 배경이다.

프랑스는 대기권 내 핵실험을 50회나 강행했다. 이런 야만적인 행위로 인해 알제리와 남태평양 폴리네시아 주민은 방사능으로 고통받고 있다. 프랑스에는 분명 문화인 및 지식인이 있는데도 그들은 핵실험이나 식민지에 대해 질문을 받으면 갑자기 말이 없어진다. 패션, 예술의 도시라고 선전하는 프랑스의 '문화인'은 아무래도 의심스럽고 역겹다. 프랑스가 시행한 일련의 핵실험에 의해 남태평양의 여러 섬에서 검은 비가 쏟아졌다. 또 1980년대 프랑스령 폴리네시아에서는 '타히티에서 암 발생과 기형아 출생이 급증하고 있다'는 보고가 봇물 터지듯 쏟아져 나왔다. 그러나 이곳 주민은 비밀리에 프랑스로 이송되었으며, 발드그라스 육군병원 등에 수용된 채 침묵을 강요당했다. 「타히티의 여인들」을 그린 고갱이 지금의 이런 프랑스인을 보았다면 뭐라고 했을까? 그 이후로도 무루로아 환초에서 핵실험은 계속됐고, 결국 1985년 6월에는 생물만 사멸시키는 공포의 중성자폭탄 실험이 시행됐다. 일대 섬들의 환초 지면 곳곳이 갈라졌으며, 높은 파도와 섬의 침하현상 등으로 대량의 방사능 유출이 발생할 위기에 직면했다. 주민들은 '이제 해산물을 먹지 못하게 됐다. 사람들은 두통을 호소하며 죽어간다'며 처절하게 호소했다. 죽음의 재는 호수 동부 골드코스트까지 도달했다. 심지어 1995년 시라크 대통령 취임 직후에도 무루로아 환초에서 핵실험 재개를 강행한다.

코제마 재처리공장 UP3에서 계획한 프랑스 외 국가의 사용후핵연료 재처리량은 대략 9000톤으로 파악되는데, 그중 3분의 1에 해당되는 2900톤은 일본과 계약된 것이다.

게다가 프랑스가 재처리를 해오던 외국의 사용후핵연료 중 40퍼센트에 달하는 최대량을 위탁 처리해온 독일의 전력 회사들이 재처리를 중단하면서 계약이 잇달아 취소됐기 때문에, 일본이 차지하는 비율은 더 높아졌다. 당히 비율로도 UP3 건설비 중 일본의 전력 회사가 40퍼센트를 부담했는데, 1998년 말 벨기에가 재처리 금지 결정을 내리면서 일본만 고립된 상태가 됐다.

그러자 독일의 슈뢰더 정권이 추격이라도 하듯 2000년 1월 1일부터 '해외 재처리를 전면적으로 금지한다'는 방침을 내놓았다. 이런 독일의 방침에 화가 난 프랑스는 '독일에서 수입한 3820톤의 사용후핵연료를 즉시 되돌려줄 것'이라고 발표했고, 아직 이를 받아들일 준비가 안 돼 있었던 독일 전력 회사는 고민 끝에 재처리 전면 금지 결정을 연기한다. 그러나 독일은 1995년에 플루토늄 이용 정책을 완전히 포기한 상태였기 때문에 독일-프랑스 관계의 단절은 이미 예정된 일이었다. 독일의 원전 폐기물에 대해 알고 싶다면 현장 취재 보고서 「원전 폐쇄 선진국 독일의 현실原發處分先進国ドイツの現實」(2014)을 참조하기 바란다.

일본 원전에서
파키스탄 원자폭탄 재료가 유출되다

게다가 독일의 핵스캔들을 통해 벨기에 공장들이 파키스탄으로 원자폭탄 재료를 유출시킨 사실이 수면 위로 떠올랐다. 이들은 프랑스 핵 재처리공장 산하에서 핵물질을 거래했다. 원자폭탄 재료가 일본의 전력 회사로부터 유럽의 비밀 공장을 경유해 파키스탄 등지로 흘러들어갔던 것이다. 이를 통해 일본이 인도 및 파키스탄의 원자폭탄과도 직접 연관돼 있는 구조를 엿볼 수 있다. 여기서 걱정되는 건 9·11 이후 미군이 아프가니스탄 국경 지대에서 대대적인 알카에다 및 탈레반 소탕 작전을 전개하고, 파키스탄에서도 잇달아 이슬람 신학교를 폭격했다는 점이다. 이런 상황은 파키스탄 정세가 매우 불안정하며, 핵무기 발사 버튼이 위험한 사람의 손에 쥐여질 디데이가 도래할 수 있음을 시사한다. NHK 회장인 모미이 가쓰토籾井勝人는 이 모든 사실을 직시하고, 제대로 보도할 공영방송의 책임을 다하고 있는 것일까? 이와 관련된 내용은 『판도라 상자 속의 악마パンドラ箱の悪魔』(1999)에서 언급한 바 있다.

일본인들은 '플루토늄 경수로 사용'이라는 명목하에 위험한 플루토늄을 이용하는 전력 회사를 그저 좌시해왔다. 원전 반대운동을 하는 사람들에게 맡겨두면 된다는 식이었다. 그러나 정말 이대로 괜찮은 걸까?

최근 일본에서는 학자 및 문화인이라 불리는 무지한 이들이 전력 회사로부터 대금을 받고 홍보에 동원되어, 진지한 얼굴로 아무렇지도 않게 '플루토늄 경수로 사용은 재활용'이라는 말을 내뱉어왔다. 플루토늄 경수로 사용은 여기서 이용되는 플루토늄의 몇십 배에 달하는 고준위 방사성 폐기물을 발생시키는데, 이는 500년 후에나 땅속에서 처분할 수 있을 정도로 끔찍한 상황을 초래한다. 지금으로부터 500년 전이면 오다 노부나가織田信長가 태어났던 시대다. 플루토늄 경수로 사용을 강행한 규슈전력의 사가현 겐카이 원전이나 시코쿠전력의 에히메현 이카타 원전 그리고 간사이전력의 후쿠이현 다카하마 원전 부지에서 역시 500년이라는 시간 동안 위험천만한 폐기물을 각각 관리해나가야 하는 것이다. 이런 상황을 모든 지역에서 감당할 수 있을 리가 없다!

재활용이란 거의 반영구적인 순환 구조를 일컫는데, 경수로 사용은 일회성인 데다 기술, 비용 측면에서 재활용되는 부분이 전혀 없다. 엄청난 비용만 허비할 뿐이며, 모든 것이 거짓말투성이인 원자력 정책에 불과하다.

그렇다면 프랑스의 원자력산업은 어떤 방식으로 성장했을까?

오일 쇼크로
원자력발전 붐을 일으킨 프랑스

1973년 10월 6일 이집트군이 이스라엘 불법 점령지를 탈환하기 위해 수에즈 운하의 동쪽으로 진군했고, 시리아군은 골란고원으로 진격해 아랍 국가들 대 이스라엘의 '제4차 중동전쟁'이 발발했다. 아랍의 10개 국가가 참전했고, 미국이 이스라엘을 지원하며 대항했기 때문에 군사적 측면에서는 이슬람 국가들이 열세였다. 그러나 10월 16일 석유수출국기구OPEC의 중동 연안 6개 국가(이라크, 이란, 사우디아라비아, 쿠웨이트, 카타르, 아랍에미리트)에서 일제히 원유 공시 가격을 인상하겠다고 발표하면서 전 세계를 상대로 평균 70퍼센트씩 유가를 인상했고, 결국 오일 쇼크가 발생했다.

오일 쇼크로 인한 원유 가격 급등으로 유례없이 막대한 이익을 올린 곳이 다름 아닌 스탠더드오일 트러스트(엑슨, 모빌, 스탠더드오일 캘리포니아), 텍사코, BP, 로열더치셸, 걸프오일 등 '세븐 시스터스Seven Sisters', 그리고 프랑스 석유(토탈)까지 가세한 구미 지역의 국제 석유 자본들이다. 석유 업계는 이런 오일 쇼크·오일 붐을 기폭제 삼아 미국 및 유럽과 일본을 대상으로 원자력발전 붐을 일으킨 것이다. 국제 석유 자본과 핵무기 산업은 미국 및 유럽에서 같은 자본으로 경영되는 동족 회사다. 원유 매장량이 앞으로 30년 치밖에 남지 않았다는 엉터리 에너지 위기를 대대적으로 선전하면서 유가를 폭등시켜 힘들이지 않고 거대한 이익을 얻을 수 있었던 이유다. 게다가 이들은 자금력을 바탕으로 석유 화력을 대체할 것은 원자력 밖에 없다고 선전함으로써 다른 한편에서 막대한 이익을 올릴 절호의 기회를 노렸다.

미국에서는 록펠러-모건 연합 기업군이 원자력 시대의 새로운 프로젝트로 돌입하며 결집한다.

프랑스는 어떠한가? 1960년 2월 13일 프랑스는 북아프리카 알제리의 사하라 사막에서 최초의 원자폭탄 실험에 성공했다. 당시 프랑스의 원자폭탄은 드골 대통령 시대 프랑스 식민지였던 알제리에서 잔인한 고문으로 현지인의 반란을 진압하기 위해 군사력을 과시할 목적으로 개발된 무기였다. 이 시대부터 알제리인의 대량 피폭을 방치하고 이스라엘 교도를 대탄압했던 역사적 사실은, 2015년 1월 7일 알제리계 이주민에 의해 프랑스 주간지 『샤를리에브도』 본사가 습격당하는 사건으로 이어졌다. 어떠한 사건도 이유 없이 발생하는 법은 없다.

유럽에서 프랑스 원자력이 맹렬한 기세로 독주하기 시작한 것은 오일 쇼크가 발생한 이듬해인 1974년 지스카르 데스탱 대통령이 원전 추진 정책을 강구했을 때부터다. 로스차일드은행 총지배인이던 퐁피두 대통령이 재직 중에 사망하자, 재정경제부 장관 지스카르 데스탱이 후임으로 대통령직에 올랐다. 그는 원전 산업의 대대적인 추진에 앞장서며 1974년부터 가까운 친인척을 위한 대규모 계획에 착수했다. 오일 쇼크가 전 세계를 덮치면서 아라비안 라이트 원유 평균 공시가가 단숨에 10배로 뛰는 등 국제 석유 자본의 이익은 엄청난 기세로 급증했다. 프랑스의 원전 건설 계획은 다음과 같았다.

1952~1973년 15기基.

(1973년 오일 쇼크)

1974~1979년 35기.

(1979년 스리마일섬 원전 사고)

1980~1986년 17기.

(1986년 체르노빌 원전 사고)

1987~1991년 2기.(이후 2015년 현재까지 단 한 기의 원전도 개시되지 않음.)

1952년부터 1973년까지 22년간 (고속증식로를 제외하고) 15기였던 건설 계획이, 1974년부터 1979년 6년간 35기로 늘어났을 정도로 급진적인 원전 추진 정책이 발표된 것이다. 이 때문에 데스탱 장관은 '원자력을 위한 지스카르 데스탱'이라 불리기도 했다.

아무것도 하지 않고
수백억 엔을 일본으로부터 챙겨간 회사의 정체

프랑스에는 원자로 제조사 프라마톰, 발전 부문의 중전기 제조사 CGE, 전력 회사 프랑스전력EDF이라는 3개 회사만 있었는데, 이들은 모두 로스차일드를 모체로 한 독점 기업이었다. 특히 프라마톰의 주식은 이전 프랑스 무기 회사 슈나이더와 미국의 웨스팅하우스가 소유했으나 CGE와 프랑스전력이 1990년대에 대부분의 주식을 손에 넣음으로써 실질적으로 이 두 개 회사가 장악하게 됐다. 후임 대통령 미테랑의 형 로베르가 바로 그 CGE의 최고 간부였다.

그러나 체르노빌 사고로 수주가 급감한 1987년 이후 경영 위기를 맞은 프라마톰은 똑같이 위기를 맞은 독일 지멘스의 원자력 부문을 매수했고, 핵무기(원자·수소폭탄) 제조사인 핵연료 공사 코제마와 합병하면서 탄생한 아레바AREVA가 지금에 이르고 있다. 독점 기업 아레바는 후쿠시마 사고로 엄청난 혼란에 빠진 일본에 진출해 오염수 처리를 맡으면서 **하는 것도 없이 수백억 엔을 일본으로부터 갈취해 간** 사기꾼 회사다. 아레바에서 건립한 라하그 재처리공장은 유럽 최악의 공장으로 불렸다. 만약 이곳에서 대형 사고라도 발생하면 체르노빌 수백 기 규모의 죽음의 재가 방출돼 한순간에 북반구의 모든 생명체를 절멸시킬 것이다. 이런 공장을 운행해온 곳이 로스차일드의 아레바이며, 일본의 전력 회사는 그곳에 막대한 자금을 쏟아부었다. 물론 실제로 그 돈을 낸 것은 일본의 개인 소비자들이다.

이렇듯 프랑스 국영 기업 행세를 하면서 우라늄 조달에서 발전기, 원자로, 주변 기기 제조뿐 아니라 발전소 운전과 송전선, 모든 공장 및 가정의 전기 제품 공급에 이르기까지 대부분의 일을 로스차일드 산하 기업이 도맡았다. 이로써 엄청난 독점 기업이 탄생하게 된 것이다.

당시 발전 비율 중 80퍼센트를 원자력에 의지하던 '세계 제1의 원전 제국 프랑스'였기 때문에 체르노빌 사고로 인해 유럽 전역을 뒤덮은 방사성 가스도 프랑스에는 영향을 미칠 기미가 없어 보였다. 독일 남부 바이에른 지방은 서유럽 중에서도 특히 오염 정도가 심했는데 그곳의 국경을 넘어 프랑스로 한 발 들어서면 바로 알자스로렌 지방으로, 원자로 제조사 공장의 본거지가 눈앞에 펼쳐졌다. 어쨌든 방사성 가스는 순간 이동이라도 한 듯 프랑스 국토를 건너뛰어 영국으로 넘어간 셈이다.

그런 바보 같은 말이 어디 있냐고 생각하는 사람들은 프랑스 정부의 발표를 참고하면 도움이 될 것이다. 이는 가장 권위 있는 프랑스 원자력위원회의 발표로서, 프랑스 각지에서 아이들에게 갑상선장애가 생겼다고 호소하는 주민의 비통한 울부짖음보다 훨씬 더 신뢰성이 높았다. 당시 일본의 미식가라 불린 이들은 '신뢰할 수 있는 오염된 수입 식품'을 아이들에게 먹였다.

게다가 유럽의 오염 식품은 배에 실려 아프리카로 대량 출하됐다. 체르노빌 사고 3년 후에 서아프리카의 코트디부아르, 토고, 라이베리아, 베냉, 나이지리아, 가나, 시에라리온 등지에서 방사능에 오염된 육류가 발견되었다. 이러한 사태를 초래한 선박 회사가 프랑스 총리 일족에 의해 경영되고 있었다는 사실이 폭로됐다. 그 선박 회사의 규벌閨閥에 네슬레 및 유니레버 등 세계 최대 식품 업체의 중역이 속해 있다는 점도 밝혀졌다. 이러한 사건이 한두 번 있었던 게 아니다.

프랑스와 하나 된 영국의 원자력산업

이런 프랑스와 일심동체가 된 것이 영국의 원자력산업이었다. 영국은 미국의 맨해튼 프로젝트에 대량의 인재를 보낸 핵무기 선진국이며 프랑스보다 8년 더 일찍 원자폭탄 실험에 성공한 나라다. 전후 아이젠하워의 원자력 평화 이용 연설 2년 뒤인 1956년 10월 윈드스케일의 '원자폭탄 공장'에 엘리자베스 여왕이 참석해 미국을 제치고 세계에서 가장 앞선 대영제국의 상업용 원자력발전 개시를 축하한 나라이기도 하다. 영국은 당시 대영제국이던 호주에서 원자폭탄을 실험했고, 아무렇지 않게 원주민 애버리지니와 남태평양 주민을 피폭시켜왔다. 영국의 윈드스케일 재처리공장(지금의 세라필드)은 프랑스의 재처리공장이 그랬듯이, 일본으로부터 거금을 가로채 사용후핵연료를 재처리하면서 아일랜드해에서 북유럽해까지 대규모 플루토늄 오염을 발생시키고, 백혈병 발병률을 높여왔다. 이 원자폭탄 공장에서 역시 일본의 핵물질은 원자·수소폭탄 제조를 위해 유용되어온 것이다.

그들은 전후 곧바로 런던-파리 간 인재를 교환하는 식으로 오늘날 유럽 원자력산업의 골격 대부분을 로스차일드 가문의 손으로 만든다.

말하자면, 영국 로스차일드 당주 앤서니 로스차일드는 캐나다의 산림 개발권 13만 제곱킬로미터(일본 전체 면적의 3분의 1이 넘는 엄청난 규모)를 매수하여 잉글랜드와 맞먹는 면적의 지역을 지배했다. 그리고 앤서니가 이곳 캐나다에서 우라늄광을 개발하기 위한 새로운 사업에 발 벗고 나서면서, 로스차일드 가문은 세계 최대 규모의 우라늄광을 캐낸 것이다.

그리고 앤서니 로스차일드의 처가에서 창업한 페나로야와 모회사 르니켈(현재 이메탈)이 중심이 되어, 산하의 우라늄과 국제 석유 자본 등을 모두 프랑스 로스차일드 가의 광산업자가 차지했다. 한편, 도버해협 맞은편 대영제국의 리오틴토징크를 필두로 자회사인 리오알곰Rio Algom은 캐나다를 접수하는 등 이들 회사 두 곳에서 '유색인종 격리 정책을 펼치던 남아프리카'를 움직여 나미비아의 뢰싱 광산을 지배했다. 무엇보다 호주 광산업을 통해 3개 대륙을 런던에서 조종한 것은 바로 영국의 로스차일드 가문이었다. 세계 3대 우라늄 생산지인 캐나다, 호주, 남아프리카가 일가족의 지배하에 놓인 것이다. 2015년 현재에도 캐나다에서 인도로 우라늄을 수출한다는 뉴스를 볼 수 있는데, 이는 캐나다라는 '국가에서 인도로 수출하는 게 아니라 실질적으로는 로스차일드 가문에서 '핵무기 보유국 인도'로 수출하는 것이라고 볼 수 있다.

프랑스와 영국의 로스차일드 양가는 모든 중요한 지위 및 자리를 상호 교환하여 누가 누구인지 규정할 수 없는 우라늄 국제 비밀 카르텔을 형성해 가격을 제멋대로 조작할 수 있는 상황을 만들어왔다.

이 외에도 우라늄 대자원 국가가 또 하나 있었다. 미국 서부에서도 네바다에서의 원자폭탄 실험과 동시에 유타주를 중심으로 광대한 우라듐광이 잇달아 발견된 것이다. 캘리포니아, 콜로라도, 네바다 등 각 주에서 채굴되는 우라늄 가격이 고공행진을 했다. 그리고 1950년대 대규모 핵실험이 실시됨과 동시에 광기 어린 우라늄 쟁탈전이 벌어지면서 인디언 보호구역에 엄청난 피해를 끼친다.

이때 미국의 우라늄 카르텔이 세인트조지 등 피폭被曝 지대에 있는 '유타 인터내셔널'을 근거로 삼아 탄생했다. 미국의 카르텔을 움직이는 것은 모건의 창업주 존 피어폰트 모건의 손자 헨리 S. 모건이었다. 그러나 로스차일드 가문은 아무것도 할 필요가 없었다. 광산업자인 케니코트와 비철금속으로 세계 1위인 아사코가 유타 인터내셔널이라는 우라늄·국제 석유 자본을 지배하고 있었는데, 이 두 회사의 사장, 회장 등 요직을 맡은 이들이 바로 해리 프랭크 구겐하임, 에드먼드 구겐하임, 솔로몬 R. 구겐하임, 사이먼 구겐하임, 대니얼 구겐하임…… 등 '로스차일드 일가'의 유대인 광산업자 구겐하임 가문 사람들이었기 때문이다. 이들은 제2차 세계대전 당시 맨해튼 프로젝트를 추진한 재무장관 모건도의 일족이다. (#표6 계보)

이렇듯 영국 국적 앤서니 로스차일드가 캐나다에서 토지를 구입할 때 프랑스에서는 드골 장군이 프레데리크 졸리오퀴리를 초대 장관으로 하여 원자력청을 창설했다. 이 원자력청에는 커다란 특징이 있었다. 공공기관이었으나 1945년 10월 18일 정령政令에 의해 '간부에게는 자유로운 활동이 허용된다'는 규정이 생긴다. 당시 드골의 오른손이었던 이는 프랑스 로스차일드 가문의 당주 기 드 로스차일드였다.

졸리오퀴리의 부인 이렌 졸리오퀴리(마리 퀴리의 딸) 역시 원자력 위원으로 임명되었다. 미국의 맨해튼 프로젝트를 감독했던 베르트랑 골드슈미트가 실동팀의 대장으로 임명됐으며, 화학부문을 담당해 우라늄 정제 및 농축 등 로스차일드 가문의 사업과 직결되는 분야를 완전히 지배했다. 이로써 빅터 로스차일드는 IAEA에 군림하는 등 핵무기에 관여하게 된다. (#표6 계보)

이스라엘의 원자폭탄과 이란, 토르코, 터키, 이라크, 인도, 파키스탄, 중국, 타이완, 한국, 북한 그리고 일본의 연쇄현상

• 이스라엘

1986년 4월 26일 체르노빌 사고와 유럽의 핵 스캔들 외에도 엄청난 사건 하나가 또 드러났다. 당시 전 세계적으로 퍼진 원자력 반대운동의 화살이 유대국가 이스라엘의 비밀주의를 내세운 원자폭탄 개발로 향했기 때문이다. 결국 이스라엘의 원자폭탄 제조의 비밀스러운 베일이 벗겨진다. 로스차일드 가문의 자금으로 건국된 유대국가 이스라엘의 500세켈 지폐에 인쇄된 인물은 건국에 막대한 영향을 미친 프랑스의 에드몽 드 로스차일드였다.

이스라엘 핵무기 개발자였던 모데차이 바누누는 '네게브 사막의 디모나원자력센터 지하에서 이스라엘 원자폭탄 개발이 진행되고 있다'는 중대 기밀을 1986년 9월에서 10월 사이 영국 주간지 『선데이미러』와 『선데이타임스』에서 폭로했다. 바로 이 유대인의 내부 고발로 이스라엘이 이미 100개 이상의 원자폭탄을 보유하고 있다는 사실이 밝혀졌다.

현재 미국 정보계를 비롯한 전문가와 스톡홀름국제평화연구소SIPRI 및 각국의 핵무기 연구가들은 이스라엘이 핵탄두 200발을 보유하고 있으며, 세계 5~6위의 핵무기 군사력을 가지고 있다고 본다.

• 이란

그러나 미국이 광기에 사로잡혀 이라크를 공격했던 2003년 IAEA 회의에서 미국과 원자폭탄 보유국 이스라엘은 이란의 핵무기 개발에 대한 의혹을 집요하게 추궁했다. 이에 대해 유럽 및 러시아는 '이란은 그럴 위험성이 없다'고 주장하며 대립각을 세웠다. 그러나 IAEA 이사회는 2003년 11월 26일 과거 이란이 IAEA에 신고하지 않고 우라늄 농축과 플루토늄 농축을 실시했던 사실을 언급하면서 만장일치로 '이란 비난 결의'를 채택했다. 이에 따라 12월 18일 이란은 IAEA의 핵 사찰을 수용한다는 문서에 서명한다.

그리고 한창 이 책을 집필하던 2015년 4월 이란은 미국과 유럽을 향해 '핵 개발을 하지 않겠다'고 약속했다. 그러나 이스라엘이 그랬듯이 비밀리에 개발하기란 그리 어렵지 않다.

IAEA에서 일방적으로 이란을 비판하면 할수록 대량의 핵무기를 보유한 미국 및 이스라엘의 태도에 화가 날 수밖에 없다. 대놓고 말할 수는 없더라도 '저들은 가지고 있으면서 왜 우리는 안 된다는 것인가' 하는 감정이 이슬람 국가들 사이에서 점차 고조되고 있는 것이다. 사실 이란에서는 2012년 9월 2일 러시아 국영 원자력 기업인 로스아톰Rosatom의 기술력으로 100만 킬로와트 출력의 부셰르 원전에서 전력 공급을 개시하면서 영업 운전에 돌입했다. 이란은 앞으로 국내에 이와 같은 원자력발전소 20기를 더 건설할 계획이며 원자력 개발의 정통성을 주장하고 있다. 그러나 이란은 일본처럼 지진이 많이 발생하는 국가다. 2003년 12월 26일 이란 남동부 케르만주에서 발생한 지진으로 4만 명으로 추정되는 사망자가 속출하기도 했다. 일본 지진학자의 말에 따르면 곧 이란에 대지진이 덮칠 것이며, 이로 인해 10만 명 이상의 사망자가 발생할 우려가 있다고 한다. 이란은 원자폭탄이 문제가 아니라, 절대 원자력발전소를 지어서는 안 되는 나라인 것이다.

• 터키

이슬람 국가 터키에서도 2015년 4월 14일 남부 메르신주 악쿠유에서 첫 번째 원자력발전소 기공식이 있었다. 그러나 터키 역시 1999년 8월 17일 발생한 대지진으로 2만 명 가까운 사망자가 발생했으며, 2003년과 2011년에도 지진이 발생한 지진 다발 국가다. 이 원전은 이란에서처럼 러시아 원자력 기업 로스아톰이 건설을 맡아, 총사업비 200억 달러를 투입해 출력 120만 킬로와트의 대형 원자로를 2020년까지 총 4기 건설할 계획이다. 그뿐 아니라 일본 미쓰비시중공업과 프랑스 아레바의 국제 컨소시엄 '결함원전제조사'가 북부 시노프에서의 원자폭탄 개발을 염두에 두고 출력 110만 킬로와트 원전 4기를 건설하려는 계획을 추진해왔다. 이 때문에 2015년 이 위험한 비즈니스를 향한 터키 국민의 분노가 폭발한 것이다. 터키도 절대 원전을 보유해서는 안 되는 나라다.

• 이라크와 중동에 전란이 일어나는 원인

일단 왜 그런 일이 생기느냐가 문제다. 2003년 대량파괴무기를 보유하지 않았던 사담 후세인 정권의 이라크는 난데없이 국토 전역에 걸쳐 공격을 받는다. 이 학살을 주도한 건 미국 내의 유대인 네오콘 집단이었다. 이로 인해 발생한 엄청난 피해에 대해서는 UN이나 일본, 세계 다른 나라들도 모두 함구하고 있다. 고토 겐지後藤健二 씨가 납치 살해당한 사건(2015년 세계 분쟁지역의 참상을 알려오던 일본의 저널리스트 고토 겐지가 이슬람국가IS에 의해 살해당한 사건—옮긴이)이 있었는데도 말이다…….

2008년 1월 9일 WHO의 발표에 따르면 이라크 정부와 합동으로 약 1만 세대를 조사한 결과, 2003년 3월 20일 이라크 공격 개시일로부터 3년 뒤인 2006년 6월까지 전쟁 및 테러 등으로 사망한 이라크 내 민간인 수가 15만 명을 넘을 것으로 추정되며, 최대 22만 명에 이를 가능성도 있다고 했다. 존스홉킨스대는 2006년 발표한 자료에서 같은 기간 사망자 수가 60만 명 이상에 달할 것이라고 보았다. 부상자 수는 족히 100만 명도 넘을 것이다. '학살'이라고 밖에 볼 수 없는 미군의 살육을 방치해온 것이 UN을 주축으로 한 국제사회와 유대국가 이스라엘이다. 이에 대한 분노가 폭발해 IS와 같은 무력 투쟁 집단이 생겼다고 해도 이상할 게 없다. 언젠가 봉기가 일어나리라는 것은 10년 전부터 예측돼온 일이었다.

아프가니스탄의 탈레반 활동이나 오사마 빈라덴이 중심이 된 알카에다의 미군 공격, 팔레스타인 내 하마스의 저항운동도 무력을 사용했을지언정 그 나름의 이유가 있음은 이해할 수 있다. 이에 관한 상세한 역사적 실정은 전작 『세계석유전쟁世界石油戰爭』과 『세계금융전쟁世界金融戰爭』에서 언급했다. 그러나 현재 IS에서 전개하는 행위는 예언자가 말한 이슬람교의 율법과 어긋난다. 이슬람교도들이 이를 용납할 리가 없다.

쿠란은 예언자 마호메트에게 내려진 신의 계시를 다음과 같이 적고 있다.

너희가 추방당한 곳에서 너희의 적이 되는 자들을 추방시켜라. 그들이 싸움을 걸어온다면, 그들을 죽여라. 박해가 사라질 때까지 그들과 싸워라.

이 법을 충실히 실행한다면 이라크인을 살육한 미군과 팔레스타인의 영토를 빼앗고, 살육을 지속해온 이스라엘의 유대인을 상대로 싸움을 거는 것은 정당한 행위에 해당된다. 그러나 쿠란에는 다음과 같은 구절도 있다.

그들이 싸움을 걸어오지 않는 한 너희는 싸워서는 안 된다.

즉, 아무것도 하지 않는 상대를 공격해서는 안 된다는 것이 이슬람의 율법인 것이다. IS가 전개하는 '무고한 민간인 살육'은 이런 율법을 벗어난 것으로 용서받지 못할 행위다. 이와 똑같이 시리아의 알아사드 정권의 잔인한 주민 학살, (아프가니스탄이 아닌) 파키스탄 탈레반의 아동 대량 사살, 나이지리아 보코하람Boko Haram의 학교 습격 및 여학생 납치, 케냐에서의 기독교도 학생 사살 등은 '정당한 이슬람 무력 투쟁'과는 동떨어진 행위다.

게다가 그들은 스스로를 이슬람교도의 대표자로 표방하나, 사실은 그렇게 획일적이지만도 않다. 그들이 손에 쥔 무기는 적진인 유럽 및 미국, 이스라엘의 '죽음의 상인'들을 통해 보내진 것일 가능성이 매우 높기 때문이다. 즉, 미국을 비롯한 '반反 이슬람 연합coalition of the willing'은 민간인을 가리지 않는 무자비한 살육 공폭空爆으로 미루어 알 수 있는 것처럼, 중동 및 아프리카에 전쟁을 일으킴으로써 전 세계 군수산업을 육성시키고 있는 것이다. 지금 일어나는 현상에 대해 이 이상 적절한 답을 찾기란 어렵다. 위험한 것은 핵무기뿐만이 아니다!

한편 미국과 이스라엘에 의해 많은 민간인이 목숨을 잃은 이슬람 세계의 입장에서 우리도 핵무기를 보유해야겠다는 생각이 절실해지는 것도 당연한 일이다.

유대 경전인 구약성서에 따르면 모세가 시나이산에서 신으로부터 받은 십계에는 다음과 같은 율법이 있다.

살인하지 말라.
도적질하지 말라.
거짓말하지 말라.
이웃의 재물을 탐내지 말라.

지금 유대국가 이스라엘은 이런 유대 율법을 모조리 어기고 있다. 중동이 불타오르는 원인 중 하나는 '이스라엘의 원자폭탄 보유'다. 어째서 국제사회는 이를 이란 문제와 병행하여 진지하게 논의하지 않는지 이상할 따름이다. 일본 텔레비전이나 신문에서도 이스라엘산 유대인 원자폭탄에 관해 논의하는 이를 본 적이 없다.

• 인도

한편 이스라엘이 **또 다른 핵무기 보유국 인도**에 접근한 사건이 있었다.

2003년 8월 25일 대낮에 인도 서부의 상업도시 뭄바이 시내에서 2회에 걸친 폭발이 일어나 45명이 사망하는 사건이 발생했다. 그로부터 2주 후인 9월 8일, 이스라엘의 '학살자'라 불리는 샤론 총리가 인도 뉴델리 공항에 도착했다. 미국이 다짜고짜 사담 후세인이 집권한 이라크에 공격을 퍼부으면서 전 세계로부터 신랄한 비난을 받았던 3월 20일로부터 5개월이 지났을 무렵이었다. 그러나 인도는 정책상 건국의 아버지 네루 총리가 이집트의 나세르 대통령과 밀접한 관계에 있었기 때문에 미국이나 소련 어느 쪽에도 관여하지 않는 제3세계 입장을 견지하고 있었으며, 역사적으로는 팔레스타인의 아랍인을 지지하는 입장을 고수해왔다. 이 시기 인도와 이스라엘은 감정을 공유할 정도로 밀접한 관계가 아니었다. 그러나 1998년 반이슬람 정당인 '인도인민당' 정권이 들어서면서 인도와 이스라엘과의 유대가 깊어졌다. 이는 2억 명에 가까운 이슬람교도가 사는 인도에서 역효과를 불러왔고, 그 결과 폭발 사건이 일어난 것이다. 이런 상황에서 열린 샤론 총리와 인도 바지파이 총리의 수뇌부 회담은 아랍과의 팔레스타인 분쟁, 파키스탄과의 카슈미르 분쟁을 물물교환하려는 듯한 느낌을 물씬 풍겼다.

그렇다면 누가 인도로 하여금 원자폭탄을 제조하게 했는가?

인도가 중국보다 10년 더 늦게 최초의 원자폭탄 실험을 실시한 것은 지금으로부터 40년도 더 전인 1974년 5월 18일이었다. 라자스탄주의 사막 가운데 있는 포크란 실험장에서 '평화적 목적'이라는 명목하에 지하 핵실험(코드명은 '미소 짓는 부처')을 실시했을 당시, 국제사회는 엄청난 충격에 휩싸였다.

1970년 3월 5일 핵확산방지조약NPT이 발효되고 겨우 4년 만에 인도에서 원자폭탄 실험이 실시됐기 때문이다. 이 국제조약의 정확한 의미는 '핵무기 확산을 막기 위한 조약Treaty on the Non-Proliferation of Nuclear Weapons'이다. 그러나 핵무기 보유국인 인도, 파키스탄, 이스라엘은 NPT 참여국이 아니다.

IAEA가 주도한 핵확산방지조약은 미국, 소련, 영국, 프랑스, 중국 등 5개국은 핵무기를 보유해도 되지만, 그 외의 국가는 보유해서는 안 된다는 말도 안 되는 불평등 조약이기 때문이다. 즉 전후 발족한 UN의 원자력위원회에서 미국의 원자폭탄 독점을 인정했던 시절부터 지금에 이르기까지 논의는 조금도 발전한 구석이 없다. 이것이야말로 IAEA에서부터 시작된 '핵무기 근절'과 '원자력 추진'이라는 가면을 쓴 난폭한 괴물들의 정체다. 지금도 NPT 재검토 회의가 개최되고는 있으나 논의의 결실을 맺지 못하는 이유가 바로 여기에 있다.

1974년 시행된 인도 최초의 핵실험은 IAEA가 안전 보장을 관리해온 캐나다산 연구용 원자로를 운전하여 사용후핵연료를 재처리하고 플루토늄을 추출하여 제조한 'IAEA 원자폭탄'이었다.

1998년 인도에서 시행된 두 번째 핵실험의 최고 책임자였던 인도 원자력위원장 R. 치담바람 박사도 사실 5개 핵보유국 이외의 나라에 대한 핵 사찰을 의무화했던 IAEA의 빈 본부에서 근무한 적이 있는 인물로, 핵무기 확산 방지의 구성원이었다. IAEA는 핵 확산을 방지하기는커녕 핵무기를 환산시키는 조직이었다. 그렇게 1998년 5월 11일부터 13일까지 인도에서는 24년 만에 두 번째 원자폭탄 실험이 이루어졌다. 당시 총 다섯 번의 원지폭턴 실험이 실행됐다.

• 파키스탄

인도에서 핵실험이 있은 지 2주 뒤인 1998년 5월 28일과 30일에 카슈미르 분쟁에서 인도와 적대하는 인접 국가 파키스탄은 총 6회에 걸친 원자폭탄 실험을 최초로 실시했다. 이는 '이슬람 국가 최초의 원자폭탄'으로 엄청난 주목을 받았다. 파키스탄에서 원자폭탄 실험이 있은 뒤로 '원자폭탄의 아버지' 압둘 카디르 칸 박사의 이름이 전 세계 언론을 떠들썩하게 만들었다. 그가 근무하던 우렌코 사는 영국 원자폭탄 제조사인 핵연료공사BNF Ltd. 와 네덜란드의 원심분리회사UCN, 그리고 독일의 우라니트URANIT 사의 균등 출자로 설립돼 세 나라가 공동 경영하는 우라늄 농축 회사였다. 이 가운데 영국 BNF는 대량의 백혈병을 발생시킨 윈드스케일 원자폭탄 공장 및 재처리공장의 경영자였다. 또한 우라니트의 모회사는, 1988년 서독에서 핵 스캔들을 일으킨 뉴켐이었다. 즉, 파키스탄으로 원자폭탄 재료가 유입된 것은 서유럽 기업들의 활동에 의한 것이며, 일본 언론에서 언급했던 '칸 박사 개인이 훔쳤다'는 말은 새빨간 거짓말이었다.

당시 『슈테른』 지에서 이와 관련된 내용을 보도한 바 있는데, 서유럽의 독일, 영국, 네덜란드, 벨기에, 프랑스 5개국을 연결시켜주는 원자력 마피아가 이슬람의 원자폭탄을 원했던 칸 박사에게 원자폭탄 재료를 유통해주었다. 우라늄과 플루토늄 밀수 경로는 벨기에의 몰 재처리공장에서 서독의 항구도시 뤼베크, 스웨덴의 수도 스톡홀름을 거쳐 리비아, 파키스탄, 수단까지 운반되었다. 이렇듯 일본의 핵물질은 파키스탄까지 흘러들어갔다.

특히 영국의 BNF는, 현재 일본의 간사이전력에서 MOX라 불리는 플루토늄·우라늄 혼합연료 제조를 이곳에 의뢰함으로써 일본 원전의 사용후핵연료를 가져온 회사다. 다시 말해, 전 세계로 원자폭탄 재료가 유출되고 있는 것이다.

간사이전력의 후쿠이현 다카하마 원전 3호기야말로 '대폭발이 있기 직전의 후쿠시마 제1원전 3호기'(#사진22)에 이어 2010년부터 플루토늄 연료를 사용하기 시작한 원자로였다. 그리고 2015년에 재가동을 하려 했던 위험천만한 원전 역시 후쿠이현 다카하마 원전 3호기다. 간사이 전력은 무모하게도 재가동을 주장하며 무리수를 두었으나, 2015년 4월 14일 후쿠이 지방법원의 히구치 히데아키樋口英明 판사는 다카하마 원전 3, 4호기의 운전 중단을 요구한 주민의 목소리를 반영하여 대형 사고를 완전히 방지하기란 불가능하므로 원전을 가동시켜서는 안 된다는 가처분 판결을 내린다. 일본 원자력발전 사상 처음으로 사법에 의한 재가동 저지라는 성과를 일군 것이었다!

•중국
인도와 대립하는 중국은 소련에서 전해 받은 기술력으로 원자폭탄 제조에 성공한 이후 신장위구르 자치구의 사막에서 수많은 핵실험을 진행했다. 그리고 미국, 영국, 소련이 대기권 내 핵실험을 중단했을 때도 프랑스가 그랬듯 대기권 내 핵실험을 멈추지 않았다. 그 결과 초원에서 살아가는 실크로드 주민은 세인트조지 주민과 똑같이 대규모 피해를 입었으며, 치사량에 달하는 방사능을 쬔 주민만 수십만 명에 이른다고 한다. 그러나 아직까지 그 피해 정도는 은폐된 채 제대로 된 실태 파악조차 이루어지지 않고 있다. 1995년에도 중국은 핵실험을 강행했다. 프랑스의 원자력산업에서 중국 최초의 원자로 다야완 원전을 건설했으므로 중국의 원자력·핵무기 산업 역시 유럽의 원자폭탄 신디케이트와 어깨를 나란히 하고 있다고 볼 수 있다. 게다가 핵실험장이 된 위구르 자치구는 1980년대 당시 중국의 위험한 방사성 물질을 모조리 처분하기 위한 고준위 방사성 폐기물의 '최종 처리장' 후보지에 올랐다. 베이징의 막무가내식 결정을 일방적으로 통보받은 자치구 주민의 분노는 최근 톈안먼 앞에서 잇달아 일어나는 사건 등을 통해 표출되고 있다. 그러나 현재 중국에서는 이들 사건이 '민족 문제' 및 이슬람 '과격파 조직의 행동'인 것처럼 포장되는 등, 엉터리 보도가 전 세계로 전파되고 있다. 위구르족은 방사능에 노출되어 목숨을 잃어간 피해자들이다.

• 타이완

독립 문제로 중국과 대립해온 타이완 역시 GE와 웨스팅하우스로부터 사들인 제1, 제2, 제3원전 세 곳에 원전 6기를 보유하고 있다. 그러나 타이완은 1999년 9월 21일 수직 방향으로 8미터에 달하는 대규모 단층운동으로 인해 발생한 지진으로 2415명이 사망하는 대참사가 있었던 나라다. 당시 지진의 규모는 미국 지질조사소의 평가에서 7.6M, 즉 7.3M이었던 한신 대지진의 세 배에 달했다고 한다. 게다가 일본의 히타치, 도시바, 미쓰비시 등 원전 제조사에서는 무모하게도 이곳에 제4원전을 팔아왔다. 후쿠시마 사고 이후 분노가 극에 달한 타이완인들은 '결함 있는 원전을 만들어서 대형 사고를 일으킨 일본 기업이 수출을 한다는 게 말이 되냐'며 목소리를 높였고, 결국 완공을 눈앞에 둔 제4원전은 2014년 건설이 중단되었다.

· 한국

일본의 또 다른 인접국인 한국은 '전후 남북 분단→한국전쟁→베트남 전쟁 한국군 파견→1974년 한미원자력협정'을 거쳐 미국의 핵탄두가 북한 영공을 향한 채 판문점에 대량으로 배치되어왔다. 나는 1980년대 말 조사를 위해 기차로 판문점을 방문한 적이 있는데 한국의 택시 운전기사에게 미군기지로 안내해줄 것을 부탁하자 "절대로 사진을 찍어서는 안 돼요. 미군한테 총 맞습니다"라는 말을 들은 적도 있다. 일본에서는 전혀 보도된 적이 없지만 한국에 배치된 미군의 원자폭탄 미사일이 북한의 공포와 분노를 초래해 '한국인, 일본인 납치사건'의 동기가 되기도 했다. 북한과 대치 상태인 한국 내에서 원전 반대운동은 당시만 해도 죽을죄에 해당될 정도로 금기시 되는 일이었다. 특히 1980년대 레이건 대통령 시대의 국무장관 슐츠와 국방장관 와인버거가 각각 원전 건설에 있어 세계 제일인 벡텔 사의 사장과 부사장이었기 때문에 거액의 뇌물이 벡텔 사로부터 한국 정계로 전해졌다. 미국 정부를 평계로 부정한 공작이 이루어지면서 한국에서는 2012년까지 23기에 달하는 원전이 가동되어왔다. 현재는 2022년까지 12기의 원전을 추가로 건설할 계획이며, 현대건설, 삼성물산, 두산중공업, 웨스팅하우스(도시바)로 구성된 한전韓電 컨소시엄에서 아랍에미리트에 원전 4기를 수주 계약을 체결하는 등 한국의 원자력산업도 돈에 눈이 멀어 위험하기 짝이 없는 독주를 하기 시작했다.

타이완이나 한국에서 원전 대형 사고가 터지면, 일본 열노까지 크게 오염될 가능성이 있다는 점을 간과해선 안 된다. 미국의 군수산업이 한국, 일본 양국에 문제의 씨앗을 뿌리고 있는 것이다.

• 북한과 일본

최근 일본에서는 북한 핵의 위험성을 경계하는 의견이 범람하고 있는데 사실 북한이 아무리 애써도 제조 가능한 실용적 원자폭탄은 2개(최대 6개) 정도다. 북한의 잠재 능력을 언급하기 전에, 일단 일본 텔레비전 및 신문에서는 일본이 보유한 플루토늄 양으로 따졌을 때 일본에서 이스라엘 수준의 원자폭탄을 100개쯤 제조할 수 있다는 사실부터 보도해야 할 것이다. 게다가 일본은 50메가톤급의 거대 핵무기 제조도 가능하다. 종종 텔레비전에서 무지한 진행자들이 속이 뻔히 들여다보이는 우주 소혹성 탐사기 '하야부사MUSES-C'를 두고 떠들썩한 걸 볼 수 있다. 그러나 이것은 세계 최대급 고형연료 로켓이며, 이를 핵무기 운반 수단으로 사용하고자 한다면 이 로켓에 핵탄두를 매다는 것만으로 발사가 가능한 위험 태세를 갖추게 된다. 아베 신조 정권은 이런 상황을 기대하며 조금씩 그 방향으로 나아가고 있는 것이다. 핵무기는 보유 능력을 가지는 것만으로 위협이 되기 때문에, 일본국 헌법 제9조

"국제 분쟁을 해결하는 수단"으로서 "무력에 의한 위협" 금지 조항에 위반된다. 2002년 5월 13일 와세다대 강연에서 "소형 원자폭탄이라면 보유해도 문제될 게 없다. 일본은 핵 전력을 가져도 된다"고 공언했던 아베 신조가 필사적으로 원자력산업 유지 및 적극적 전쟁주의의 헌법 개악을 노려온 것도 그 때문이다. 이러한 일본 정부의 움직임을 북한 군부에서 모를 리 없다. 북한의 위험성만을 일방적으로 따지고 드는 뉴스는 이란을 비난하는 이스라엘처럼 독선적이라는 비난을 면할 수 없을 것이다. 또한 이것은 북한 군부의 폭주를 도발하는 진원이기도 하다.

• 소형 원자폭탄과 직업군인의 독주

현명한 독자라면 지금쯤 핵무기와 원자력발전에 관해 할 말이 많을 것이다. 어쩌면 지금까지처럼 '허구의 동서 대립'으로 인한 위협용 핵무기 차원을 넘어, 어디로 튈지 모르는 게릴라 조직이 우라늄과 플루토늄을 손에 넣을 수도 있다. 그리고 이들이 러시아의 군사 비밀 도시 크라스노야르스크 26에서 먹고 살기 힘들어진 핵무기 개발 전문가들을 포섭하여 소형원자폭탄을 제조할 가능성도 높아지고 있다. 그렇게 되면 언젠가 원자폭탄 및 수소폭탄이 어딘가에서 사용될 가능성도 있다는 말이다.

미 국방부에서도 미국이 실전에서 핵무기를 사용할 것인지를 둘러싸고 열띤 논의가 진행되고 있다고 한다. 부시 대통령이 2003년 11월에 서명한 총액 4013억 달러 규모의 군 예산에는 히로시마 원자폭탄 15킬로톤의 '3분의 1 이하'의 파괴력을 지닌 '소형 원자폭탄' 개발 연구예산도 포함되어 있었다. 대통령 스스로 '테러리스트 국가에는 핵무기 사용도 불사하겠다'고 큰소리쳤던 백악관이다. 이런 상황에서는 중동 이슬람 국가의 그 어떤 군사 관계자라도 아프가니스탄과 이라크에 선제 무차별 공격을 퍼부었던 전과자 미국을 신뢰하지는 않을 것이다. 믿으면 죽임을 당한다는 것이 이슬람 국가들의 상식이 되어버렸다. 문제는 소형 원자폭탄을 현장에서 개발하고 있는 자들이다. 미국 대통령이 공화당이든 민주당이든, 국방장관이 누가 되든 간에 군부가 독주할 위험은 상존한다.

이런 미군과 손을 잡은 일본에서도 군부의 세력이 커져가는 상황이 사람들 눈에는 보이지 않는 걸까? 2013년 11월 27일 성립한 국가안전보장회의NSC창설법에 의해 집단적 자위권 등을 비롯한 모든 권력 행사 권한을 쥐고 있는 것은 소수의 사람들로 구성된 군사 각료 그룹 NSC다. 그런데 이 군사 그룹을 실제로 좌지우지하는 사무국의 사령탑은 미군에게 길들여진 방위청 군인이다. 직업군인이 독주하게 되면, 대일본제국 시대와 똑같은 파시즘 독재의 폭주를 막을 수 없을 것이다.

원전은 근절시킬 수 있다

지금껏 책임감을 갖고 원자력발전과 원자·수소폭탄이라는 핵무기, 무시무시한 군수산업과 그 배후에서 이를 조종하는 국제적 금융 및 군수 자본을 '개인'적으로 추적·조사해왔다. 그 과정에서 꽤 많은 책을 펴냈고, 구체적인 조사 결과를 사회에 알려왔다. 그러나 이 모든 책은 후쿠시마 원전 사고가 발생하기 전에 쓰인 것이다. 그리고 문제의 후쿠시마 원전 사고가 일어난 이후로는, 눈앞의 일을 처리하는 데 급급했기 때문에 원자력을 둘러싼 역사적 사실에 관해 언급할 기회조차 갖지 못한 채 오늘에 이르렀다.

독자들도 마찬가지로, 내가 후쿠시마 원전 사고 발생 전에 '원자력발전과 원자·수소폭탄의 은밀한 관계'에 관해 쓴 책을 읽어보지 못했을 것이다. 현재 원전 폐쇄를 위해 활동 중인 사람들이나 TV, 신문 등 언론에서도 이 책에서 언급한 원자력에너지위원회AEC나 국제원자력기구 IAEA, 국제방사선방호위원회ICRP 등이 관여된 역사적 사실을 까맣게 잊고 있었을 것이다. 그래서 '혹시 모두 잊고 있는 건 아닌가?'를 상기하려는 취지로 이 책을 쓰기 시작했다. 더욱이 대부분의 젊은 세대는 이와 같은 역사에 대해 전혀 모를 것이다.

실제로 일본에서는 IAEA와 ICRP가 만들어낸 위험천만한 신화 속 이야기가 무신경한 TV와 신문 매체를 통해 사회 깊숙한 곳까지 침투해 들어왔다. 그리고 후쿠시마현 주민은 IAEA와 ICRP의 안전 캠페인이라는 포위망에 갇힌 채 서서히 엄습해오는 신체적 피해에 대한 두려움에 떨고 있다. 1장에서 3장까지 언급한 내용은 내 안의 불안감도 증폭시켰다.

나도 잊고 지냈던 전작들을 전부 다시 읽었다. 2015년 집필 당시의 상황에 맞게 고치고, 현재 지식을 기반으로 바꾸는 등 역사의 전체적 흐름을 이해하기 쉽게 정리한 것이 바로 이 책이다. 조금 더 빨리, 끔찍한 피폭이 진행되기 전에 이 작업을 끝냈어야 했다고 생각한다.

그 오래된 과거로부터 현재까지 이어지는 역사적 사실들이야말로 지금을 살아가기 위한 중요한 지침이 될 것이다.

2015년 5월 보도된 IAEA의 「후쿠시마 제1원전 사고 최종 보고서」는 '일본 원전에는 사고 대책이 제대로 마련되어 있지 않았다'고 신랄하게 비판했다. 나는 일본 신문에서 의기양양하게 이 보고를 평가하려 드는 모습을 보고 놀라움을 금치 못했다. 그런 비판은 고등학생도 아는 내용(그리고 거짓말)을 나열한 것에 불과하며, 단지 'IAEA에 대한 신뢰를 획득하기' 위한 교활한 전략일 뿐이다. 이 보고서는 무엇보다 중시해야 할 피폭 피해와 관련해 "아이들의 갑상선 피폭선량은 낮으며, 갑상선암이 증가할 일은 없을 것"이라며 「후쿠시마현 주민 건강관리 조사」를 인용하는 등, 범죄자 야마시타 순이치 일당과 작당해 전혀 근거 없는 말을 써놓았다. 그 목적은 바로 원전 4기가 폭발하고 파괴되는 대형 사고가 발생해 원자폭탄 100발 분량의 방사능에 노출되어도 인간에게는 아무런 영향도 없다는 결론을 내리는 데 있다.

그럼에도 불구하고 인구 1300만 명이 넘는 수도 도쿄를 비롯한 동일본 지역에서 서서히 진행 중인 대규모 피해에 대해 믿지 못하는 사람들이 있다는 것을 알고 있다. 나는 체르노빌 사고 직후에도 "잠복기가 지나면 장애와 암이 대규모로 나타날 것이며, 세계는 아직 이러한 대규모 피해를 제대로 예측하지 못하고 있다"고 강력히 경고한 바 있다. 그리고 시간이 흐른 뒤 예측했던 대로 끔찍한 피해 실태가 그 모습을 드러내기 시작했다. 나는 2010년 『원자로 시한폭탄: 대지진의 두려움에 떠는 일본 열도原子炉時限爆弾: 大地震におびえる日本列島』를 통해 대지진으로 인한 원전 대형 사고가 코앞으로 다가왔음을 경고했으나, 원전에 반대하는 사람들조차 이 말을 믿으려 하지 않았다. 그로부터 반년 후 후쿠시마 원전 사고가 터졌다! 이제 와서 다시 이 책을 통해 후쿠시마 원전 사고로 인한 대규모 피해와 대책 강구를 촉구하는 지금의 상황은 정말이지 애통할 따름이다. 수많은 일본인에게 암이 발병하고 있는 상황은 방사능에 상처 입은 체내 세포가 활동하기 직전의 '잠복기'임을 의미한다. 누구라도 그 피해자가 될 수 있다. 이런 비극이 반복되어서는 안 된다.

또 한 번의 대지진이 눈앞에 있다.

내가 2010년 『원자로 시한폭탄』을 펴낸 이유는, 그 전년도부터 세계 곳곳에서 대지진이 발생하고 있었음에도 불구하고, 전문가들이 이와 관련해 아무런 경고도 하지 않았기 때문이다. 당시 발생한 지진들을 살펴보면 다음과 같다. 2009년 8월에는 스루가駿河만을 중심으로 세 번의 지진이 발생했고, 9월 30일 사모아 제도 먼 바다에서 M8.0의 대지진이 발생했으며, 같은 날 수마트라섬 근해에서 M7.6의 대지진이 발생했고, 10월 8일에는 바누아투 근해에서 M7.8의 대지진이 발생했다. 그리고 2010년 2월 27일에는 칠레 먼 바다에서 M8.8의 초대형 지진이 발생했고, 4월 7일 수마트라섬 먼 바다에서 M7.7의 대지진이 발생했다. 이와 같은 대지진의 진원을 지도상에 그려보면 하나같이 태평양 판 경계와 이에 밀려 움직이는 나스카 판Nazca Plate 및 오스트레일리아 판의 경계에 있다. 그렇기 때문에 태평양 판의 격심한 운동으로 발생한 지각변동의 거대한 힘이 곧 일본 열도에 영향을 미칠 것이며, 대지진을 일으킬 것이 분명했다. 그리고 예상했던 대로 2011년 태평양 판 경계가 크게 파괴되면서 3·11 동일본 대지진이 발생했다.

한편 가고시마 사쿠라지마櫻島섬에서는 2009년에 시작된 분화가 아직까지 계속되고 있다. 그리고 2011년 1월 26일 가고시마 기리시마霧島산의 신모에봉新燃岳에서 대분화가 일어났으며(그 직후 동일본 대지진 발생), 2013년 11월 오가사와라小笠原 제도의 니시노시마西之島섬 니지마新島섬에서 시작된 대분화는 지금까지도 멈출 줄 모른다. 또, 2014년 9월 27일 나가노 기후岐阜현 경계에 있는 온타케산御岳山이 갑자기 분화하기 시작하면서 전후 최대의 화산 재해가 발생했다. 같은 해 11월 25일에는 아소산阿蘇山 분화로 인해 발생한 연기가 1500미터에 달했다.

2015년에는 4월 야마가타 미야기현 경계의 자오산蔵王山에서 분화 경보가 발령됐고, 5월부터 하코네산箱根山에서 연속적으로 지진이 발생하고 있다. 5월 29일에는 전년도부터 분화하기 시작한 가고시마현의 구치

노에라부섬□永良部島에서 대규모 분화가 발생했는데, 이때 뿜어낸 연기는 9000미터에 달했다. 이튿날인 5월 30일 **분화 중이던 니시노시마섬 니지마섬**과 인접한 오가사와라 먼 바다에서 한신 대지진의 열여섯 배 규모인 M8.1의 해저 대지진이 발생했다. 그야말로 최근 수년 동안 수없이 많은 지진이 있었다. 뉴스에서는 지진에 대한 근시안적인 해설과, 일면만 보여주는 엉뚱한 해설들뿐이다. 우리는 지진 발생 현상에 대해 지구의 전체적인 움직임을 고려해 생각해볼 필요가 있다. 화산의 분화와 지진은 서로 연동되어 있다. 지진과 분화가 발생한 지점들을 연결하면 동일본 대지진의 '여진'뿐만 아니라, '대지진 발생 이전부터 지속적으로 일본 열도를 뒤흔드는 태평양 판의 움직임'이 또 다른 지진을 일으킬 것임을 분명히 알 수 있다. '또 다른 대지진'이 우리 앞에 도사리고 있으며, 일본 전체(특히 대분화가 계속되는 규슈)가 일촉즉발의 상황에 있음이 틀림없다. 일본 최대 활단층活斷層의 중앙 구조선이 움직인다면, 가고시마현 센다이川內 원자력발전소와 에히메현의 이카타 원전이 일격에 박살나면서 일본은 파멸할 것이다. 아니, 어쩌면 동일본 대지진 이후 5년 분량의 에너지가 땅속에 대거 축적된, 그러면서도 묘하게 평온한 후쿠이현의 와카사若狹 쪽이 가장 먼저 움직일지도 모르겠다. 일본이 멸망하기 전에, 우리는 이런 상황에서도 원자력발전소 재가동을 추진하려는 중대 범죄자인 원자력규제위원회와 원자력규제청부터 해산시켜야 할 것이다.

학자들 눈에는 지진판의 연쇄 충돌 현상이, 타이완-인도네시아-필리핀-중국-네팔-인도-이란-터키에까지 영향을 미치고 있는 것이 보이지 않는 걸까? 대재해가 일어난 뒤에 나오는 '전문가 해설' 따위는 듣고 싶지 않다.

앞으로 희망을 갖고 자신의 인생을 살고자 하는 젊은이들이나 한창 일하고 있는 사람들은 전혀 신뢰할 수 없는 정치가나 '자칭 전문가'에게 현혹되지 말아야 한다. 그들로부터 자립해 자신만의 사고를 구축하지 않으면, 스스로의 몸을 지켜낼 수 없다. '미덥지 못한 정치가를 지지하는 사람들' 대부분은 그저 일본에 안주해 살 수만 있으면 그걸로 됐다는 식으로 타성에 젖어 사는 이가 많기 때문에, 아이들의 장래까지 생각할 여력이 없다.

원전은 근절시킬 수 있다!

지금 일본에 사는 사람들은 희망과 절망이라는 커다란 '선택'의 기로에 있다.

2015년 7월 당시 일본은 '2년에 가까운 기간 동안 원전 제로'를 유지하고 있었으나 전력 공급에 아무런 지장이 없었다. 2013년도 전체 전력의 43퍼센트를 조달한 천연가스 수입국 1위는 호주였으며, 그 밖에 러시아(사할린), 말레이시아, 인도네시아가 있다. 그리고 세계 제일의 가스 생산국 미국은 2017년부터 값싼 셰일가스를 일본에 수출할 것을 허가했다. 아마추어 평론가나 '직업군인 방위장관' 나카타니 겐中谷元 같은 이들이 요란하게 떠들어대는 '중동' 의존율은 이미 28퍼센트로 급락했다. '석유' 화력발전 비율은 14퍼센트에 불과하며 동일본 대지진 이후 임시방편으로 잠시 사용됐을 뿐이다. 따라서 아베 신조 무리가 집단적 자위권 행사를 정당화할 목적으로 내세우는 '호르무즈 해협이 에너지 위기를 초래할 것'이라는 식의 구실은 애초에 있을 수 없는 상황이다. 같은 해에 석탄 화력이 일본 전력 생산의 30퍼센트를 차지했는데, 그 공장에서는 연기도 나지 않을 만큼 세계적으로 가장 깨끗한 수준을 자랑하고 있었다. 게다가 전력 회사의 구입 실적 데이터를 보면 비용이 가장 저렴하다는 점을 알 수 있다.(경제산업성의 비용 산정은 거짓말투성이다.) 이렇듯 2015년 당시 에너지 발전에서 '주력이 된 가스 및 석탄'이 차지하는 비율은 더욱 커져 있었다. 장기적으로는 자연 에너지도 상당한 양을 보급할 수 있다. 즉, 대지진과 같은 자연재해가 발생하는 경우를 제외하고는 전력 부족 사태가 일어날 일이 없으며, 일어난다 해도 매우 일시적이다. 여기에 큰 희망이 있다. 대다수의 일본인이 쓸데없이 원전을 재가동시킬 필요가 있을까 하는 분노와 의문을 갖는 이유다.

이에 관한 답은 다음과 같다. 5년 전 올림푸스 사가 '손실을 본 유가증권을 전매하는' 수법을 통해 거액의 손실을 10년 이상 숨겨왔으며, 이를 부정한 분식회계로 처리해왔다는 사실이 발각된 엄청난 사건이 있었다. 같은 맥락에서 전력 회사에서도 원전을 폐쇄할 시 그로 인한 원전 자산의 특별 '손실'을 계산에 넣어야 한다. 바로 원전에 전력투구함으로써 자초한 손실이 그것이다. 그들은 이런 **손실을 은폐하기** 위해 전기료 인상을 통해 소비자들을 공갈하며, 쓸모없고 위험하기 짝이 없는 불량 자산인 원전을 마치 재가동해야만 하는 자산인 것처럼 포장하고 있을 뿐이다. 그야말로 '분식회계'와 다르지 않다.

신문을 읽다 보면 종종 '원전 제로로 인해 전력 대부분을 화력발전으로 공급하고 있기 때문에 가스 및 석유 연료비가 증가해 전력 회사의 경영을 압박한다'는 **정부 경제산업성과 전력 회사의 변명**이 쓰여 있는데, 이것은 모두 새빨간 거짓말이다. 원전 마피아는 후쿠시마 사고가 있기 전 2010년과 사고 이후 2013년을 비교하면서, 원전 제로로 인해 국부가 유출됐다고 주장하고 있으나, 이 비교 연도에도 덫이 숨겨져 있다. 리먼 쇼크가 발생했던 2008년에는 원전의 60퍼센트가 가동 중이었으며, 같은 해 화석연료 수입액은 28조 엔이었다. 그러나 원전이 거의 제로에 가까웠던 2013년 화석연료 수입액은 27조 엔으로 오히려 **감소했다**(무역수지, 재무성 무역통계). 이 말인즉, 정부가 주장하는 '국부 유출'의 대부분은 아베 신조의 자민당 집권 이후 1달러를 80엔에서 125엔으로 조정하려는 '엔저' 유도 정책으로 인해 화석연료의 수입 비용이 56퍼센트나 상승한 데서 비롯됐다는 뜻이다. 여기에 원유의 국제가격 변동도 일조했으므로, 국부 유출과 원전 제로는 관련이 없다. 현재 전력의 주력이 된 가스도 **원유 가격과 연동되어 구입**해왔기 때문에 원유 가격이 지극히 낮았던 2010년과 비교해 수입 비용이 크게 증가한 건 당연한 일이다. 실제로 2015년에는 유가가 폭락한 결과 수입 가스의 스폿 가격도 절반으로 폭락했다. 이처럼 세계 경제의 기초도 모르는 아베 신조가 경제를 좌지우지하고 있다는 점이 문제인 것이다.

그렇다면 무엇이 전력 회사의 경영을 악화시킨 것일까? 그들은 멈춰 있는 원전의 유지 및 관리에만 연간 1조2000억 엔(3년간 3조6000억 엔)을 사용했을 뿐 아니라, 원전을 재가동시키기 위한 안전 대책 비용으로 2014년 말까지 2조4000억 엔을 사용해왔다. 연료비 증가분보다 훨씬 더 많은 6조 엔이 넘는 거액이 1와트의 전기도 생산하지 않는 원전 때문에 낭비됐으며, 이로 인해 경영이 어려워진 것이다. 게다가 대형 사고를 방지할 수 없는 결함투성이 공사였기 때문에 앞으로도 재가동 대책 비용으로 나가는 지출은 끝이 없을 것이다. 멍청하고 자격 없는 경영진이 말도 안되게 거액의 임원 보수를 챙겨왔다. 원전 비율이 낮았던 호쿠리쿠전력 및 주고쿠전력은 원전 제로 상황에서도 요금을 인상하지 않고 경영할 수 있었던 반면, 원전 비율이 높은 간사이전력과 규슈전력, 홋카이도전력 등은 경영이 악화되어 전기 요금을 대폭 인상했던 까닭도 여기에 있다. 신문은 이처럼 거짓된 내용을 보도해 확산시켜서는 안 된다.

한없이 절망 속에서 발버둥쳐야 했던 시대는 끝났다. 지금까지는 전력 자유화에 있어 다음 도표처럼 기업만이 전력 회사를 선택할 수 있었다. 그 때문에 전기 요금을 대폭 인상한 전력 회사의 고객 기업들이 높은 전기 요금을 감당할 수 없다며 화를 내고, 전력 회사를 기피하는 현상으로 이어졌던 것이다!

게다가 2016년 4월부터 실시된 전력 완전 자유화로 인해 전력 회사 이익의 70퍼센트를 차지해온 가계 소비자도 전력 회사 선택이 가능하다. 이에 따라 전체 가정의 60퍼센트 이상은 압도적으로 저렴한 가격에 안전하고 깨끗하기까지 한 '새로운 전력'으로 전환하기 위해 계약을 변경하고자 할 것이다. 그들은 원전을 원하는 것이 아니다! 새로운 전력의 대부분은 가스, 통신, 자동차 업계 등 일본의 일류기업에서 담당한다. 따라서 전력 회사는 원전을 단념하지 않는 한, 엄청난 수의 고객을 새로운 전력에 빼앗길 것이며 경영 악화와 함께 스스로의 목을 졸라 질식하는 최후를 맞게 될 것이다. 원전 마피아 관료들이 원전에 책임이 없는 이들 기업에게 '원전 영구 정지 비용'의 부담을 지우려 하고, 고성능 석탄 화력발전소 건설을 방해하는 등 비열한 정책을 잇달아 내놓는 이유가 여기에 있다. 전력 회사나 소비자 들이 일단 원전을 단념하고 특별 손실을 감수한 뒤, 말끔해진 모습으로 재출발한다면 모두가 아름다운 미래를 맞이할 수 있을 것이다.

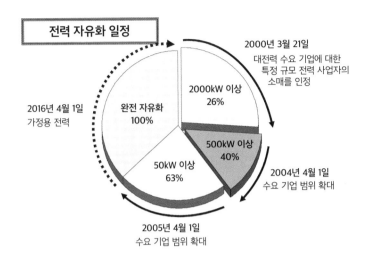

전력 자유화 일정

2000년 3월 21일
대전력 수요 기업에 대한
특정 규모 전력 사업자의
소매를 인정

2016년 4월 1일
가정용 전력

완전 자유화
100%

2000kW 이상
26%

500kW 이상
40%

50kW 이상
63%

2004년 4월 1일
수요 기업 범위 확대

2005년 4월 1일
수요 기업 범위 확대

이를 위해서는 일본의 원전 폐쇄가 중요하다. 이것이 이 책에서 언급한 전 지구적 규모의 우라늄 경제 순환 고리를 연쇄적으로 끊어내는 길이다. 이미 4년 연속 적자를 이어온 프랑스의 아레바는 2014년 6700억 엔이라는 막대한 손실을 기록하면서 경영 파탄으로 대량 해고 방침을 내놓았고, 프랑스 정부가 이들을 구제해야 할 상황에 처했다. 현재 프랑스의 원전 비율은 75퍼센트까지 떨어진 상태이며, 향후 10년간 58기 중 20기의 운행을 영구 중단할 계획이다. 독일에서 2015년부터 2022년까지 총 9기의 운행을 영구 중단하겠다고 한 것보다 훨씬 더 빠른 진행이다. 본래 원자폭탄 개발은 맨해튼 프로젝트에서 막대한 수익을 추구하면서 시작되었으며, 원자력산업도 그로부터 비롯되었다. 이러한 전 지구적 수익 신디케이트의 연결고리 중 어느 하나가 끊어졌을 때, 전체가 동시에 붕괴할 것이라는 게 일반적인 경제 원리다. 여기서 가장 중요한 열쇠를 쥐고 있는 국가가 신디케이트에 막대한 돈을 쏟아부어온 일본이다. '일본의 전력 자유화' 정책이 이러한 국제적 신디케이트의 연결고리를 끊어낸다면, 관련 국가의 원자력 협정이나 원전 수출계획 혹은 원자·수소폭탄 산업(군수산업)의 경제적 붕괴를 가져올 수 있을 것이다.

모든 일본인이 힘을 모아 원전 재가동과 헤노코의 신기지 건설을 저지한다면, 위와 같은 꿈을 이룰 수 있다!

이처럼 희망이 넘치는 내일을 선택할 것인지 여부는 일본 국민의 강한 의지에 달려 있다.

이 책에서 언급한 대부분의 (역사적) 사실은 그동안 출간된 책들을 통해 사회적으로 널리 알려진 내용이다. 책에서 인용한 내 저작들은 도서관에서 대부분 찾아볼 수 있으리라고 생각된다. 따라서 이 책에 등장한 인물들의 구체적인 인맥을 알고 싶은 사람은 다음 저서들을 참고하기 바란다.(이 책에서 다룬 대부분의 표나 그림도 아래 책들에서 다룬 것들을 얼마간 수정해 재수록한 것이다.)*

- 히로세 다카시, 『누가 존 웨인을 죽였는가』, 김원식 옮김, 푸른산, 1991: 네바다 핵실험 피해 기록.
- 히로세 다카시, 『제1권력』(1, 2), 김소연 옮김, 프로메테우스, 2010~2011: 미국 2대 부호의 역사(1권); 소련과 러시아 역사의 진상

---

* 한국에 출간된 책은 한국어판 서지정보를, 그렇지 않은 책은 원서의 서지정보를 실었다. 순서는 원서의 출간년도순이다.

(2권).

- 廣瀬 隆, 赤い楯: ロスチャイルド謎, 集英社, 1991: 로스차일드 재벌에 관한 내용.

- Eileen Welsome, The Plutonium Experiment, *Albuquerque Tri-bune*, 1993: (내용은 제목과 같음)

- 廣瀬 隆, 腐蝕の連鎖, 集英社, 1996: 일본의 원자력 신디케이트와 공해 및 약해 관계자.

- 廣瀬 隆, パンドラ箱の悪魔, NHK出版, 1999: 독일 핵 스캔들과 프랑스의 핵실험.

- 히로세 다카시, 『미국의 경제 지배자들』, 박승오 옮김, 동방미디어, 2000: (내용은 제목과 같음)

- 廣瀬 隆, アメリカの巨大軍需産業, 集英社新書, 2001: (내용은 제목과 같음)

- 廣瀬 隆, 世界石油戦争, NHK出版, 2002: 중동 이슬람 국가들의 역사.

- 廣瀬 隆, 世界金融戦争, NHK出版, 2002: 중동 이슬람 국가들의 역사.

- 廣瀬 隆, アメリカの保守本流, 集英社新書, 2003: 미국의 신보수주의.

- 廣瀬 隆, 一本の鎖, ダイヤモンド社, 2004: 미군의 이라크를 침공 이후 세계 정세.

- 廣瀬 隆, 資本主義崩壊の首謀者たち, 集英社新書, 2009: 리먼 쇼크의 진상.

2015년 6월 26일, 히로세 다카시

옮긴이 **최용우**

일본 게이오대 문학부에서 교육학을 전공한 뒤 고려대 중일어문학과에서 석사학위를 받았다. 기업 인사팀
에서 근무하다 연세대 지역학 박사과정에 진학했고, 전문 번역가의 길로 들어서 번역활동에 열중하고 있
다. 옮긴 책으로『어느 하급장교가 바라본 일본제국의 육군』『페퍼로드』『인간의 영혼은 고양이를 닮았다』
『인구가 줄어들면 경제가 망할까』 등이 있다.

도쿄 최후의 날
핵의 수호자들, 전쟁과 대재앙의 숨은 조종자

초판인쇄 2018년 2월 20일
초판발행 2018년 3월 2일

지은이   히로세 다카시
옮긴이   최용우
펴낸이   강성민
편집장   이은혜
기획   노만수
편집   박은아 곽우정 김지수 이은경
편집보조   임채원 김민아
마케팅   정민호 이숙재 정현민 김도윤 오혜림 안남영
홍보   김희숙 김상만 이천희
독자모니터링   황치영

펴낸곳   (주)글항아리 | 출판등록 2009년 1월 19일 제406-2009-000002호
주소   413-120 경기도 파주시 회동길 210
전자우편   bookpot@hanmail.net
전화번호   031-955-8891(마케팅) 031-955-2663(편집부)
팩스   031-955-2557

ISBN 978-89-6735-501-2   03300

글항아리는 (주)문학동네의 계열사입니다.

이 도서의 국립중앙도서관 출판예정도서목록(CIP)은 서지정보유통지원시스템 홈페이지(http://
seoji.nl.go.kr)와 국가자료공동목록시스템(http://www.nl.go.kr/kolisnet)에서 이용하실 수 있
습니다. (CIP제어번호 : 2018005807)